Jean-Franç

Histoire
de l'économie française
depuis 1945

Troisième édition
mise à jour

ARMAND COLIN

Collection Cursus, série « Histoire »

© Armand Colin Éditeur, Paris, 1988, 1992
ISBN 2-200-21211-9

Armand Colin, Éditeur, 103, boulevard Saint-Michel, 75240 Paris Cedex 05

PREMIÈRE PARTIE

L'évolution

1 Reconstruction, modernisation, fermeture (1944-1958)

UNE CROISSANCE ORIGINALE

Des transformations spectaculaires

● *En septembre 1944,* au moment de la mise en place du Gouvernement provisoire présidé par le général de Gaulle, l'économie française semble bien proche du naufrage. Manquant d'une main-d'œuvre souvent encore retenue prisonnière en Allemagne, n'ayant ni combustibles, ni matières premières, désorganisée par les bombardements, la production industrielle ne représente qu'un peu plus du tiers de celle d'avant-guerre. La production agricole a moins profondément fléchi, mais l'autoconsommation paysanne, la paralysie des transports rendent les quantités disponibles pour le ravitaillement des villes dramatiquement insuffisantes. Le manque de devises, de navires, de ports empêche le recours aux importations. L'inflation provoquée par la pénurie, le cloisonnement des marchés, l'irrespect du contrôle des prix atteint un rythme annuel d'environ 30 %. Comment, dans ces conditions, assurer la survie matérielle de la population, reconstruire le patrimoine immobilier et moderniser l'économie ? La tâche semble d'autant plus impossible que d'autres priorités, et tout d'abord la lutte contre l'Allemagne nazie, absorbent les ressources de l'État et que le climat révolutionnaire de la Libération détourne vers d'autres voies l'effort collectif : épuration des pétainistes et des collaborateurs, dénonciation des cultivateurs et des commerçants profiteurs du marché noir, revanche contre un patronat qui, après avoir sabordé l'œuvre du Front populaire, a soutenu le régime de Vichy, voire participé à la collaboration.

● Pourtant, *en septembre 1958,* près de quinze ans plus tard, lorsque le même de Gaulle, revenu au pouvoir à l'occasion de la crise du 13 mai, fait approuver par référendum la Constitution de la Ve République, l'ampleur du changement accompli dans l'économie tient du miracle. La production industrielle impressionne par son ampleur (plus du double de celle d'avant-guerre). Des branches inconnues ou presque, comme l'électroménager, la pétrochimie, la construction électronique, se développent à vive allure. Le matériel utilisé s'est renouvelé et soutient la comparaison avec celui des autres grands pays industrialisés. Dans les campagnes, la modernisation des techniques, la concentration des exploitations, le progrès des rendements préparent en profondeur la puissance agro-alimentaire qui se manifestera ultérieurement. Surtout, la transformation du cadre de vie est immédiatement sensible à toute une population qui accède enfin à la consommation de masse, naguère réservée aux pays anglo-saxons ou scandinaves. De la Dauphine Renault au moulin à café Moulinex, tous deux sortis en 1956, des téléviseurs, dix fois plus nombreux en quatre ans, aux textiles synthétiques qui révolutionnent les habitudes vestimentaires, les symboles ne manquent pas de ce mieux-être qui tranche avec le dénuement de l'immédiat après-guerre. Et tout cela, malgré une instabilité économique, malgré des guerres coloniales absorbant plus du quart des dépenses budgétaires et nécessitant de coûteuses importations de matériel militaire, malgré, enfin, une fragilité permanente de la balance des paiements, obligeant à différer la libération des échanges de marchandises et des mouvements de capitaux.

• *Ce changement spectaculaire provient d'une croissance qui, de 1944 à 1958, rompt totalement avec l'avant-guerre,* où le PIB (produit intérieur brut) avait diminué sur la période 1929-1938, de même qu'elle tranche avec la modestie de l'expansion du XIXe siècle. Surtout la régularité du phénomène innove profondément. Les phases d'expansion du premier XXe siècle étaient entrecoupées de crises sévères et avaient débouché sur le long marasme des années trente. Au contraire, la croissance qui s'amorce après 1945 ne connaît que des ralentissements conjoncturels, lors desquels les taux diminuent, mais restent positifs, comme en 1948-49, 1952, 1958-1959. Pour la première fois de son histoire, la France connaît ainsi une longue période trentenaire de croissance qui ne prendra fin qu'en 1975, au lendemain du premier choc pétrolier. La performance est, à cet égard, meilleure que celle des autres grands pays industrialisés, Japon et Italie exceptés, même si les taux français se situent dans une honnête moyenne.

Taux de croissance annuel moyen du PIB (%)

	1950-1959	1960-1973
France	4,6	5,5
Royaume-Uni	3,0	3,2
États-Unis	3,5	3,9
Italie	5,4	5,1
Allemagne fédérale	8,6	4,8
Japon	9,5	10,5

Ainsi, en écartant les années 1944-49, marquées par la reconstruction qui gonfle artificiellement les taux annuels, la croissance du PIB se fait, de 1950 à 1959, à un rythme supérieur certes à celui des pays anglo-saxons, mais nettement inférieur à celui des vaincus de la guerre. L'expression de « miracle français » pour caractériser la décennie est donc un peu forcée, d'autant plus que les années soixante marqueront, contrairement à ce que l'on observe souvent ailleurs, une tendance à l'accélération qui permet de situer véritablement à cette période la grande expansion des « Trente Glorieuses ». Toujours est-il que le dynamisme économique des années cinquante est bien réel. Il reste indifférent aux péripéties politiques. En 1958-59, le changement de régime coïncide avec l'émergence d'une nouvelle période dans la croissance, mais il ne l'explique pas.

La rupture provient de la transformation radicale du contexte extérieur. Avec les débuts du Marché commun, consécutif au traité de Rome signé en 1957, l'économie française doit sortir du protectionnisme dans lequel elle évoluait depuis près de trois quarts de siècle.

Le contexte de la croissance

● *Il fournit l'ossature même de l'évolution et lui donne sa logique. Jusqu'en 1959, la France reste en effet dans un cadre commercial fermé.* A part quelques brèves tentatives permises par une embellie passagère des résultats commerciaux, les gouvernements maintiennent le protectionnisme douanier hérité de Méline et le contrôle des changes mis en place en 1939. Les importateurs doivent donc obligatoirement disposer de licences pour acquérir leurs devises auprès de l'Office des changes géré par la Banque de France qui, symétriquement, convertit en francs les recettes en devises des exportateurs, eux-mêmes soumis à des licences, motivées par la satisfaction prioritaire des besoins intérieurs. Quant aux opérations non commerciales (prêts bancaires, investissements directs et de portefeuille, transactions sur les devises et l'or), elles sont, sinon interdites, du moins toujours passibles de l'autorisation préalable du ministère des Finances.

En menant cette politique, la France s'isole sur le plan international. Signataire de la charte de La Havane en 1948, elle maintient un contingentement diamétralement contraire aux principes du GATT : sauf en 1954-55, le taux de libération des échanges (part des importations non contingentée) est faible et même parfois nul, comme de juin 1957 à décembre 1958. Membre de l'Union européenne des paiements depuis 1950, elle n'applique pas l'Accord monétaire européen de 1955 : contrairement à la livre sterling et au deutsche Mark, le franc reste inconvertible et intransférable à l'extérieur pour les non-résidents. Après avoir été elle-même à l'origine de la CECA par la déclaration Schuman, puis ayant relancé l'Europe à la conférence de Messine et fondé la CEE avec ses cinq partenaires, elle paraît incapable d'affronter le choc du démantèlement douanier et de l'abolition des contingents, prévus par le traité de Rome pour le 1er janvier 1959.

● *Les raisons de ce choix sont multiples.* Outre les difficultés qui naîtraient inévitablement de la rupture avec une tradition séculaire, par-delà les pressions des groupes d'intérêt voyant dans le protectionnisme la condition de leur survie, on peut y trouver la marque d'une préférence pour un mode de croissance qui a sa cohérence et sa logique propres.

D'abord, le protectionnisme douanier correspond à des relations privilégiées avec l'Empire colonial, devenu dès 1928 premier partenaire commercial de la métropole et resté à cette place trente ans plus tard.

Ensuite, le maintien d'un cadre commercial fermé fonde l'expansion sur une solide base intérieure. A la différence de la croissance des années vingt, alimentée par la percée des exportations due à la dépréciation du franc jusqu'en 1926, la France base ses succès économiques sur le dynamisme du marché intérieur. La consommation des ménages progresse rapidement, permettant au niveau

de vie de rattraper partiellement son retard : le PIB par habitant passe de 30 %
du niveau américain en 1950 à 47 % en 1960. De même, l'investissement des
entreprises contraste par son dynamisme avec l'atonie des décennies antérieures :
20 % du PIB en moyenne de 1944 à 1959, contre seulement 16 % en 1938.

Enfin, la fermeture face au reste du monde permet une profonde intervention de l'État. La compétitivité des entreprises, protégées de la concurrence
étrangère et peu tournées vers l'exportation, n'est pas l'objectif majeur de la
politique économique. Celle-ci peut donc tolérer, et parfois même rechercher,
une inflation stimulante pour la croissance. Aussi le déficit budgétaire est-il
souvent massif, couvert par émission de bons du Trésor ou par avances de la
Banque de France, donc par des moyens débouchant plus ou moins immédiatement sur la création monétaire. Grâce à ses dépenses, l'État peut moderniser
les infrastructures, stimuler la production, corriger les inégalités sociales. C'est
son intervention décisive qui permet la rapidité de la reconstruction. Dès 1948
la production industrielle, dès 1950 la production agricole retrouvent leur
niveau d'avant-guerre. Le rationnement est supprimé fin 1949, plus tôt que
dans le Royaume-Uni et l'Allemagne fédérale. La France opère sa mutation
des années cinquante dans le dirigisme. Une telle orientation n'aurait jamais
été possible dans une économie ouverte à la compétition internationale. Elle
forme en dernière analyse l'originalité essentielle de la croissance économique
durant cette période.

Les limites de la croissance

L'économie française, encore très marquée par l'héritage du XIXᵉ siècle avant
1939, a-t-elle vraiment changé en 1958 ? La croissance a-t-elle entraîné une
transformation en profondeur du cadre productif ? En fait, la permanence de
la situation antérieure, sensible aux observateurs contemporains qui décrivent
une France sclérosée et retardataire, ressort de plusieurs symptômes destinés à
ne s'effacer – partiellement – que lors des périodes suivantes.

• *Les structures économiques ne se sont guère renouvelées.* Malgré des réalisations spectaculaires dans l'énergie, les transports, les grandes industries de base,
et des gains de productivité importants, dans l'agriculture notamment, le poids
respectif de chaque branche dans le PIB reste en dix ans pratiquement inchangé.

L'effort modernisateur contraste avec l'avant-guerre. En 1959 cependant,
le taux d'investissement par rapport au PIB classe la France au dixième rang
parmi quatorze pays industrialisés recensés dans une étude internationale. La
concentration des entreprises ne progresse pas. Quelques grandes opérations
isolées, surtout dans la sidérurgie (fondation d'Usinor en 1948, de Sidelor en
1950), ne doivent pas faire illusion. Elles se bornent souvent à rassembler des
unités de production sans les restructurer de manière cohérente au sein des
groupes. Encore prospères grâce à l'ampleur des commandes, civiles et militaires, la sidérurgie, la construction navale, l'industrie textile ne savent pas saisir
l'opportunité d'une refonte hardie de leurs structures. Faut-il incriminer la
protection douanière qui les isole du reste du monde ? Vraie pour l'industrie

LES CAUSES DE LA CROISSANCE FRANÇAISE DES « TRENTE GLORIEUSES »

● *L'explication par les facteurs de production.* Toute croissance nécessite des disponibilités supplémentaires en facteurs de production :

– *facteur travail :* augmentation des effectifs employés, allongement de la durée du travail, mais aussi progrès qualitatifs de la main-d'œuvre, à travers un meilleur niveau d'instruction, et migrations professionnelles, des secteurs peu productifs, l'agriculture de subsistance par exemple, vers d'autres plus productifs, comme l'industrie de biens d'équipement ;

– *facteur capital :* accroissement en volume, grâce à l'investissement, amélioration des conditions d'utilisation et de renouvellement des équipements.

La combinaison entre travail et capital, dans des proportions variables selon les branches et selon les techniques, permet des gains de productivité. Mesurés par rapport au travail, au capital ou à l'ensemble des facteurs, ils constituent l'explication majeure de la croissance.

En suivant cette démarche, trois chercheurs, Jean-Jacques Carré, Paul Dubois et Edmond Malinvaud, dans *La Croissance française* (1972), puis dans des travaux ultérieurs, ont évalué la contribution respective des facteurs de production aux taux de croissance français pendant diverses périodes.

Contributions à la croissance (% annuels)	1929-51	1951-73	1973-84
Volume de l'emploi	– 0,3	0,15	– 0,3
Durée du travail	– 0,15	– 0,3	– 0,8
Qualité de la main-d'œuvre	0,3	0,4	0,7
Migrations professionnelles	0,1	0,5	0,3
Volume du capital	0,15	1,3	1,3
Age et durée d'utilisation du capital	– 0,05	0,25	– 1,25
Facteur résiduel	0,85	3,1	2,25
Taux de croissance du PIB	0,9	5,4	2,2

De 1951 à 1973, le volume de l'emploi n'augmente guère. Même si, à partir de 1965 environ, les jeunes se présentent nombreux sur le marché du travail, ils entrent plus tardivement dans la vie active et la durée moyenne du travail diminue. Qualitativement, la croissance bénéficie d'un niveau d'instruction plus élevé et d'importants transferts sectoriels de main-d'œuvre. Globalement, cependant, le facteur travail ne l'explique que pour une très faible part. Le facteur capital est plus important, grâce à un effort d'investissement élevé.

Pourtant, c'est *le « facteur résiduel »,* déduit par soustraction entre les taux de croissance observés et les contributions respectives du travail et du capital, qui explique à lui seul près de 60 % de la croissance. Le progrès technique permet en effet une meilleure combinaison du travail au capital, à travers de nouveaux procédés de fabrication, une gestion des entreprises plus efficace, une taille des établissements augmentée, débouchant sur des économies d'échelle. Principale source de la croissance des « Trente Glorieuses », le progrès technique se poursuit après 1973. Si la croissance fléchit, c'est qu'elle résulte aussi d'autres éléments que les facteurs de production.

● *L'explication par la demande globale,* inséparable de la précédente, envisage la croissance, non plus du côté de l'offre de biens, mais de celui de la demande globale, en ses différentes composantes, analysées par l'école keynésienne.

– *La consommation* des ménages dépend de leur propension à consommer, c'est-à-dire à ne pas consacrer la croissance de leur revenu disponible à l'épargne. De 1951 à 1973, l'État la stimule. Il complète les revenus nominaux du travail (salaires, traitements, honoraires) et du capital (bénéfices agricoles, industriels et commerciaux, intérêts, dividendes) par des transferts sociaux (pensions, retraites, indemnités de Sécurité sociale). Il comprime la hausse des prix pour qu'elle n'absorbe pas la hausse des revenus nominaux. La consommation est d'autant plus soutenue qu'elle progresse avec la croissance démographique (jusqu'au milieu des années soixante), l'urbanisation et les transformations sociales (accès à la consommation de masse).

– *L'investissement* des entreprises (commandes de biens d'équipement), mais aussi des ménages (logement) et des administrations (infrastructures collectives) constitue une demande pour d'autres branches de l'économie (industries de biens intermédiaires et de biens d'équipement, bâtiment, travaux publics). Il provoque une croissance plus que proportionnelle à son montant (principe du multiplicateur d'investissement). De 1951 à 1973, après l'achèvement de la reconstruction, il se maintient à un niveau élevé, par suite de la volonté modernisatrice des chefs d'entreprise et de l'État, mais aussi grâce au coût relatif avantageux du capital, qui incite à substituer les machines aux hommes dans les processus de fabrication.

– *Les exportations* sont une demande adressée par l'étranger à l'économie nationale. A partir de 1959, elles deviennent une composante essentielle de la croissance, la faisant d'ailleurs dépendre de facteurs sur lesquels la politique économique n'a pas ou peu de prise : fluctuations d'activité chez les principaux partenaires commerciaux, niveau relatif des prix français et étrangers, degré de spécialisation des exportations.

– Enfin *des éléments inquantifiables,* quoique fort importants, contribuent à la croissance : progrès de l'information économique, notamment grâce à la planification, « réducteur d'incertitudes » ; apparition de mentalités favorables à l'expansion ; progrès de la concurrence, grâce à l'ouverture mondiale et à la politique gouvernementale, comprimant les prix des produits, mais aussi les salaires, les taux d'intérêts, le coût de l'énergie et des matières premières.

Ainsi la croissance française des « Trente Glorieuses » ne peut se comprendre qu'à travers de multiples interdépendances : entre offre et demande, capital et travail, consommation et investissement, facteurs internes et facteurs externes, tendances spontanées de l'économie et orientations volontaristes choisies par les pouvoirs publics.

textile où un Marcel Boussac peut encore mettre son gigantesque empire, né dans les années trente, au service de ses relations mondaines et de son influence politique, l'explication ne vaut pas pour la sidérurgie, soumise dès 1951 à la concurrence européenne dans le cadre de la CECA.

• C'est que *les mentalités évoluent peu*. Le patronat n'est pas encore acquis à l'idée de la croissance. En 1952-53, la majorité des chefs d'entreprise considère le ralentissement conjoncturel comme un retour à la normale, après les années exceptionnelles de la reconstruction et du boom coréen. Ce n'est qu'ensuite que l'expansion semblera aller de soi et que le moindre ralentissement suscitera l'appréhension.

Finalement, le cadre commercial fermé permet la survivance, davantage qu'ailleurs, de groupes sociaux qui devront ensuite, de gré ou de force, s'adapter : petits commerçants, artisans, agriculteurs tournés vers l'autosubsistance. Ils ne parviennent déjà plus à suivre le rythme de l'expansion, comme le montrent en 1953-55 leurs réactions de mécontentement face à la stabilité des prix, sur lesquelles s'appuie le mouvement poujadiste. A l'évidence, ces groupes ne peuvent maintenir leur statut sans l'inflation, qui gonfle marges commerciales, tarifs artisanaux et prix agricoles à la production. La France conserve ainsi une certaine originalité sociale. Mais son économie est privée de l'aiguillon de la concurrence étrangère et de la stimulation des exportations. La part de celles-ci dans le PIB, inférieure à celle des années vingt, a tendance à s'effriter (12 % en 1951, 11,4 % en 1960), en une évolution diamétralement contraire à celle de l'Allemagne fédérale (12 % et 16 %). On comprend le scepticisme des observateurs quant aux chances d'avenir du pays. Les années 1944-58 ont bien préparé la profonde transformation structurelle de la période suivante. Elles ne l'ont pas accomplie. Profondément marquées par le rôle de l'État, grand maître d'œuvre de la reconstruction et artisan de la modernisation, elles ne sont qu'une étape, décisive mais non ultime, pour l'entrée de l'économie française dans le monde moderne.

Structure de l'économie française

Part de chaque branche dans le PIB (%)			Part de chaque secteur dans la population active (%)		
	1949	1959		1949	1959
Agriculture	12,8	11,1	Secteur primaire	29,2	22,1
Industries agricoles et alimentaires	7,9	7,3	Secteur secondaire	35,0	35,2
Énergie	5,3	6,8			
Industrie	31,0	33,1	Secteur tertiaire	35,8	42,7
Bâtiment et travaux publics .	8,5	8,1			
Transports et télécommunications	6,6	6,6			
Commerces	12,5	12,2			
Autres services	15,4	14,8			
Total	100	100	Total	100	100

L'ÉTAT ET LA CROISSANCE

L'encadrement

C'est le degré le plus poussé de l'intervention publique : l'État fixe lui-même les grands objectifs et se donne les moyens de les atteindre. Pour des raisons à la fois historiques, idéologiques et pratiques, le dirigisme s'installe à la Libération. Son œuvre sera durable : il faut attendre la crise actuelle pour assister à sa critique et à son démantèlement partiel.

● *La planification indicative en est l'aspect le plus original,* distinguant alors la France des autres grands pays capitalistes. Il ne s'agit pas, comme dans une économie socialiste, d'imposer des objectifs à des entreprises auxquelles l'autorité centrale fournit les moyens nécessaires en main-d'œuvre, matières premières et capitaux et qui n'ont que le degré d'indépendance nécessaire à la réussite du plan. Le plan français se borne à des prévisions dont la non-réalisation éventuelle n'entraîne, pour les agents économiques, aucune conséquence pratique. Ses moyens ne sont autres que les procédures d'incitation traditionnelles mises au point pragmatiquement par l'Administration : dégrèvements fiscaux, bonifications d'intérêt, commandes publiques, primes, subventions... Il ne nie aucunement l'économie de marché, même s'il a l'ambition d'instaurer de nouveaux rapports entre État, patronat et salariés. Il ne passe pas par la contrainte, sinon celle que l'État s'impose à lui-même dans les choix budgétaires, les orientations de politique économique, les directives données aux entreprises publiques.

L'idée de plan n'est pas neuve en France. Plusieurs groupes de pensée, rassemblant des hommes d'horizons très divers, y avaient vu un moyen de sortir de la crise des années trente. Sous Vichy, le « planisme » ne pouvait que séduire un régime hostile à l'individualisme libéral, mais qui, paradoxalement, sut donner leur chance à des « technocrates » soucieux de modernisme. En 1942, un Plan d'équipement national pour dix ans fut élaboré, mais non appliqué, par une équipe dirigée par François Lehideux, neveu par alliance de Louis Renault et directeur de ses usines. Parallèlement, les mouvements fédérés dans le Conseil national de la Résistance projetaient pour l'après-guerre une planification, instrument d'une « véritable démocratie économique et sociale ». La création, en janvier 1946, du Commissariat au Plan est donc le fruit de tout un héritage. Son premier responsable, Jean Monnet, homme d'affaires et d'influence qui a joué un rôle capital dans la coopération interalliée lors des deux guerres mondiales, assure le succès de l'entreprise grâce à son prestige auprès des dirigeants français, ses bonnes relations avec les Américains, dont les crédits sont un moyen de financement si essentiel que l'on allonge de quatre à six ans la durée du Iᵉʳ Plan pour en faire coïncider la fin avec celle de l'aide Marshall. Devenu, en 1952, président de la Haute Autorité de la CECA, il laisse à son successeur et ancien collaborateur Étienne Hirsch une institution en pleine expansion.

Ainsi, conçu initialement comme un moyen de convaincre les États-Unis de la bonne utilisation des fonds Marshall, d'abord au service d'objectifs sec-

LES PLANS FRANÇAIS 1947-1961

	Période d'application	Commissaire au Plan	Mode d'élaboration	Objectifs	Résultats
Ier Plan	1947-52	Jean Monnet	- Commissariat au Plan, assisté de 10 commissions de modernisation - Aucun controle parlementaire	- 8 secteurs prioritaires : · charbon · électricité · acier · ciment · transports · machinisme agricole · carburants · engrais azotés - Accroissement de la production industrielle de 25 % par rapport à 1929 dès 1950	- Objectifs sectoriels atteints, de 87 % (acier) à 115 % (carburants) - Production industrielle encore inférieure à celle de 1929 en 1950, mais la dépassant de 12 % en 1952
IIe Plan	1954-57	Étienne Hirsch	- Commissariat au Plan, assisté de 24 commissions de modernisation - Contrôle d'exécution *a posteriori* par le Parlement (loi de 1956)	- Croissance de la production agricole et industrielle, au rythme moyen de 4,4 % - Actions en faveur de la productivité, de la recherche, de la conversion de la main-d'œuvre	- Objectifs dépassé (taux de croissance de la production de 5,4 %) - Déséquilibre grave des finances publiques, des échanges extérieurs et du marché du travail
IIIe Plan	1958-61	Étienne Hirsch puis Pierre Massé (à partir de 1959)	- Commissariat au Plan, assisté de 25 commissions de modernisation - Aucun contrôle parlementaire, sauf des lois de programme partielles reprenant une partie des crédits publics prévus	- Croissance économique d'ensemble, au rythme annuel moyen de 4,7 % - Rétablissement des grands équilibres intérieurs et extérieurs - Effort en faveur des équipements collectifs, sanitaires et scolaires notamment	- Objectif non atteint en raison du Plan intérimaire de 1960-61 (taux de croissance de 3,8 %)

toriels et exclusivement quantitatifs, le Plan est devenu progressivement un instrument de prévision globale, soucieux d'une croissance respectant les grands équilibres (cf. tableau p. 12). Il associe pour sa préparation les représentants de l'État, du patronat et des syndicats ouvriers à l'intérieur de commissions de modernisation à rôle consultatif, permettant une prise de conscience commune des possibilités et des contraintes de la croissance. Obtenant dans l'ensemble de bons résultats, son rôle semble essentiel dans la politique économique. Pourtant la démocratie n'y est guère respectée, car le Parlement n'a, au mieux, qu'à approuver un texte élaboré en dehors de lui. De plus, les gouvernements, par leur action conjoncturelle, n'hésitent pas à entraver parfois sa réalisation, notamment en 1952-53 (retard de préparation du IIe Plan, aboutissant à un hiatus d'un an dans le déroulement de la planification) et en 1958-59 (politique de rigueur responsable de l'échec du IIIe Plan).

● *L'extension du secteur public.* Il n'existait pratiquement pas dans la France d'avant 1945. Il se bornait à des administrations publiques exerçant une activité industrielle et commerciale, parfois depuis fort longtemps, telles que la SEITA, les PTT, les arsenaux ; à des établissements financiers spécialisés créés au XIXe siècle, tels que la Caisse des dépôts et consignations ou le Crédit foncier ; aux entreprises exploitant les biens cédés par l'Allemagne en 1919, comme les Potasses d'Alsace et l'Office national des industries de l'azote ; enfin aux nationalisations des années trente, créant des sociétés d'économie mixte comme la Compagnie générale transatlantique, Air France, la SNCF et des entreprises d'armement.

A la Libération, son extension mêle inextricablement les considérations politiques, idéologiques et économiques. On distingue ainsi souvent les « nationalisations-sanctions », destinées à punir pour collaboration certains grands industriels (Renault, le constructeur de moteurs d'avions Gnome et Rhône, devenu SNECMA), les nationalisations des secteurs de base, appliquant le programme du Conseil national de la Résistance qui prévoyait le transfert à la nation des moyens de production essentiels (Charbonnages de France, EDF, GDF), enfin les nationalisations du crédit et des compagnies d'assurances, permettant de mobiliser les ressources financières nécessaires à la modernisation (Banque de France, Crédit Lyonnais, Société Générale, Banque nationale pour le commerce et l'industrie, Comptoir national d'escompte de Paris, ainsi que 11 groupes d'assurances). Mais la frontière paraît fragile entre volonté anticapitaliste et souci de modernisation économique, puisque c'est précisément par suite de la faillite du capitalisme privé qu'est devenue indispensable une modernisation des infrastructures conduite par l'État.

D'ailleurs l'extension du secteur public résulte aussi de la création par l'État d'entreprises dans des domaines dont le capitalisme privé se désintéresse. Ainsi à la prospection des ressources pétrolières du sous-sol métropolitain et de l'Empire sont consacrés les efforts de l'immédiat avant-guerre (Régie autonome des pétroles en 1939) et de Vichy (Société nationale des pétroles d'Aquitaine en 1941). Ils débouchent sur la découverte... du gaz naturel à Lacq en 1951, mais aussi du pétrole saharien à Hassi-Messaoud en 1956. De même, pour l'utilisation pacifique de l'énergie nucléaire, le Commissariat à l'énergie atomique est fondé en 1945. Enfin, certains grands travaux d'aménagement hydraulique sont réalisés par des sociétés d'économie mixte, telles que la Compagnie nationale du Bas-Rhône-Languedoc, fondée en 1955 pour transformer par irrigation une région fragilisée par la monoculture de la vigne.

Le secteur public ainsi édifié joue un rôle considérable dans l'expansion des années cinquante. Jamais la reconstruction puis la modernisation n'auraient atteint une telle ampleur sans la « bataille du charbon » menée par le personnel des Houillères, sans l'électrification ferroviaire réalisée par la SNCF, notamment sur des axes essentiels pour le transport de marchandises comme Valenciennes-Thionville, sans l'effort d'équipement hydraulique conduit par EDF. Jamais, non plus, le niveau de vie des ménages n'aurait progressé aussi rapidement sans une entreprise publique comme Renault. Ses dirigeants, rompant avec la stratégie traditionnelle des constructeurs qui réservaient l'automobile à une clientèle restreinte, forcent leurs homologues du secteur privé à les suivre. La 4 CV Renault, sortie en 1946, est suivie, deux ans plus tard, par la 2 CV Citroën, prête dès l'avant-guerre mais jugée non commercialisable. En outre, la Régie devient, par sa politique de dialogue avec les syndicats, la « vitrine sociale de la France » : les accords Renault de 1955, prévoyant des hausses de salaires compatibles avec les gains de productivité et octroyant au personnel la troisième semaine de congés payés, forment un modèle de convention collective, bientôt imité par d'autres grandes firmes et anticipant sur les mesures gouvernementales. Ainsi, d'une manière totalement imprévue en 1945, une mesure de confiscation et de revanche politique a donné à la France une entreprise modèle, symbole de dynamisme industriel et de progrès social.

La stimulation

L'État ne se borne pas à encadrer la croissance. Il lui permet d'atteindre un niveau maximal par une action décisive sur sa double origine : les facteurs de production et la pression de la demande.

● *Il agit sur les facteurs de production.* Il lui faut compenser l'insuffisance de la population active qui, durant toute la période, stagne à un niveau légèrement inférieur à 20 millions de personnes, plus faible que pendant les années trente, trop réduit pour une économie en forte croissance. La France supporte les conséquences de sa longue stagnation démographique jusqu'en 1939. La reprise de la natalité est certes très nette, mais le baby-boom n'aura d'effet sur la population active qu'à partir du milieu des années soixante. On songe bien à recourir à l'immigration, organisée à partir de 1945 par l'Office national de l'immigration qui centralise les demandes en main-d'œuvre étrangère et fournit aux salariés leurs permis de travail. Mais la grande vague d'immigration des années soixante ne s'est pas encore produite. Au recensement de 1946, les étrangers installés en France sont nettement moins nombreux qu'à celui de 1931 (4,4 % de la population totale, contre 7,1 %). Au recensement de 1962, encore, ils ne représentent que 4,7 % des effectifs totaux. Ce sont d'ailleurs souvent les descendants d'immigrants installés bien avant 1945, provenant de pays limitrophes (Belgique) ou entretenant traditionnellement des liens étroits avec la France (Pologne), ou encore venus pour des raisons extra-économiques (Espagnols antifranquistes, Italiens antifascistes).

De cette population active quantitativement insuffisante, il faut obtenir la plus forte production possible. On y parvient au prix d'un lourd effort collectif. Seule de tous les pays industrialisés occidentaux, la France ne connaît aucune diminution de la durée globale du travail. Si les congés payés s'allongent de deux à trois semaines en 1956, la semaine de travail, elle, s'alourdit de 44 à 46 heures de 1946 à 1962. Elle peut d'ailleurs atteindre 60 heures en vertu de la loi qui, en 1946, a rétabli le principe des 40 heures, supprimé par Vichy, mais autorisé les chefs d'entreprise à imposer à leur personnel des heures supplémentaires au taux majoré. De même, on recourt aux migrations de main-d'œuvre, sectorielles et géographiques, qui transfèrent vers les pôles industriels modernes les travailleurs à faible productivité des régions et des branches retardataires. Enfin, si l'État, absorbé par d'autres priorités, ne peut guère augmenter significativement les crédits en faveur de la formation professionnelle, il fait tout pour stimuler le renouvellement et la meilleure utilisation du capital existant. Le travail en équipes se généralise : dans l'industrie textile, les « 3 × 8 » concernent deux fois plus de salariés en 1960 qu'en 1950. De nouveaux procédés de fabrication sont adoptés : dans la sidérurgie, la réduction de la mise au mille abaisse la consommation de coke dans les hauts fourneaux, le laminage à chaud améliore le rendement des installations produisant les tôles d'acier. Des équipements sont importés de l'étranger : Renault achète aux États-Unis des machines-transferts. A partir de 1948, des missions de productivité envoient outre-Atlantique, pour des stages de formation en entreprise, des ingénieurs, des cadres, des ouvriers. En 1954, un Commissariat général à la productivité est créé, rattaché aux services du Plan en 1959. Tout cela traduit assez l'importance que l'État attache à ces efforts, sans d'ailleurs négliger, au temps de la reconstruction, la mobilisation « spontanée » des travailleurs, efficacement orchestrée par le Parti communiste et la CGT jusqu'à la fin de 1947.

● *L'État soutient aussi la demande intérieure.* La consommation des ménages est entretenue par la création de la Sécurité sociale. Alors qu'il n'existait avant 1945 que des systèmes partiels de couverture des risques sociaux, variables selon les branches d'activité, incomplets et retardataires par rapport aux autres pays industrialisés, le régime général fondé à la Libération pose en principe la couverture des quatre grands risques (maladie, vieillesse, invalidité et maternité) au bénéfice de toute la population. Certes les salariés sont, dans un premier temps, seuls concernés. Mais l'ampleur des sommes mises en œuvre permet une politique de transferts, combinant justice sociale, préoccupations natalistes et soutien de la demande intérieure, notamment lors des phases de ralentissement conjoncturel. Vont dans le même sens le quotient familial qui allège, dès la Libération, l'impôt sur le revenu payé par les familles nombreuses et le salaire minimum créé en 1947, baptisé SMIG (Salaire minimum interprofessionnel garanti) en 1950, dont le pouvoir d'achat est protégé contre l'inflation par une indexation sur le coût de la vie à partir de 1952. Plus indirectement, la tentative faite en 1945 pour instaurer de nouveaux rapports sociaux entre patrons et ouvriers, à travers les comités d'entreprise, renforce les syndicats, seuls habilités à présenter les candidats au premier tour des élections professionnelles, et pousse donc aux augmentations salariales débouchant sur des possibilités de consommations accrues.

● *L'État serait-il devenu keynésien ?* On peut d'autant plus se le demander qu'il mène aussi une politique des investissements très active. Il fournit aux grandes entreprises, publiques et privées, des secteurs de base des dotations en capital ou des prêts à long terme alimentés par l'impôt, l'emprunt et, surtout, de 1948 à 1952, par l'aide Marshall. Les États-Unis fournissent gratuitement à la Banque de France des dollars revendus contre des francs aux importateurs de biens américains. Ces francs, la « contre-valeur de l'aide Marshall », permettent des prêts de la Banque de France au Trésor, eux-mêmes destinés à financer les prêts aux entreprises et aux secteurs jugés prioritaires. Le circuit permet à la fois d'importer les biens américains immédiatement nécessaires et de financer la modernisation à long terme.

A partir de 1953-55, sous l'impulsion du ministre des Finances, puis président du Conseil, Edgar Faure, les prêts directs du Trésor, effectués par le FDES (Fonds de développement économique et social), reculent proportionnellement à d'autres mécanismes. La politique de débudgétisation des investissements en transfère la charge, source de déficit, donc d'inflation, vers les grands établissements financiers publics qui, à la différence de l'État, disposent de ressources d'épargne stables. Le Crédit national, le Crédit foncier, le Crédit hôtelier, la Caisse nationale des marchés de l'État sont invités, chacun en ce qui le concerne, à financer les investissements naguère directement assurés par l'État. Mais c'est surtout la Caisse des dépôts et consignations, dirigée par François Bloch-Lainé, qui joue ce rôle de « banquier d'affaires » grâce à l'énormité des sommes dont elle dispose. Aux dépôts des notaires, qu'elle gère depuis sa création en 1816, s'ajoutent en effet, depuis 1931, les fonds collectés par les caisses d'épargne et, depuis 1945, les cotisations aux caisses de Sécurité sociale, aux organismes de retraite, les ressources des compagnies d'assurance et des institutions de prévoyance. La Caisse des dépôts les transforme en prêts à long terme en faveur de la construction de logements sociaux, de l'équipement des collectivités locales, de la réalisation des grandes infrastructures de transport.

Enfin, le soutien aux investissements privés est assuré par de multiples moyens : subventions compensant une partie des charges des entreprises et leur permettant de dégager des marges d'autofinancement (loi Defferre d'aide à la construction navale en 1951), bonifications d'intérêt couvrant la différence entre taux du marché et taux de faveur consentis à certaines catégories d'emprunteurs (modernisation agricole, logement, équipement industriel), incitations fiscales autorisant les entreprises à déduire de l'impôt sur leurs prix de vente l'impôt déjà inclus dans le prix d'achat de leurs équipements (mécanisme de la taxe à la valeur ajoutée ou TVA, instituée en 1954).

Au total, face à de grandes banques de dépôts, nationalisées ou non, qui répugnent souvent à immobiliser leurs ressources dans les prêts à long terme aux entreprises, face à une capacité d'épargne des ménages très insuffisante par rapport aux besoins, le mérite de l'État, durant toute cette période, est d'avoir su maîtriser, directement ou indirectement, de multiples canaux qui lui ont permis de pallier ces faiblesses et de soutenir l'effort d'investissement nécessaire à l'expansion.

• On l'a constaté : l'évolution de la politique économique, depuis 1944, témoigne d'*un assouplissement progressif du dirigisme*. Interventionniste et omniprésent à la Libération, l'État se montre, en 1958, plus respectueux des mécanismes du marché et soucieux d'en garantir le bon fonctionnement. Les vicissitudes politiques ont leur part dans cette transformation. Dès 1947, ce sont des hommes du centre (radicaux, républicains-populaires) ou de droite (indépendants) qui occupent dans les cabinets successifs le poste de ministre des Finances, mis à part le bref retour au pouvoir des socialistes en 1956-57. C'est surtout l'évolution économique elle-même qui condamne progressivement le dirigisme. Ainsi, à mesure que se reconstitue l'épargne et que devient indispensable la compression du déficit budgétaire, source d'inflation, la part de l'État dans les investissements tend à diminuer. Prépondérante à la fin de la période de la reconstruction, elle décline rapidement ensuite : 47 % du total en 1949, 33 % en 1951, 23 % en 1958. De même, certaines nationalisations ont déçu les espoirs placés en elles : les grandes banques de dépôts nationalisés en 1945 ont poursuivi l'orientation traditionnelle de leurs ressources vers le crédit commercial à court terme et n'ont pas été un instrument efficace pour le développement à long terme. Mais pouvait-il en être autrement dans une situation qui les place en concurrence avec le secteur privé ? Enfin et surtout, c'est la constatation, à partir de 1954, que la croissance s'entretient d'elle-même qui rend désuète l'option dirigiste que la crise, puis la guerre avaient imposée. On en vient alors à l'idée d'une planification plus importante par ses « vertus pédagogiques » que par ses objectifs, d'un secteur public plus soucieux de fournir ses prestations à moindre coût qu'en grande quantité. En dernière analyse, la réussite même de la croissance entraîne la révision progressive des bases qui l'avaient rendue possible.

L'ÉVOLUTION CONJONCTURELLE

Les moyens de régulation

De 1944 à 1958, la marge de manœuvre dont disposent les dirigeants pour leur politique conjoncturelle semble relativement large. La pénurie de main-d'œuvre rend le chômage inexistant. Le cadre commercial fermé autorise une inflation et un déficit extérieur supérieurs à ceux d'une économie ouverte. Pourtant, la régulation conjoncturelle s'avère délicate. Oscillant sans cesse entre une relance qui débouche sur la surchauffe et une rigueur qui freine la modernisation, elle témoigne de la fragilité profonde d'une économie engagée dans un processus de croissance déséquilibrée.

● Et cela en dépit de *moyens d'action impressionnants.* A la politique financière et monétaire traditionnelle se superpose désormais l'arsenal d'un interventionnisme foisonnant, mis en place dès 1945 : contrôle du crédit, grâce au Conseil national du crédit qui réunit, autour du ministre des Finances et du gouverneur de la Banque de France, les représentants de la profession bancaire pour déterminer les taux d'intérêt ; contrôle des prix, grâce à l'ordonnance de 1945 qui permet au gouvernement, à tout moment, soit de les bloquer (interdiction de toute hausse), soit de les taxer (fixation autoritaire des hausses), soit, enfin, de les placer en « liberté surveillée » (fixation des hausses par chaque profession, sous réserve d'en aviser le gouvernement qui peut toujours en interdire l'application) ; contrôle des salaires, dont les montants sont directement déterminés par les pouvoirs publics jusqu'en 1950, puis se modèlent ensuite souvent sur l'évolution du SMIG déterminée par le gouvernement.

● *Sur le plan institutionnel,* à côté du ministère des Finances, qui conserve ses attributions traditionnelles (budget, fiscalité, Trésor public, gestion de la dette), on crée en 1944 un ministère de l'Économie chargé des prix, des salaires, des relations extérieures. L'innovation, reprise d'une tentative esquissée en 1936, ne survit pas aux difficultés nées du partage de compétences et des rivalités de personnes. Dès 1947, l'habitude est prise de rassembler au profit d'un même homme les deux administrations. En revanche, les ministères techniques se multiplient : à ceux qui existaient avant la guerre (Agriculture, Travaux publics, Commerce, PTT, Travail) s'adjoignent l'Industrie, la Reconstruction, le Ravitaillement, la Population qui, tous, par leur vocation « dépensière », suscitent la surveillance plus ou moins tatillonne du ministère des Finances. Enfin, l'appareil statistique se perfectionne et l'utilisation d'un cadre conceptuel nouveau, la comptabilité nationale, due à l'influence keynésienne, permet d'élaborer des prévisions macro-économiques cohérentes. C'est la tâche dévolue à l'INSEE (Institut national de la statistique et des études économiques), né en 1946 à partir du Service national des statistiques d'Alfred Sauvy, et au SEEF (Service des études économiques et financières), créé en 1950 au sein du ministère des Finances et dirigé par Claude Gruson. L'ère du « pilotage à vue », auquel se réduisait la politique conjoncturelle avant 1939, s'efface peu à peu. L'action gouvernementale y gagne-t-elle en efficacité ?

La période de reconstruction (1944-1948)

● *Elle est dominée par le difficile problème que pose une hyperinflation* au rythme dramatique, dépassé seulement dans des pays ravagés par la guerre comme l'Allemagne ou l'Italie (cf. graphique p. 140). Tout y contribue : la pénurie, le gonflement des disponibilités monétaires, qui ont quintuplé pendant la guerre, le déficit budgétaire lié à d'écrasantes charges publiques, encore accrues par les dépenses militaires (43 % des dépenses en 1945, 28 % encore en 1948), la disparition de l'épargne privée, obligeant l'État à recourir aux avances de la Banque de France, le manque de devises empêchant les importations, qui, seules, seraient susceptibles d'accroître rapidement l'offre disponible, enfin les habitudes du marché noir nées sous l'Occupation, qui rendent vains contrôle des prix et cartes de rationnement.

Or, dès janvier 1945, le général de Gaulle, chef du Gouvernement provisoire, prend, face à cette situation, une décision qui, rétrospectivement, s'avérera lourde de conséquences. A la rigueur proposée par son ministre de l'Économie, Pierre Mendès France (ponction des trois quarts des liquidités grâce à un échange des billets et un blocage des comptes en banque, création d'un impôt sur le capital, blocage total des prix et des salaires), il préfère la facilité défendue par son ministre des Finances, René Pleven. L'échange de billets se fait sans blocage ni ponction. Les liquidités sont contractées d'un tiers à peine par le lancement d'un « emprunt de la Libération ». Un impôt de « solidarité nationale » est créé, assis sur le capital, mais acquittable sur une très longue période de dix ans. Les prix et les salaires sont laissés en liberté surveillée. Pourquoi ce manque de lucidité ? Plus que son mépris supposé pour « l'intendance », il faut tenir compte d'autres préoccupations, de politique étrangère notamment, alors prioritaires dans l'esprit du général, de l'aspect technique du débat, enfin et surtout de l'hostilité de l'opinion publique à la politique de rigueur, en particulier dans les partis de gauche, communiste et socialiste, peu soucieux d'aggraver encore la condition déjà précaire des Français.

Les conséquences sont graves. L'inflation s'accroît dangereusement. Le ravitaillement se fait mal : il faut rétablir la carte de pain, prématurément supprimée à la Libération, avec des rations quotidiennes inférieures à celles de l'Occupation. La hausse des prix absorbe la hausse des salaires, et le gouvernement, qui fixe l'une et l'autre, s'engage lui-même dans une spirale désastreuse (quatre rajustements salariaux successifs lors de la seule année 1946). Le franc est dévalué de 63 % par rapport à sa valeur de 1940. Encore la parité officielle n'a-t-elle guère de signification car, au marché noir, la dépréciation réelle atteint 80 %.

Il faut attendre de nouvelles conditions politiques, avec la rupture du tripartisme et le contexte économique mondial dû à la récession américaine de 1948-49, pour pouvoir entreprendre une action sérieuse.

● *Le plan René Mayer* (janvier 1948), lancé par le ministre radical des Finances du gouvernement Schuman, est cohérent et original. Il agit sur les prix : les gouvernements précédents multipliaient les contrôles, ruineux pour l'État, qui devait accorder aux entreprises des subventions compensatrices, dangereux pour l'économie, du fait du déficit budgétaire ainsi entretenu, couvert seulement par des moyens monétaires. Le plan Mayer supprime, au contraire, la plupart des contrôles et autorise même les entreprises publiques à relever massivement leurs tarifs. Le risque d'accélération immédiate de l'inflation qui en résulte est compensé à moyen terme par la restauration d'une économie de marché assainie : les entreprises privées retrouvent leurs marges bénéficiaires, les entreprises publiques équilibrent leurs comptes. Le plan Mayer agit aussi sur le budget, supprimant les subventions compensatrices aux entreprises, comprimant l'effectif des fonctionnaires. Enfin, il agit sur la monnaie par une nouvelle dévaluation instaurant des taux de change multiples (parité du franc plus basse pour les importations, ainsi découragées, de même que pour les mouvements de capitaux, ainsi attirés vers la France). Il rétablit un marché libre de l'or à Paris et accorde l'amnistie fiscale aux capitaux frauduleusement sortis.

Le résultat est positif. L'inflation est cassée, avec retard certes, mais de manière spectaculaire. La croissance fléchit de moitié, mais reste suffisante pour assurer les besoins de la modernisation. La reconstruction s'achève. Le rationnement est supprimé. Ayant évité la « purge déflationniste » d'une récession, l'économie peut entamer sur des bases mieux assurées sa croissance.

Le premier cycle de croissance (1949-mi-1953)

● Il commence par *une brève phase de stabilité,* au cours de laquelle le rythme de l'inflation, tout en restant important, reflue peu à peu. Elle est entretenue par la gestion de ministres des Finances modérés, comme Henri Queuille, Maurice Petsche. Le déficit budgétaire s'amoindrit. Les équilibres extérieurs se rétablissent, ce qui permet, lors de la dévaluation d'octobre 1949, provoquée par la dévaluation de la livre sterling et des autres monnaies européennes, de réunifier la parité du franc autour d'un taux appelé à rester inchangé durant huit années. Dès juin 1950 cependant, une surchauffe inflationniste apparaît. La guerre de Corée entraîne une flambée du cours des matières premières qui renchérit les prix de revient des entreprises et déséquilibre à nouveau le commerce extérieur. Les gouvernements de la Troisième Force, profondément divisés, sont incapables de freiner les hausses de prix réclamées par les producteurs, agriculteurs notamment, et entretiennent les augmentations salariales par de fréquents relèvements du SMIG. Enfin la guerre d'Indochine, désormais difficile depuis que le Viêt-minh reçoit l'appui de la Chine communiste, gonfle les dépenses militaires et aggrave les sorties de devises par suite des achats de matériel militaire.

● *L'action stabilisatrice d'Antoine Pinay* (mars-décembre 1952) recourt simultanément à des moyens généralement considérés comme incompatibles entre eux. Pour faire baisser les prix, il emploie la persuasion libérale autant que la contrainte dirigiste : entretiens avec les représentants des fédérations patronales, appel à la sagesse des petits commerçants, mais aussi baisse autoritaire des prix du charbon, de la viande, du lait, des engrais, et même blocage général de quatre mois (septembre-décembre 1952). Pour pomper les liquidités excédentaires, il lance un grand emprunt public, à faible taux d'intérêt et de longue durée (3,5 % sur 60 ans) qu'il rend attractif en indexant sa valeur de remboursement sur le cours du napoléon (pièce d'or de 20 F émise sous le Second Empire) et en l'exonérant des droits de succession. Pourtant il laisse croître le crédit bancaire beaucoup plus rapidement que la production en maintenant le taux de réescompte à un niveau très modéré. Enfin, pour réduire le déficit budgétaire, il réalise de nombreuses économies, même sur les investissements publics qui diminuent, pour la première fois depuis 1945. Il évite cependant d'augmenter la pression fiscale et ne cherche pas à réaliser un strict équilibre des finances publiques.

Les résultats mêlent succès et échecs. Les prix refluent en 1952, puis baissent franchement en 1953 pour rester stables les deux années suivantes. C'est l'arrêt de l'inflation, pour quatre ans, phénomène d'autant plus appréciable que la baisse de 1953 est la seule qu'ait connue la France durant toute la période postérieure à 1945. Par contre, Antoine Pinay n'obtient qu'une très modeste reconstitution de l'épargne des ménages, qui passe de 9 % à 12 % de leur revenu disponible entre 1950 et 1952. Il ne parvient pas à comprimer le déficit budgétaire dont le poids, par rapport au PIB, augmente d'un tiers en un an. Enfin et surtout, il provoque par son action un net ralentissement conjoncturel qui persiste jusqu'au milieu de 1953. Ce n'est pas la récession, mais une quasi-stagnation, une pause dans l'élan modernisateur, inquiétante car elle révèle la fragilité persistante de structures économiques encore incapables de supporter une expansion de longue durée. Pour l'opinion publique, Antoine Pinay est cependant l'homme qui a su faire baisser les prix, celui dont le succès fonde un phénomène aux dimensions à la fois économiques, sociales et politiques, le « mythe Pinay ».

Le deuxième cycle de croissance (mi-1953-1958)

● *Il est inauguré par trois années fastes d'« expansion dans la stabilité »*, formule inventée par Edgar Faure, ministre des Finances, puis président du Conseil en 1953-55. Davantage que ses prédécesseurs, il croit en la possibilité d'une croissance de longue durée non inflationniste. Grâce à la stabilité des prix héritée d'Antoine Pinay, il peut sans danger lancer en février 1954 un Plan de dix-huit mois, axé sur l'investissement : baisse des taux d'intérêt, dégrèvements fiscaux, effort particulier en faveur de la construction de logements. Par sa politique de débudgétisation, il limite le déficit à un niveau aisément finançable de manière non monétaire. Des actions à longue échéance sont alors engagées : décentralisation industrielle, organisation des marchés agricoles, instauration de la TVA, lutte contre les ententes nuisibles à la concurrence. Surmontant hésitations et difficultés, l'économie française s'engage enfin de manière décisive dans la croissance. Pour la première fois depuis 1926, le commerce extérieur est en léger excédent en 1955, ce qui permet en trois ans de faire passer de 18 % à 80 % le taux de libération des échanges et justifie les espoirs portés en la construction européenne (conférence de Messine).

● *Une nouvelle poussée inflationniste* remet tout en cause en 1956-57. La guerre d'Algérie s'avère encore plus déséquilibrante pour l'économie que celle d'Indochine. En effet, même si les dépenses militaires pèsent moins lourd dans le budget de l'État (28 % en 1956 contre 34 % en 1953), l'envoi du contingent raréfie la main-d'œuvre disponible, stimulant ainsi les revendications salariales. La fermeture temporaire du canal de Suez, liée à l'opération franco-britannique contre Nasser, pousse à la hausse les prix du pétrole. Les entreprises subissent

LE « MYTHE PINAY »

Personnage clef de la IVᵉ République, ministre des Finances de De Gaulle en 1958-59, Antoine Pinay est, de nos jours encore, consulté par les gouvernants sur leurs grandes décisions, comme s'il pouvait leur conférer des vertus de sagesse et des chances de réussite. Sans nier les autres aspects de sa carrière, son rôle dans la construction européenne notamment, on peut affirmer qu'elle s'est fondée sur le succès contre l'inflation de 1952.

● *La signification économique* de cette action est cependant ambiguë. L'arrêt de l'inflation, miraculeux pour les contemporains, s'insère en fait dans un mouvement mondial, commun à tous les pays occidentaux après le boom coréen. Beaucoup d'objectifs n'ont été atteints que grâce au ralentissement conjoncturel ou à des artifices contestables, comme les souscriptions massives des établissements financiers publics pour assurer le succès de l'emprunt à long terme.

Est-ce *un retour à l'orthodoxie libérale* ? Comme Raymond Poincaré qui, en 1926-29, cumulait lui aussi la direction du gouvernement et le ministère des Finances, Antoine Pinay néglige la modernisation économique, tolérant un retard dans la préparation du IIᵉ Plan, incapable de démarrer en 1953. Il est attaché aux vertus de l'épargne et de la stabilité monétaire, refusant la dévaluation qui aurait relancé les exportations. Pourtant, il n'est pas un partisan acharné de la déflation. Comme les autres gouvernants d'après-guerre, il s'entoure de hauts fonctionnaires modernistes, il ne freine pas la progression du crédit bancaire et accepte le déficit budgétaire.

S'agirait-il donc de *« keynésianisme masqué »*, le déficit budgétaire ayant permis d'éviter la récession ? En fait, Antoine Pinay l'a subi, et non recherché : les moins-values fiscales liées au ralentissement conjoncturel, les dépenses dues à la guerre d'Indochine l'ont empêché de rétablir l'équilibre. Faut-il pour autant, comme certains analystes, constatant la çoexistence d'un budget expansionniste et d'encouragements à l'initiative privée, voir en lui un précurseur de... Ronald Reagan ? C'est pour le moins aventuré.

● Du moins, *la portée sociale et politique* de l'« expérience » est-elle claire. Membre de la droite parlementaire, écartée de la direction des gouvernements depuis la Libération, Antoine Pinay bénéficie de la confiance des classes moyennes. Il ne fait pourtant pas l'unanimité dans la bourgeoisie. Lui-même, propriétaire d'une tannerie à Saint-Chamond (Loire), incarne le patronat conservateur de province, mais beaucoup de chefs d'entreprise, de cadres supérieurs, de hauts fonctionnaires lui reprochent d'avoir cassé l'expansion, tandis que les petits commerçants, mécontents de la stabilité des prix, s'organisent dans le mouvement poujadiste. Ainsi, Pinay attire autant qu'il divise. A la fois classique et novateur, inséré dans les rouages politiques et hostile à l'omnipotence du Parlement, il représente bien les hésitations d'une droite libérale restée fidèle aux grands principes de sagesse financière légués par la IIIᵉ République, et cependant peu à peu convertie, avec plus de pragmatisme que d'enthousiasme, à l'idée de croissance et à ses nécessités.

donc un renchérissement de leurs prix de revient, tandis qu'elles ne sont guère stimulées par les commandes publiques, sauf dans des branches particulières comme le textile ou la chaussure. Enfin, l'industrie nationale de l'armement étant incapable de subvenir aux besoins de l'armée, en hélicoptères notamment, il faut multiplier les commandes à l'étranger, ce qui déséquilibre de nouveau les comptes extérieurs.

L'arrivée de la gauche au pouvoir, en janvier 1956, suscite d'autres causes d'inflation. La relance de la politique sociale (aide aux personnes âgées, relèvement du traitement des fonctionnaires, troisième semaine de congés payés) creuse le déficit budgétaire et accroît les charges salariales des entreprises. La méfiance des milieux financiers rend malaisé le placement des emprunts publics à long terme. De surcroît, le ministre des Finances, Paul Ramadier, mène une politique des prix maladroite, s'efforçant, à travers blocages et taxations, de masquer l'ampleur de l'inflation, parvenant à différer les hausses les plus fortes, mais contribuant en réalité à entretenir le phénomène, notamment par les subventions compensatrices du blocage accordées aux producteurs, qui sont une source de déficit budgétaire supplémentaire. Les gouvernements semblent revenus à des procédés disparus depuis 1948. A l'intérieur, ils relancent la course entre prix et revenus, par exemple en indexant, en 1957, les prix agricoles garantis sur les fournitures nécessaires à l'agriculture et sur les salaires agricoles. A l'extérieur, ils quémandent l'aide américaine, envoyant Jean Monnet en mission auprès de l'Eximbank, et, après avoir épuisé les premières tranches des droits de tirage au Fonds monétaire international, ils doivent s'engager, pour prix d'une aide supplémentaire, à réaliser l'assainissement des finances publiques.

● Cette faillite contribue au discrédit de la IVe République dans l'opinion. Pourtant, *les premiers efforts sérieux de redressement* ont été entrepris, dès juin 1957, par l'un de ses dirigeants, le ministre des Finances, puis président du Conseil, Félix Gaillard. Un an plus tard, ils servent de base à l'action d'Antoine Pinay, rappelé au ministère des Finances par le général de Gaulle. Malgré la rupture institutionnelle, la politique conjoncturelle se déroule dans la continuité. Elle se manifeste dans l'action sur les prix : Félix Gaillard lance l'« opération vérité », supprimant de nombreuses taxations, misant, comme René Mayer en 1948, sur la restauration des mécanismes de marchés pour freiner l'inflation. Antoine Pinay va plus loin encore en interdisant en décembre 1958 toute indexation des prix et des salaires, sauf le cas particulier du SMIG. La continuité s'observe aussi dans l'action sur les liquidités : Félix Gaillard bloque pour 1958 la progression des crédits bancaires, instituant ainsi, pour la première fois, l'encadrement du crédit. Antoine Pinay maintient la mesure et lance, aux mêmes conditions qu'en 1952, la deuxième tranche de son grand emprunt public garanti sur l'or. Continuité enfin dans la politique budgétaire : les deux hommes compriment plusieurs catégories de dépenses (subventions aux entreprises privées, couverture du déficit des entreprises publiques, transferts sociaux, y compris, malgré l'impopularité de la mesure, la retraite des anciens combattants, supprimée en 1958). Ils alourdissent en deux ans de près d'un tiers le montant des impôts, modernisant l'impôt sur le revenu des particuliers, augmentant le taux de l'impôt sur les sociétés, créant de nombreuses taxes indirectes. L'ensemble permet la réduction spectaculaire du déficit budgétaire qui, à partir de 1959, n'est plus dû qu'aux prêts du Trésor, alors qu'auparavant les impôts ne couvraient même pas les dépenses définitives.

● Une rupture décisive intervient cependant dans la politique économique en décembre 1958 : *l'ouverture sur le monde*. Dix-huit mois plus tôt, face au déficit commercial et à la crise des changes provoqués par la poussée inflationniste, Félix Gaillard avait dû contingenter à nouveau la totalité des importations. Pour compenser l'écart entre prix français et prix mondiaux, son « opération 20 % », décidée en août 1957, pénalisait par une taxe et, réciproquement, favorisait par une prime de 20 % tout achat et toute vente de devises. Mais le gouvernement était alors trop faible pour reconnaître officiellement la dévaluation, la première depuis 1949. D'ailleurs, il s'attendait à ne pouvoir remplir les engagements du traité de Rome et à recourir aux clauses de sauvegarde pour éviter le démantèlement douanier prévu pour le 1er janvier 1959.

Or, quelques jours avant cette échéance, en décembre 1958, trois mesures révolutionnaires sont prises : sur le plan douanier, l'abrogation des contingentements avec les pays industrialisés de l'OECE, dans une proportion de 90 %, et l'application de la première baisse tarifaire avec les partenaires de la CEE prévue par le traité de Rome (− 10 %) ; sur le plan financier, le démantèlement du contrôle des changes et le droit, pour les non-résidents, de transférer à l'étranger or et devises contre des francs ; sur le plan monétaire, une nouvelle dévaluation du franc (17,4 %), défini désormais, pour la première fois depuis 1945, par rapport à l'or et non par rapport au dollar. D'un seul mouvement, la France satisfait à ses obligations de membre du FMI, du GATT, de l'OECE, de la CEE. En stimulant vigoureusement ses exportations, elle se met en bonne position pour aborder avec succès l'étape décisive qui vient de s'ouvrir.

Cette rupture a été permise par le nouveau contexte politique. La restauration de l'autorité de l'État rend possibles les mesures hardies naguère impraticables. Toutes les décisions monétaires et financières de décembre 1958, de la suppression des indexations à la dévaluation, en passant par la compression du déficit budgétaire et par la libération des échanges, ont été préparées par un Comité des experts créé trois mois plus tôt. Son animateur, Jacques Rueff, connu pour son attachement à la libre concurrence et à l'étalon-or, a été conseiller de Raymond Poincaré lors de la stabilisation du franc en 1926, puis a multiplié les avertissements aux gouvernements, de 1935 à 1940, contre les risques de leur politique financière. C'est lui qui gagne l'appui du général de Gaulle et parvient à imposer les mesures qu'Antoine Pinay accepte, bien qu'elles heurtent ses propres convictions et soient, sur plusieurs points tels que la dévaluation et l'augmentation des impôts, diamétralement contraires à son action de 1952. Le « plan Pinay de redressement », en réalité « plan Pinay-Rueff-de-Gaulle », inaugure bien la grande politique gaulliste où l'autorité suprême fonde le succès de ses choix sur la durée et l'obstination, sans guère tenir compte de l'impopularité qui en résulte.

2 Chances et contraintes de l'ouverture (1959-1973)

UNE NOUVELLE ÉTAPE

Les symptômes

Des débuts de la Ve République au premier choc pétrolier, l'économie française connaît une mue décisive. L'accélération du taux de croissance du PIB (5,5 % en moyenne annuelle, contre 4,6 % pendant les années cinquante) représente déjà un résultat remarquable en soi. Mais, plus encore, ce sont d'autres phénomènes qui retiennent l'attention, car ils sont révélateurs de l'ampleur du changement qui est en train de s'accomplir.

• D'abord, *les performances de l'économie française* deviennent équivalentes, voire supérieures à celles des pays industrialisés les plus dynamiques. Les taux de croissance dépassent désormais ceux de l'Italie, de l'Allemagne fédérale, des Pays-Bas, et non plus seulement, comme auparavant, ceux des pays anglo-saxons. L'investissement, qui restait à la traîne avant 1959, atteignant difficilement 20 % du PIB, est en 1974 le plus élevé de tous les pays de l'OCDE, Japon excepté : 24 % du PIB, contre 21 % en Allemagne fédérale, 20 % au Royaume-Uni, 18 % aux États-Unis. L'épargne demeurait dans les années cinquante à un niveau insuffisant. Celle des ménages ne représentait encore que 12 % du revenu disponible. Celle des entreprises était handicapée par la faiblesse des marges bénéficiaires permettant l'autofinancement. Pour l'investissement, il fallait ainsi faire appel à la création monétaire, donc à l'inflation, procédé d'autant plus ruineux qu'il décourage pour l'avenir la formation de l'épargne. Or, en 1973, les ménages consacrent à l'épargne 17,5 % de leur revenu disponible. Cette progression compense largement le plafonnement et même la baisse des capacités d'autofinancement des entreprises depuis 1968 et assure ainsi la couverture des besoins. Malgré leur recours plus fréquent au crédit bancaire, les entreprises françaises sont d'ailleurs prospères. Une étude portant sur 1 000 sociétés européennes en 1974 révèle, par exemple, que leurs bénéfices nets rapportés aux ressources propres sont, contrairement aux idées reçues, plus élevés que ceux des entreprises allemandes.

Enfin l'exportation, naguère cantonnée à un rôle secondaire, devient un ressort essentiel de la croissance. L'effort à l'exportation, calculé par rapport au PIB, classait la France en 1959 au dernier rang parmi les pays d'Europe du Nord-Ouest. En 1973, avec 14,5 %, il s'est rapproché du niveau britannique (17 %) ou allemand (19 %), même s'il reste très inférieur à celui des petits pays, voués par leur taille à une spécialisation internationale avancée. De même, la croissance des exportations passe, parmi les pays de l'OCDE, de l'avant-dernier rang avant 1959 au troisième de 1959 à 1974, derrière le Japon et l'Italie, mais avant l'Allemagne fédérale, grâce à un taux annuel de 12 %, très supérieur à la croissance du PIB comme à celle du commerce mondial.

• Mais la France ne se borne pas à se hisser dans le peloton de tête des pays industrialisés. Elle connaît aussi *une transformation des structures* qui permet de parler, plus nettement qu'avant, de croissance industrialisante. Alors que la composition sectorielle du PIB demeurait inchangée et que la répartition des actifs amorçait seulement son évolution avant 1959, tout s'accélère ensuite.

Structure de l'économie française

Part de chaque branche dans le PIB (%)			Part de chaque secteur dans la population active (%)		
	1959	1973		1959	1973
Agriculture	9,7	6,4	Secteur primaire	22,1	10,9
Industries agro-alimentaires . . .	4,0	4,4			
Énergie	4,0	5,0	Secteur secondaire	35,2	37,8
Industries intermédiaires	7,4	9,6			
Industries d'équipement	6,2	9,5	Secteur tertiaire	42,7	51,3
Industries de consommation	5,6	6,1			
Bâtiment et travaux publics	7,8	7,2			
Transports et télécommunications	5,3	6,0			
Commerces	11,3	11,0			
Autres services	38,7	34,8			
Total	100	100	Total	100	100

Évaluées sur la base des prix relatifs de 1970, ce qui empêche la comparaison avec les chiffres fournis antérieurement pour la période 1949-1959, en base 1956, les parts relatives de chaque branche dans le PIB ont évolué aux dépens des services et de l'agriculture, au profit de toutes les branches industrielles, et d'abord de celles produisant des biens d'équipement. Leur dynamisme entraîne dans son sillage l'énergie et les industries de biens intermédiaires. Quant à la répartition des actifs, même si les services accroissent leur part relative davantage que l'industrie, ils sont souvent complémentaires, et non indépendants de celle-ci. Les emplois tertiaires les plus dynamiques sont en effet ceux qui dépendent, plus ou moins directement, de l'industrie (banques et assurances, agences de publicité, cabinets d'expertise comptable, de conseils juridiques et fiscaux), et non ceux du commerce ou de l'administration publique.

Enfin, la taille des entreprises industrielles, des exploitations agricoles, des établissements commerciaux progresse. Dans l'industrie, les entreprises de plus de 500 salariés ne fournissaient en 1962 que 50 % de la valeur ajoutée et n'employaient que 38 % de la main-d'œuvre. En 1970, les parts respectives sont passées à 63 % et 57 %. Dans l'agriculture, les exploitations de moins de vingt hectares, naguère choyées par l'État qui voyait en elles l'ossature même de la paysannerie française, restent majoritaires en nombre, mais ne regroupent plus que le quart de la superficie agricole utile en 1970, contre 40 % en 1955. Dans la distribution commerciale, les grandes surfaces de vente font leur apparition au début des années soixante, avec d'ailleurs trente ans de retard sur les États-Unis.

Tout se passe en définitive comme si un changement de dimension s'accomplissait dans l'économie durant ces quinze années. La France qui, selon beaucoup d'historiens, n'avait réussi qu'à demi son « décollage » au temps des révolutions industrielles semble enfin mériter pleinement le qualificatif de grand pays moderne. Comment comprendre cette mutation ?

Les moteurs

● *L'ouverture* est sans doute, de tous les facteurs d'explication, le plus déterminant. Choix politique autant qu'économique, pari sur l'avenir, mais aussi dérivatif au drame de la décolonisation, elle forme le levier fondamental de la nouvelle croissance.

D'abord, parce qu'elle substitue au fardeau d'un Empire stagnant dans le sous-développement des partenaires commerciaux dynamiques, dont la CEE qui opère avec la zone franc un véritable chassé-croisé dans la structure des échanges géographique de 1959 à 1973.

Parts respectives de la zone franc et de la CEE (%)

	Part dans les importations			Part dans les exportations		
	1959	1973	Évolution	1959	1973	Évolution
Zone franc	24	3	− 87 %	32	5	− 84 %
CEE à 9	31	55	+ 77 %	33	56	+ 70 %

Commerçant désormais pour l'essentiel avec les autres pays industrialisés, la France est amenée à se spécialiser dans les branches pour lesquelles son avantage relatif, mesuré en termes de compétitivité, est le plus important : produits agricoles et alimentaires, stimulés par la mise en place de la politique agricole commune européenne, mais aussi certains biens d'équipement, le matériel de transport notamment, grâce aux efforts des constructeurs automobiles et de l'industrie aéronautique, civile et militaire. Réciproquement, elle bénéficie d'importations plus avantageuses que sa propre production nationale. Le confort domestique aurait-il été poussé aussi loin sans le recours aux appareils électroménagers italiens ? l'équipement des entreprises en machines-outils aussi rapide sans les importations en provenance d'Allemagne fédérale ? L'ouverture européenne, qui progresse avec la réalisation du démantèlement douanier, achevé le 1er juillet 1968, puis avec l'élargissement de la CEE à neuf membres, réalisé le 1er janvier 1973, est ainsi un facteur important de transformations structurelles.

Mais l'ouverture est aussi mondiale. Grâce à elle, la France, qui se procurait dans la zone franc une partie de ses besoins en énergie et en matières premières, payables, certes, en monnaie nationale, mais avec d'importants surprix, peut désormais bénéficier du marché mondial pour ses approvisionnements. Elle les règle en devises, mais à des cours orientés à la baisse durant toute la période. Ainsi les hydrocarbures sahariens découverts à la fin des années cinquante s'avèrent progressivement moins intéressants que ceux importés du Moyen-Orient, des Pays-Bas, d'URSS, surtout après l'accord de 1965 consentant à l'Algérie des surprix de 6 % à 20 % par rapport aux cours mondiaux. L'économie française participe ainsi, y compris dans ses localisations, à la croissance des « Trente Glorieuses » fondée sur le bas prix des produits de base et sur la littoralisation des activités grosses consommatrices. En 1963, l'ouverture du complexe sidérurgique d'Usinor à Dunkerque, alimenté en minerai de fer mauritanien, brésilien, australien, témoigne des espoirs alors placés dans un mouvement qui a commencé ailleurs dès les années cinquante (Ijmuiden aux Pays-Bas) et qui sonne le glas de l'ancienne complémentarité entre les ressources du Nord en charbon et celles de la Lorraine en minerai de fer.

Enfin, l'ouverture est, depuis décembre 1958, autant financière que commerciale. La liberté de convertir et de transférer leurs francs accordée aux non-résidents n'est pas toujours entière. Que ce soit par nationalisme ou par nécessité, le gouvernement limite parfois les mouvements de capitaux entre la France et l'étranger. Il possède d'ailleurs en permanence un droit de contrôle sur les investissements étrangers, dès lors qu'ils concernent plus de 20 % du capital d'une entreprise française. Cependant la pénétration étrangère n'a fait que croître depuis 1959. Firmes américaines désireuses de tourner les barrières douanières en s'implantant dans la CEE avant la mise en place du tarif extérieur commun, firmes allemandes ou belges voulant bénéficier de coûts salariaux inférieurs à ceux de leur pays d'origine, plus généralement investisseurs attirés par la forte croissance et la complète stabilité politique françaises, tous les mobiles se conjuguent pour expliquer le quintuplement en valeur des investissements étrangers pendant les années soixante. Se dirigeant de préférence vers des secteurs comme le raffinage pétrolier, le machinisme agricole, la chimie, la construction électrique et électronique, ils renforcent les structures productives, créent des emplois, développent des régions, implantent des techniques, diffusent de nouveaux modes de gestion. Le rôle d'IBM-France, fondée dès l'entre-deux-guerres, mais surtout développée pendant cette période, semble à cet égard tout à fait déterminant.

● *L'attitude des chefs d'entreprise* est faite en même temps de réponses aux contraintes de l'ouverture et d'initiatives témoignant d'un renouveau patronal étonnant. Un grand mouvement de concentration, sans doute fortement stimulé par l'État, néanmoins révélateur de leur vitalité, saisit les entreprises industrielles. Par prises de participation, rachats, fusions, se constituent de puissants groupes, en un processus de croissance externe qui permet de réaliser des économies d'échelle, de disposer de plus grandes capacités d'innovation, de mieux pénétrer, par exportation ou implantation directe, les marchés étrangers. Le mouvement s'accélère au cours de la période et porte sur des opérations de valeur croissante. Les réalisations les plus spectaculaires se situent entre 1964 et 1974, de la fondation de Sacilor par De Wendel au rachat de Citroën par Peugeot, en passant par la naissance de groupes diversifiés aux allures de conglomérats, comme Péchiney-Ugine-Kuhlmann, de l'aluminium aux aciers spéciaux et aux produits chimiques de base, ou comme Saint-Gobain-Pont-à-Mousson, de l'industrie du verre aux tuyaux de fonte et aux matériaux isolants.

Mais le petit et moyen capitalisme, aux structures familiales, loin d'être synonyme de sclérose, se développe lui aussi à vive allure pendant cette période, passant parfois à la dimension supérieure grâce à une spécialisation sur un « créneau » porteur ou une valorisation habile de l'atout constitué par une implantation dans une région rurale à bas salaires (Moulinex dans l'Orne, Legrand dans le Limousin). Des firmes fondées bien avant les années soixante percent alors sur le marché national, voire mondial, d'Essilor dans la lunetterie à Leroy-Somer dans la construction de moteurs électriques, des Laboratoires Meyrieux dans l'industrie pharmaceutique aux Skis Rossignol dans l'industrie des loisirs.

On trouve ainsi, à la différence des années cinquante, de nombreux individus représentatifs de ce nouveau monde patronal. Provenant pour l'essentiel, mais non exclusivement, de la classe dirigeante (Roger Martin, président de Saint-Gobain-Pont-à-Mousson, est fils de cheminot), ce sont parfois de hauts fonctionnaires convertis aux affaires privées (Ambroise Roux a dirigé le cabinet du ministère de l'Industrie sous la IVe République avant de devenir président de la Compagnie générale d'électricité). Tous possèdent des valeurs communes : attachement à l'ouverture européenne et à la croissance (Ambroise Roux préconise même, au début des années soixante-dix, des taux « à la japonaise » de l'ordre de 8 %), attrait pour les méthodes de gestion américaines, enseignées à HEC à partir de 1964 à la place des cours magistraux théoriques, volonté de dialogue avec l'État et les syndicats, mais défense de la propriété privée et hostilité au dirigisme, dont témoigne en 1965 la Charte libérale du Conseil national du patronat français, élaborée en réponse aux projets gaullistes d'association entre capital et travail.

● Enfin *les transformations démographiques et sociales* permettent la nouvelle croissance, tout en la reflétant. Les effectifs globaux de la population active commencent à progresser au milieu des années soixante, sous le triple effet de l'arrivée à l'âge actif des générations du baby-boom, de l'immigration massive en provenance du bassin méditerranéen et de la volonté d'activité professionnelle des femmes. A la stagnation d'avant 1959 s'oppose un gain de deux millions et demi de personnes entre le recensement de 1962 et celui de 1975. De plus, la composition interne de cette population active stimule la croissance. Une part accrue de travailleurs immigrés, de femmes, pas toujours de jeunes, étant donné la tendance à l'allongement de la durée des études, est un facteur de modération des hausses salariales. En outre, les gains de productivité spectaculaires réalisés dans l'agriculture libèrent une main-d'œuvre disponible pour les autres secteurs. Dans certaines régions, l'Ouest rural notamment, de paisibles chefs-lieux administratifs accueillent des entreprises parisiennes attirées par les primes de décentralisation, qui y implantent surtout des usines de montage, bien adaptées à une main-d'œuvre jeune, peu formée, faiblement syndiquée, et donc sous-payée.

Toutes ces mutations stimulent l'investissement. L'accélération de l'urbanisation, de la mobilité géographique et professionnelle nécessite un vaste effort de construction de logements qui atteint en 1973 son niveau maximal de tout l'après-guerre. Les infrastructures collectives se développent d'autant plus rapidement qu'un grand désir de promotion sociale par l'enseignement atteint alors les Français. Ces années d'explosion scolaire et universitaire déboucheront sur la crise de 1968 et sur la dénonciation d'une « société bloquée ». Dans l'immédiat, elles accroissent le rythme de construction d'écoles, de collèges, de lycées, de bâtiments universitaires.

Enfin, même si l'accès à la consommation de masse remonte aux années cinquante, c'est seulement lors de la décennie suivante que celle-ci se généralise. En 1960, 30 % des ménages possédaient une automobile. Ils sont 62 % en 1973, dont 9 % en possèdent deux. On pourrait multiplier les exemples d'une telle progression. Elle ne profite pas nécessairement aux entreprises françaises, qui abandonnent certains secteurs à leurs concurrentes étrangères, le gros matériel électroménager par exemple, ou qui doivent recourir aux artifices protectionnistes pour pouvoir se maintenir. Ainsi la norme « 819 lignes » pour les émissions de télévision, différente des standards allemands et anglo-saxons, est maintenue jusqu'en 1966, sur intervention des fabricants français de téléviseurs. Pourtant les progrès de l'équipement en biens durables permettent, dans l'ensemble, d'élargir les gammes de fabrication, donc d'abaisser les prix de revient, pour le plus grand profit des entreprises, assurées de rester compétitives sur les marchés étrangers.

Les progrès réalisés de 1959 à 1973 doivent être relativisés. La France a connu d'autres périodes de croissance rapide, et tout d'abord celle des années cinquante dont l'acquis forme la base de départ indispensable. Vers 1973-75, sa puissance industrielle est encore nettement inférieure à celle de son principal partenaire, l'Allemagne fédérale, qu'il s'agisse de la part du secteur secondaire dans la population active (39 % contre 47 %), de la place des biens d'équipement dans les exportations industrielles (24 % contre 51 %), du degré de concentration des entreprises (19 chiffres d'affaires de plus d'un milliard de dollars, contre 34 outre-Rhin). Pourtant la mutation est évidente. En une quinzaine d'années, la France a réalisé ce que d'autres pays ont mis un demi-siècle, voire un siècle à accomplir. Il serait surprenant que l'État, principal responsable de la modernisation des années cinquante, n'y soit pas pour beaucoup.

LA REDÉFINITION DE LA POLITIQUE STRUCTURELLE

L'adaptation aux exigences de l'ouverture

L'État ne peut plus, comme avant 1959, se borner à encadrer la croissance et à la rendre la plus rapide possible grâce à la planification et aux entreprises publiques. Certes, une tendance à l'assouplissement du dirigisme s'était manifestée dès le milieu des années cinquante. Il n'empêche que la politique économique était conduite dans une relative indifférence face au déficit budgétaire et au manque de compétitivité des entreprises. Or, désormais, le choix de l'ouverture impose ses conséquences. Toute surchauffe remettrait en cause les bons résultats de la stabilisation de 1958-59, conduirait à un nouvel affaiblissement du franc, ferait de l'ouverture une source de difficultés, et non plus un facteur de puissance. Il faut impérativement adapter à ce nouveau contexte les instruments du dirigisme hérité de la Libération.

● *La planification change de caractère* (cf. tableau p. 33). Son élaboration était facilitée par le cadre commercial fermé, permettant de négliger l'évolution prévisible du contexte international. Elle devient à la fois complexe et incertaine à partir du IVe Plan, préparé par Pierre Massé, ancien directeur général adjoint d'EDF, commissaire au Plan depuis 1959, rompu au calcul économique et au choix des investissements. Les ressources de l'économétrie sont mobilisées pour l'élaboration de variantes tenant compte, non seulement de paramètres nationaux, mais aussi de l'évolution des principaux partenaires commerciaux. Les projections intègrent aussi le niveau prévisible des prix et ses conséquences sur les équilibres sectoriels, la composition de la demande, la progression des revenus. Le « modèle physico-financier », dit FIFI, utilisé pour la préparation du IVe Plan, comporte ainsi 1 600 équations reliant 4 000 paramètres.

Le but de la planification était de programmer à long terme les investissements publics et, plus secondairement, de fournir aux entreprises privées un cadre de référence à leurs décisions.

Désormais le premier objectif perd son importance, le second devient essentiel. Il s'agit d'éviter tout dérapage inflationniste, d'où la mise en place d'indicateurs d'alerte (les « clignotants » du Ve Plan, les « indicateurs d'objectifs » du VIe Plan) qui, s'ils se déclenchent en cours d'exécution, doivent inciter les agents économiques à revoir leur comportement, y compris l'État, par l'adoption d'une politique conjoncturelle appropriée. Dans ce même esprit on tente à travers le Plan une politique des revenus pour modeler leur évolution sur celle de la productivité. Après une longue grève des charbonnages, Pierre Massé préside en 1963 un Comité des sages, chargé de proposer des revalorisations salariales. L'année suivante, une Conférence des revenus regroupe les partenaires sociaux et conclut à la nécessité d'une politique salariale concertée dans l'ensemble des branches. Enfin, en 1966, la création du CERC (Centre d'étude des revenus et des coûts) place auprès du Commissariat au Plan un organisme très utile pour la connaissance d'évolutions difficiles à maîtriser.

En dépit de tous ces progrès et du souci gouvernemental, qui rattache de nouveau le Plan aux services du Premier ministre et qui le qualifie d'« ardente obligation », selon la formule du général de Gaulle en 1961, les résultats de la planification demeurent décevants. Les objectifs globaux sont atteints en ce qui concerne les taux de croissance, mais les grands équilibres prévus ne sont pas réalisés, les mutations structurelles annoncées ne se produisent guère. Le IVᵉ Plan voulait concilier croissance rapide et stabilité des prix grâce à la modération spontanée des revendications salariales : il bute sur la stabilisation autoritaire de 1963-65. Le Vᵉ Plan préférait opter pour une croissance moins ambitieuse, évitant le risque de surchauffe, et misait sur un certain volant de chômage pour maintenir la compétitivité : il est affecté par l'explosion sociale de mai 1968 et la fuite en avant de la politique économique, que devra sanctionner la dévaluation d'août 1969. Le VIᵉ Plan devait « faire de la France une grande puissance industrielle » : il s'achève en plein désarroi avec le premier recul de la production connu par la France depuis 1945.

Faut-il alors parler d'échec, voire de fiasco d'une expérience originale que d'autres pays industrialisés, paradoxalement, copient au moment même où elle avorte, car ils y voient à tort la clé de la croissance française ? Ce serait une exagération, et sans doute un contresens. Certes les résultats sont discutables. Le Plan n'a été ni le principal levier de l'expansion, ni le moyen d'un dialogue démocratique entre partenaires sociaux. Mais il forme incontestablement la toile de fond de l'évolution. Le fait qu'en 1967 80 % des entreprises industrielles connaissent ses objectifs généraux et que 60 % déclarent y conformer, de près ou de loin, leurs décisions d'investissement est un titre de succès sans doute plus important que la réalisation impossible de modèles de croissance équilibrée.

● *Le rôle du secteur public doit lui aussi être redéfini.* On attend à présent de lui, dans une optique néo-libérale, efficacité économique et rentabilité financière. Le rapport Nora, élaboré en 1967 par un haut-fonctionnaire, membre de l'entourage de Pierre Mendès France en 1954-55, puis de celui de Jacques Chaban-Delmas en 1969-72, propose le réaménagement des liens entre État et entreprises publiques. Il critique la pratique fréquente qui leur impose de lourdes charges, à travers des tarifs inférieurs aux prix de revient ou des régimes salariaux très avantageux, puis qui couvre leur déficit devenu inévitable par des subventions budgétaires. Un tel mode de gestion est dangereux pour l'État, dont il augmente les dépenses, désavantageux pour les contribuables, qui financent des prestations ne profitant qu'aux usagers, gênant pour le secteur privé, évincé du marché des capitaux par les énormes emprunts des entreprises publiques. Le rapport Nora propose la conclusion, entre elles et l'État, de contrats pluriannuels, distinguant clairement les deux aspects de leur tâche : la mission de service public, qui doit être nécessairement assumée quel que soit le coût, où l'entreprise publique a droit à une aide de la part de l'État, et l'activité concurrentielle, où elle est placée dans des conditions analogues à celles du secteur privé et doit atteindre la rentabilité. Cette nouvelle orientation, lointain aboutissement de la politique de « vérité des tarifs » amorcée, pour des raisons conjoncturelles, par René Mayer en 1948, puis par Félix Gaillard en 1957, se traduit dès 1969 par la signature des premiers contrats de programmes entre l'État et la SNCF, puis, l'année suivante, entre l'État et EDF.

LES PLANS FRANÇAIS 1962-1975

Période d'application	Commissaire au Plan	Mode d'élaboration	Objectifs	Résultats
IVe Plan 1962-65	Pierre Massé	- Commissariat au Plan assisté de 27 commissions de modernisation - Contrôle parlementaire par le vote de la loi de Plan (1962)	- Taux de croissance annuel moyen du PIB de 5,5 % - Priorité aux équipements collectifs (urbanisme notamment) - Respect des grands équilibres financiers grâce à la politique des revenus - Aides spécifiques au développement régional	- Objectif global dépassé (taux de croissance de 5,8 %) mais surchauffe inflationniste conduisant au Plan de stabilisation de 1963-1965
Ve Plan 1966-70	François-Xavier Ortoli, puis René Montjoie	- Commissariat au Plan assisté de 32 commissions de modernisation - Double contrôle parlementaire : vote des options préalables (1964), puis de la loi de Plan (1965)	- Taux de croissance annuel moyen du PIB de 5 % - Priorité à la compétitivité par le renforcement des secteurs de pointe et la détente du marché du travail - Respect de 5 indicateurs d'alerte surveillant l'évolution conjoncturelle - Répartition des investissements publics en tranches régionales	- Objectif global réalisé mais dérapage inflationniste de 1968-1969 et dévaluation du franc
VIe Plan 1971-75	René Montjoie, puis Jean Ripert	- Commissariat au Plan assisté de 25 commissions de modernisation - Double contrôle parlementaire sur les options (1970), puis sur le Plan définitif (1971)	- Taux de croissance annuel moyen du PIB de 6 % - Priorité à l'industrialisation par la création d'un environnement favorable - Respect de 13 indicateurs d'objectifs mesurant les performances et la compétitivité de l'industrie - Poursuite de la régionalisation des investissements publics	- Objectif global non atteint (taux de croissance de 3,5 %) en raison de la récession de 1975

La recherche d'un environnement favorable à la croissance

La stimulation directe de la croissance ne forme plus, comme au temps de la Libération et de la IVᵉ République, l'axe essentiel de la politique économique. Jugée dangereuse pour la compétitivité par ses conséquences inflationnistes, pertubatrice de la libre concurrence, révélatrice d'un manque de confiance dans les vertus du capitalisme privé, elle fait place à une autre attitude par laquelle l'État s'efforce de créer les conditions d'une croissance à la fois rapide et équilibrée, et non plus de se substituer à l'initiative des agents économiques.

● *La politique de concentration vise à renforcer la taille des entreprises* pour leur permettre d'affronter la compétition internationale. Dans chaque branche, l'État promeut une ou deux entreprises pilotes, de dimension européenne, voire mondiale. Il donne parfois l'exemple en regroupant les entreprises publiques, suscitant ainsi des regroupements dans le secteur privé. Ainsi, dans la construction aéronautique, les entreprises nationalisées en 1936, déjà rassemblées en Nord-Aviation et Sud-Aviation en 1957-59, font place à une seule entreprise, la SNIAS (Société nationale des industries aérospatiales), en 1970. Un an plus tard, pour éviter d'être placés en position de faiblesse, les deux grands constructeurs privés, Breguet et Dassault, fusionnent à leur tour. L'évolution est analogue dans l'industrie du pétrole (formation d'ELF-Erap en 1966), la chimie de base (regroupement des Potasses d'Alsace et de l'Office de l'azote dans Entreprise Minière et Chimique en 1967), la construction de véhicules utilitaires (rachat de Berliet par Renault en 1974), les banques (création de la Banque nationale de Paris), l'assurance (rassemblement en 1973 des compagnies nationalisées à la Libération : UAP, GAN, AGF).

Mais l'État peut aussi contraindre à la concentration des entreprises privées réticentes. Il subordonne le maintien de ses subventions à la construction navale au regroupement des chantiers autour de cinq pôles et à la promesse d'une reconversion (1962). Il signe avec le grand patronat de la sidérurgie une convention qui accorde une aide importante, moyennant concentration autour de trois groupes, Usinor, Sacilor et Creusot-Loire (1966). Il n'accepte de renflouer Citroën, au bord de la faillite, qu'à condition que la firme passe sous contrôle de Peugeot (1974).

Enfin, certaines mesures incitent les entreprises privées à la concentration. En 1967, une nouvelle formule juridique, les groupements d'intérêt économique, permet d'associer des entreprises distinctes pour réaliser en commun certaines fabrications ou exploiter ensemble certains services. C'est la solution adoptée trois ans plus tard par la SNIAS pour le lancement du programme Airbus, avec des constructeurs, publics et privés, appartenant aux autres pays de la CEE.

● *La politique de l'épargne s'efforce de mettre en place des mécanismes de financement non inflationnistes,* faisant appel, comme dans les autres grands pays industrialisés, à l'épargne privée collectée par les banques et attirée vers la Bourse. Tout comme au XIXᵉ siècle, les banques de dépôts se désintéressaient du prêt à long terme aux entreprises ou aux ménages et recouraient systématiquement au réescompte de la Banque de France, provoquant ainsi la création monétaire. Parallèlement, les banques d'affaires étaient freinées dans leur activité par l'interdiction faite en 1945 de concurrencer les banques des dépôts en ouvrant des réseaux de guichets. Ce système bancaire cloisonné, peu concurrentiel, était propice à des taux d'intérêt élevés, alourdissant les charges des entreprises, et à de fréquentes interventions de l'État (prêts du Trésor) et de la Banque de France (réescompte), toutes génératrices d'inflation. Il est profondément transformé par les réformes Debré de 1966-67, qui suppriment la distinction entre banques de dépôts et banques d'affaires, autorisant les premières à collecter des ressources à terme et les secondes des ressources à vue, libérant partiellement la concurrence sur les taux d'intérêt et sur l'ouverture de nouveaux guichets. Le résultat est net. Tandis que les banques n'accordaient en 1962 que moins de la moitié des crédits à l'économie (49 %), leur part avoisine les deux tiers en 1973 (64 %). Réciproquement, la part du Trésor public s'effondre de 26 à 6 %, et celle des établissements publics spécialisés, tels la Caisse des dépôts ou le Crédit foncier, se maintient à 25 et 30 %.

La réanimation de la Bourse, reléguée peu à peu à un rôle mineur dans le financement des investissements, est moins heureuse. Le gouvernement cherche à y attirer l'épargne des ménages, en leur proposant des placements alliant régularité du rendement et absence de risques (Sociétés d'investissement à capital variable, dites SICAV, à partir de 1964). Il multiplie les exonérations fiscales, tant au profit des actionnaires (avoir fiscal en 1965) que des titulaires d'emprunts obligataires (prélèvement forfaitaire en 1966). Mais l'épargne, accaparée par d'autres types de placement, l'immobilier surtout, méfiante envers la spéculation, ne se laisse guère tenter. Paradoxalement, il faudra attendre la crise présente pour que la Bourse se ranime vraiment. Dans l'immédiat, les entreprises qui ne peuvent autofinancer elles-mêmes leurs investissements sont donc contraintes de recourir au crédit bancaire, ne pouvant guère procéder à des augmentations de capital ou à des émissions d'emprunts obligataires.

Les limites

Les mutations des années 1959-73 sont évidentes. Face aux exigences de l'ouverture, l'État s'est fait plus discret, ce qui ne signifie pas qu'il ait un rôle moins décisif. Il serait toutefois étonnant, dans une France aux traditions colbertistes, sous un régime marqué par l'autorité de l'État et, de surcroît, dirigé par un personnage tel que de Gaulle, que le libéralisme ne rencontre pas de sérieuses limites.

● *La persistance d'attitudes dirigistes* est très nette sous la présidence du général de Gaulle. Elle aboutit à des choix peu conformes à la logique économique, qu'il faudra souvent réviser ensuite. L'effort de recherche est considérable, doublant, en proportion du PIB, de 1959 à 1967. Mais il est trop souvent orienté vers de grandes réalisations de prestige, vers des programmes atomiques et militaires aux retombées civiles incertaines. La filière électronucléaire française à uranium naturel, mise en place par le Commissariat à l'énergie atomique dès 1956, devient opérationnelle au début des années soixante. Mais, non rentable, elle doit être abandonnée en 1969 au profit de la filière américaine Westinghouse à uranium enrichi. De même, le procédé de télévision en couleur SECAM, inventé par l'ingénieur Henri de France en 1960, s'avère dispendieux pour l'État, qui doit favoriser son acquisition par les quelques rares pays désireux d'y procéder pour des raisons politiques. L'opinion ironise sur « les danseuses du Général », parfois bien à tort, tant, dans ce domaine, les évolutions sont imprévisibles. L'avion supersonique Concorde, conçu en 1962, commercialisé en pleine période de chocs pétroliers (1976), a été un gouffre financier jusqu'au moment où l'effondrement du prix du pétrole en 1986 a attiré de nouveau vers lui l'attention.

C'est aussi à des préoccupations politiques, et notamment à l'antiaméricanisme gaullien, qu'il faut attribuer certaines erreurs lourdes de conséquences. La plus célèbre, l'« affaire Bull », aux multiples répercussions, est encore aujourd'hui responsable des faiblesses de l'industrie nationale des ordinateurs. En 1964, l'État refuse, pour des raisons d'économies budgétaires, d'aider la Compagnie Bull, seule firme française capable, par son potentiel de recherche, de s'opposer dans ce domaine à la pénétration des firmes américaines. L'entreprise est ainsi contrainte de se rapprocher des constructeurs américains, qui lui fournissent les fonds nécessaires à son développement, et passe sous le contrôle de General Electric, puis d'Honeywell. Mais le gouvernement français s'efforce, à coups de subventions ruineuses, de rattraper son erreur en fondant une nouvelle entreprise « authentiquement nationale », la Compagnie internationale pour l'informatique ou CII. Ce sont les Plans Calcul successifs à partir de 1966. Leur échec, aggravé encore par le refus d'une coopération avec d'autres firmes européennes, conduit en 1975 à l'absorption de la CII, au bord de la faillite, par... Honeywell-Bull. Il faudra en 1982 recourir à la nationalisation et au versement à Honeywell d'une lourde indemnité d'expropriation pour surmonter (définitivement ?) l'erreur initiale.

● Mais *la nécessité d'une protection contre les effets pernicieux de la croissance et de l'ouverture* forme une autre limite de l'action engagée. Qu'il s'agisse des structures sociales ou de la répartition géographique des activités, toute croissance en économie ouverte est déséquilibrante. Les tensions qui en résultent paraissent vite inacceptables. Aussi l'État doit-il tempérer le rythme de l'évolution et protéger les secteurs menacés, contredisant parfois ainsi lui-même l'axe fondamental de son action. C'est le cas des agriculteurs, qui subissent à partir de 1960 une politique des structures génératrice du « malaise paysan » : on tente de le calmer par d'importants transferts sociaux, un traitement fiscal de faveur, une protection particulière des zones fragiles. C'est le cas des petits commerçants soumis à la concurrence des grandes surfaces de vente, qui obtiennent en 1973 la loi Royer réglementant leur ouverture. C'est enfin le cas de la politique d'aménagement du territoire, qui cherche à corriger la polarisation excessive de l'espace au profit de certaines régions. Sans anticiper sur le contenu précis de ces politiques, examinées avec les secteurs concernés, il importait de signaler leur existence et l'infléchissement qu'elles apportent aux choix structurels de l'État.

SUCCÈS ET ÉCHECS
DE LA POLITIQUE CONJONCTURELLE

Le troisième cycle de croissance (1959-mi-1967)

● *L'action conjoncturelle commence en 1959 sous des auspices favorables.* La stabilisation et l'ouverture réalisées lors du passage de la IVe à la Ve République permettent trois années d'expansion dans un climat non inflationniste. La croissance, redémarrée dans certains secteurs au cours de l'année 1959, se généralise ensuite à l'ensemble de l'économie, stimulée par le dynamisme des exportations dû à la dévaluation de décembre 1958 et par les progrès du pouvoir d'achat qui, après un recul temporaire en 1959, se reconstitue grâce à la stabilité des prix. La rigueur budgétaire persistante évite tout dérapage inflationniste. Le commerce extérieur est excédentaire. Les rentrées de capitaux permettent d'accumuler des devises, de rembourser par anticipation les emprunts extérieurs contractés en 1957-58, de doubler le stock d'or de la Banque de France. En janvier 1960, tandis qu'au ministère des Finances Wilfrid Baumgartner, ancien gouverneur de la Banque de France, succède à Antoine Pinay, le « franc lourd », égal à 100 anciens francs, entre en application. Simple opération comptable, la mesure a une valeur symbolique. Le franc, pratiquement à parité avec le mark allemand et le franc suisse, fait figure de grande monnaie, base solide de la puissance française retrouvée.

● *La rechute ne tarde guère.* Dès 1962, de nouveaux symptômes d'inflation se manifestent. Les causes diffèrent sensiblement de celles observées lors des cycles précédents. Il s'agit moins désormais d'un creusement massif du déficit budgétaire (encore que les crédits pour la force de frappe se substituent aux dépenses de la guerre d'Algérie) que d'un développement excessif du crédit bancaire, au rythme annuel d'environ 20 %, et d'une création trop rapide de francs en contrepartie des entrées de devises. La France paye la rançon de ses succès. La modernisation rapide entraîne des besoins d'investissement accrus, en logements et équipements collectifs notamment, que les banques ne consentent à financer que moyennant réescompte automatique auprès de la Banque de France. D'autre part, le rétablissement de la force monétaire et de la stabilité politique attire les capitaux étrangers, tandis que le succès des exportations multiplie les rentrées de devises, que la Banque de France ne peut que convertir en monnaie nationale à la demande de leurs détenteurs.

Dans ces conditions, il suffit de causes accidentelles supplémentaires pour déclencher l'inflation. Le brusque accroissement de la demande, dû à l'arrivée des rapatriés d'Algérie lors de l'été 1962, la raréfaction de l'offre liée à la grève des mineurs et à une vague de froid exceptionnelle pendant l'hiver 1963 déséquilibrent l'économie. Alerté par une hausse des prix qui, lors du premier semestre 1963, correspond à un rythme annuel de 6,5 %, le général de Gaulle donne l'ordre à son nouveau ministre des Finances, Valéry Giscard d'Estaing, de redresser la situation.

● *Le Plan de stabilisation lancé en septembre 1963 est sévère.* Pour deux années entières, il recourt à des mesures dirigistes, nettement plus contraignantes que celles de décembre 1958. Les prix sont bloqués et un strict encadrement réduit de moitié la progression annuelle du crédit bancaire. La rigueur budgétaire est poussée à l'extrême : en 1964 et en 1965, le budget est exécuté en équilibre, pour la première fois depuis 1930, supprimant tout recours aux avances de la Banque de France ou aux bons du Trésor. Les facilités tolérées pour le financement de certains investissements disparaissent, en particulier le réescompte des crédits à moyen terme à la construction. Ces mesures, jointes à d'autres plus classiques (hausse du taux de réescompte, lancement d'un emprunt public à long terme, contrôle des investissements étrangers), ont un effet tardif mais prolongé. Le taux de croissance ne fléchit qu'à la fin de 1964, mais il stagne ensuite durablement à un niveau médiocre. Certes, ce ralentissement était nécessaire au rétablissement du commerce extérieur. La contraction des importations permet de retrouver l'excédent en 1965. Il permet le maintien de la stabilité monétaire : la hausse des prix devient semblable à celle des autres pays industrialisés, écartant ainsi toute menace sur le franc, tandis que les réserves d'or, gonflées par la conversion systématique des dollars ordonnée par le général de Gaulle, atteignent en 1966-67 un niveau à peine inférieur à celui de 1932-33. Mais la croissance est devenue insuffisante pour assurer le plein emploi, au moment précis où se présentent sur le marché du travail les générations nombreuses du baby-boom. On recense moins de 200 000 chômeurs en 1964, mais plus de 300 000 en 1967. Il devient urgent de relancer l'économie.

Le quatrième cycle de croissance (mi-1967-1973)

● *La tâche de Michel Debré,* ministre des Finances à partir de janvier 1966, consiste à tirer l'économie du marasme – tout relatif – où l'a plongée le Plan de stabilisation, sans pour autant revenir à une politique de facilité qui compromettrait de nouveau la stabilité monétaire. Prudemment, il sort du blocage des prix par la formule des contrats de programme, conclus dans chaque branche entre l'État et les organisations professionnelles. Contre l'engagement de réaliser pour cinq ans des objectifs d'investissement, de formation professionnelle, de productivité, l'État consent aux hausses de prix proposées par les entreprises. De même, on l'a vu, le décloisonnement des activités bancaires doit permettre un financement non inflationniste des investissements. Mais atteindre des objectifs conjoncturels par des mesures de type structurel nécessite du temps. Dans l'immédiat, l'économie tarde à repartir. Il faut consentir, au début de 1968, à des subventions fiscales à l'investissement et à une baisse de la TVA relançant la consommation, donc à un déficit budgétaire croissant, pour que la reprise, esquissée l'année précédente, devienne générale.

● *La crise de mai 1968 compromet aussitôt l'œuvre entreprise.* La crise sociale a des répercussions économiques immédiates. L'inflation reprend, à travers tous ses mécanismes : par la demande, du fait des hausses de salaires consenties par les accords de Grenelle, nettement supérieures à celle de juin 1936 (de 9 % à

35 % selon les catégories, au lieu de 7 % à 15 %) ; par les coûts, du fait des nouvelles charges sociales imposées aux entreprises et de la réduction de la durée du travail annuelle grâce à la quatrième semaine de congés payés ; par l'insuffisance de l'offre, du fait des grèves qui ont interrompu la production pendant un mois ; par la création monétaire, du fait d'un déficit budgétaire six fois supérieur au montant prévu initialement et des facilités de crédit permettant aux entreprises d'absorber sans risque de faillite l'augmentation de leurs prix de revient. La poussée inflationniste se traduit par une hausse des prix qui franchit de nouveau la barre des 5 %, par un déficit commercial accru et un important déficit de la balance des paiements courants, enfin par des sorties de capitaux traduisant la méfiance envers un franc désormais surévalué. Beaucoup d'observateurs jugent inévitable la dévaluation.

Pourtant le général de Gaulle la refuse, conseillé par son ministre d'État, auparavant responsable de l'Industrie, puis des Affaires sociales, Jean-Marcel Jeanneney, et par l'ancien chef de cabinet de celui-ci, Raymond Barre, alors membre de la Commission européenne. C'est, au nom du maintien de la parité de décembre 1958, se condamner à un retour en arrière considérable. Le contrôle des changes, le blocage des prix, l'encadrement du crédit doivent être rétablis (novembre 1968). Mais comme, parallèlement, on ne peut, sans danger d'explosion sociale et politique, comprimer trop brutalement la demande intérieure, l'inflation continue.

● *La stabilisation, impossible dans la rigueur sous de Gaulle, se fait dans la facilité sous Georges Pompidou.* Le changement de cadre politique, le retour au ministère des Finances de Valéry Giscard d'Estaing rassurent les milieux financiers. La dévaluation, repoussée « à chaud » en novembre 1968, se fait « à froid » en août 1969. Le commerce extérieur redevient excédentaire pour trois années consécutives (1971-73). La balance des paiements courants se redresse. Parallèlement, la rigueur budgétaire semble garantir un assainissement durable. Pendant cinq ans, le budget est présenté en équilibre et exécuté en léger excédent.

● Pourtant la hausse des prix, à peine ralentie en 1970, s'enfle ensuite constamment. C'est que le crédit bancaire se développe rapidement, hors de tout encadrement dès octobre 1970. Surtout, à partir de 1971, la crise du système monétaire international provoque *une surchauffe inflationniste* annonciatrice des déséquilibres futurs. Le gouvernement n'a ni la volonté ni les moyens de s'y opposer. Il la tolère, car elle stimule la croissance et limite le chômage. Il ne pourrait d'ailleurs guère la maîtriser. Le retour à l'encadrement du crédit, précipitamment rétabli en décembre 1972, nie le libéralisme officiel qui souhaiterait une politique monétaire évitant la contrainte et n'agissant que par les taux d'intérêt. Mais comment augmenter ceux-ci sans attirer du même coup les capitaux flottants générateurs d'inflation ? Il faudrait isoler durablement l'économie du reste du monde, donc renoncer à une ouverture devenue, depuis quinze ans, un irremplaçable facteur de dynamisme. Comme dans la plupart des pays capitalistes industrialisés, la politique conjoncturelle, en ce début des années soixante-dix, s'enferme ainsi dans un insoluble dilemme.

3 Crise mondiale, crise européenne, crise française (depuis 1974)

LA RUPTURE DE LA CROISSANCE

L'affaiblissement conjoncturel

A partir de 1974, l'économie française entre, comme celle des autres pays capitalistes industrialisés, dans la période de difficultés et d'incertitudes que, faute de mieux, on a pris l'habitude d'appeler la « crise », même s'il s'agit d'une stagnation longue et insidieuse, et non d'une chute brutale d'activité qui serait rapidement et spontanément surmontée. Sans points de repère autres que des analogies partielles et souvent superficielles avec la grande dépression des années 1880 ou celle des années trente, dépourvus d'analyse théorique convaincante sur laquelle appuyer l'action, les gouvernements français sont, comme partout ailleurs, confrontés à un diagnostic difficile. La crise déconcerte. A certains symptômes déjà connus lors des dépressions précédentes, elle en ajoute d'autres totalement inédits. Comment se présente-t-elle en France ?

● *Le ralentissement de la croissance semble d'abord assez peu marqué.* Lors du premier choc pétrolier de 1973-1974, tandis que la plupart des autres pays entrent en récession, la France poursuit sa croissance. Même si, en 1975, la production industrielle recule, pour la première fois depuis 1945, le PIB se maintient et la reprise ultérieure est vive. Pourtant, ce scénario ne se reproduit pas à l'occasion du deuxième choc pétrolier de 1979-80 : la France échappe encore à la récession, mais ne connaît pas non plus de reprise au début des années 1980, contrairement à des pays comme les États-Unis, l'Allemagne fédérale, le Japon. L'activité reste atone et les performances, naguère supérieures à la moyenne des pays de l'OCDE, particulièrement médiocres. Il faut attendre la reprise, tardive mais brillante, de 1988-1989 pour voir s'esquisser une sortie de crise, vite démentie par le retour des difficultés dès le deuxième semestre de 1990.

● De même, *les déséquilibres, internes et externes, sont très creusés.* L'inflation, déjà forte avant 1973 du fait de la surchauffe postérieure à 1968 et du manque de rigueur gouvernemental, atteint des taux à deux chiffres, inconnus depuis la fin de la IVᵉ République. C'est le cas au moment des chocs pétroliers, mais

Taux de croissance annuel moyen du PIB (%)

	1973-79	1979-85	1985-91
Royaume-Uni	1,8	1,0	2,5
Allemagne fédérale	2,6	1,3	3,0
Italie	2,9	1,3	2,6
États-Unis	3,0	1,8	2,4
France	3,2	1,2	2,7
Japon	4,0	4,1	4,6
Moyenne OCDE	3,0	2,0	3,0

Hausse annuelle des prix de détail (%)

	1970-73	1973-79	1980-85	1985-91
États-Unis	4,6	8,4	5,2	3,9
Allemagne fédérale	5,9	4,7	3,9	1,6
France	6,2	10,5	9,6	3,4
Italie	7,1	16,6	13,8	6,3
Japon	7,6	9,7	2,7	1,6
Royaume-Uni	8,5	15,5	7,0	6,0

aussi lors des deux ou trois années qui suivent chacun d'eux, en 1975-76 comme en 1981-83. Depuis, il est vrai, les efforts gouvernementaux conjugués, en 1986, à la baisse accélérée des prix du pétrole ont permis d'accomplir une remarquable désinflation. En 1991, le rythme annuel de hausse des prix est inférieur à celui des autres pays industrialisés, y compris l'Allemagne fédérale.

L'augmentation du chômage, pour sa part, ne connaît guère de trèves, malgré les nombreuses créations d'emplois de 1988-89. Son taux passe ainsi de 2,6 % seulement des actifs en 1973 à 10,6 % en 1987 et 9,4 % encore en 1991 et, phénomène inquiétant traduisant une très mauvaise adaptation entre offre et demande de travail, la part des jeunes et des chômeurs de longue durée y est particulièrement forte. Les échanges extérieurs manifestent aussi une nette tendance à la dégradation. La balance commerciale, presque toujours excédentaire de 1959 à 1973, s'installe ensuite dans le déficit, à de rares exceptions près, peu significatives (1975, 1978, 1986). Elle entraîne ainsi dans le rouge la balance des paiements courants, malgré le dynamisme des échanges de services. Aussi le franc, deux fois retiré de la fluctuation monétaire commune avec les autres pays de la CEE, quatre fois dévalué, ne soutient plus guère la comparaison avec ce qu'il était au début de la Vᵉ République. Sa bonne tenue actuelle sur le marché des changes reste subordonnée à des taux d'intérêt élevés, calqués sur ceux de l'Allemagne fédérale, renchérissant considérablement l'accès au crédit et freinant du même coup les possibilités d'investissement.

L'affaiblissement conjoncturel est donc patent. De 1973 à 1985, la France semble condamnée à un ralentissement progressif de son activité : c'est le prix à payer pour le rétablissement de ses grands équilibres, lourd en termes d'emplois et de croissance. Depuis 1986, au contraire, l'assainissement de son économie est indéniable. Or, même s'il lui a permis, pour la première fois depuis bien longtemps, de participer à un mouvement de reprise aux côtés des autres pays industrialisés, il semble déboucher aujourd'hui sur un nouvel affaiblissement. La sortie de crise signifierait-elle l'impossibilité d'une croissance durable ?

Des mutations structurelles ambiguës

● *Atouts et limites de l'internationalisation.* Les transformations survenues depuis 1974 représentent à la fois un prolongement et une remise en cause des tendances antérieures. L'internationalisation de l'économie avait progressé rapidement depuis le début des années soixante. Le mouvement se poursuit et même s'accentue pendant la crise, puisque l'effort à l'exportation, en dix-sept ans (1973-91), gagne huit points, passant de 14,5 à 22,6 % du PIB, contre seulement trois points durant les quinze années précédentes. Classée cinquième puissance exportatrice mondiale avant 1973, la France se hisse au quatrième rang depuis, devançant ainsi le Royaume-Uni (sauf en 1983-1985). Dans les échanges de services, dont elle est deuxième vendeur mondial, derrière les États-Unis, tout comme dans ceux de capitaux, le succès est identique. Tandis qu'en 1970 aucune banque française ne figurait parmi les dix premières banques mondiales classées par le total de leurs actifs, elles sont quatre à le faire dès 1976 et la BNP devient même première banque mondiale en 1981. La crise, en permettant aux banques de participer activement au recyclage des pétrodollars, les a replacées à un rang international qui semblait définitivement révolu depuis 1914. Enfin les investissements français à l'étranger ont sextuplé en valeur en une décennie, dépassant régulièrement depuis 1985 les investissements étrangers en France. Ils se sont tournés notamment vers les États-Unis, et non plus seulement vers les pays européens voisins (Royaume-Uni, Belgique, Espagne) ou vers l'Afrique francophone.

Pourtant l'internationalisation est aussi devenue un facteur d'affaiblissement économique. La pénétration des importations s'est accrue dangereusement dans certains secteurs au cours de la dernière décennie : ainsi les marques étrangères sont passées de 21 % à 39 % du marché national de l'automobile entre 1978 et 1990. Les succès remportés à l'étranger sont précaires : malgré son rang de grande puissance exportatrice, la France perd des parts de marché de 1973 à 1984, passant de 6,3 à 4,9 % seulement des exportations mondiales de marchandises, et elle ne parvient que difficilement à rétablir ensuite ses positions (6,2 % en 1990). Les ventes de services sont susceptibles de brutales fluctuations : les grands contrats d'équipement et de coopération technique conclus avec les pays en développement, et notamment les producteurs de pétrole, subissent les conséquences de l'irrégularité de leurs revenus ; les recettes touristiques, malgré leur ampleur (2e rang mondial en 1989-1991), sont subordonnées à l'évolution des parités monétaires et au contexte politique international : la guerre du Golfe a entraîné une forte baisse de fréquentation dans l'hôtellerie, le transport aérien, les voyages organisés. La percée internationale des banques françaises résiste mal aux progrès fulgurants de la puissance financière japonaise, solidement installée aujourd'hui au palmarès des grandes banques mondiales. Enfin, même si les investissements à l'étranger se sont beaucoup développés, la France n'arrive qu'au sixième rang mondial dans ce domaine, derrière la Suisse, et ne leur consacre que 0,4 % de son PIB, soit proportionnellement quatre fois moins que les Pays-Bas : médiocres performances pour un pays dont, par ailleurs, les investissements étrangers détiennent 24 % de la valeur ajoutée par l'industrie et commandent 22 % des emplois secondaires.

Structure de l'économie française

Part de chaque branche dans le PIB (%)			Part de chaque secteur dans la population active (%)		
	1973	1990		1973	1990
Agriculture	6,4	3,5	Secteur primaire	10,9	6,0
Industries agro-alimentaires .	4,4	2,8			
Énergie	5,0	3,8	Secteur secondaire	37,8	28,6
Industries intermédiaires . . .	9,6	6,2			
Industries d'équipement	9,5	7,1	Secteur tertiaire	51,3	65,4
Industrie de consommation	6,1	4,5			
Bâtiment et travaux publics .	7,2	5,2			
Transports et télécommunications	6,0	6,0			
Commerces	11,0	11,2			
Services marchands	24,1	33,5			
Services non marchands . . .	10,7	16,2			
Total	100	100	Total	100	100

● *La tertiairisation, source de désindustrialisation ?* Elle est déjà nette dans les années soixante, triomphe avec la crise. Avec aujourd'hui plus de 60 % du PIB et des emplois, le secteur tertiaire est dynamique. Il crée des emplois, même s'il ne parvient plus, depuis 1980, à compenser ceux qui, parallèlement, disparaissent dans l'agriculture, l'industrie ou le bâtiment. Il permet le succès de très grandes entreprises. Dans le classement des cinquante premières firmes selon le chiffre d'affaires, leur nombre passe de 8 à 19 entre 1960 et 1990 : grandes entreprises de transport comme Air France ou la SNCF, groupes commerciaux comme Leclerc, Intermarché, Carrefour, sociétés de services urbains comme la Compagnie générale des eaux. La tertiairisation reflète les tendances longues caractérisant depuis un quart de siècle la société française : accélération de l'urbanisation, intensification de la mobilité professionnelle et géographique, féminisation de la population active, recomposition de la consommation des ménages au profit de postes comme la santé, les transports, les loisirs.

Mais la tertiairisation semble à présent, contrairement à la période de prospérité, une source de désindustrialisation. Depuis 1974, les activités manufacturières voient leurs effectifs diminuer, à la fois dans l'absolu et en parts relatives de la population active. Leurs poids dans le PIB fléchit, surtout pour les industries de biens intermédiaires et de biens d'équipement, affectées par le recul des investissements. Les structures économiques se transforment dans un sens qui n'est guère positif. La France subit à cet égard une évolution commune à tous les pays européens, sauf quelques nations encore sous-industrialisées comme l'Irlande, la Grèce, le Portugal. La désindustrialisation y sévit de manière moins dramatique qu'au Royaume-Uni ou en Belgique. Elle n'en est pas moins plus profonde qu'en Allemagne fédérale ou qu'en Italie. Finalement, la France n'a pas su tenir les promesses de l'« impératif industriel » d'avant 1974.

● *L'effort modernisateur se ralentit.* Il s'appuyait avant 1974 sur des gains de productivité rapides, des taux d'investissements élevés, une taille croissante des unités de production. Là encore, la crise infléchit l'évolution. La productivité du travail, après avoir progressé de 5,2 % par an de 1951 à 1973, ne croît plus qu'au rythme annuel de 2,2 % de 1973 à 1988. On ne saurait cependant parler de contre-performance : tout comme avant 1974, ces taux restent parmi les plus élevés des pays de l'OCDE. En revanche, l'effort d'investissement fléchit à un niveau inquiétant durant toute une décennie. Après avoir consacré à l'investissement 24 % de son PIB en 1974, taux record parmi les pays de l'OCDE, dépassé alors par le seul Japon, l'économie n'y affecte plus que moins de 19 % en 1984, soit autant qu'au milieu des années cinquante, nettement moins que la moyenne des autres pays industrialisés. La reprise ultérieure est brillante : + 7 % de croissance annuelle pour les investissements productifs de 1986 à 1990. Elle permet de réaliser un taux d'investissement fort honorable de 21 % en 1990. Mais elle est cassée net par les nouvelles incertitudes nées de la guerre du Golfe et de la récession américaine : en 1991, les investissements productifs ont reculé de 2,5 %. Même s'il convient de tenir compte du caractère peut-être sous-évalué du chiffre qui n'inclut pas les « investissements immatériels » tels que la recherche de produits nouveaux, la formation professionnelle, les études de marché, l'achat de programmes informatiques, la tendance globale reste peu favorable.

Quant à la concentration, elle paraît aujourd'hui ralentie, sauf peut-être dans l'agriculture où l'exode des actifs fait passer la part des exploitations de plus de cinquante hectares de 37 % à 52 % de la superficie agricole utilisée, de 1970 à 1987. En revanche, dans la distribution, les effets conjugués d'un certain suréquipement, d'une moindre prospérité et de la loi Royer ralentissent l'ouverture des grandes surfaces de vente, d'ailleurs moins en vogue aujourd'hui qu'au début des années soixante-dix, comme le montre l'essor actuel des « shopping centers » à petites ou moyennes boutiques. Dans l'industrie, les entreprises de plus de 500 salariés régressent de 67 à 62 % du chiffre d'affaires et de 61 à 52 % des effectifs entre 1974 et 1987. La crise conduit à la faillite certaines entreprises géantes, comme Creusot-Loire, Boussac-Saint Frères ou les Chantiers navals Nord-Méditerranée. D'autres ont du mal à surmonter les conséquences de rachats aventurés, comme Peugeot qui, après avoir absorbé Citroën en 1974, reprend les filiales européennes de Chrysler en 1978. Par contre, les succès des PME sont réels, même s'ils sont déformés par la mythologie exaltant les vertus des petits patrons bâtisseurs de grandes fortunes. La crise n'a pas totalement bloqué la concentration. Elle a conduit pourtant à s'interroger sur les vertus qu'on lui prêtait naguère.

L'ÉTAT FACE A LA CRISE

Les hésitations de la politique conjoncturelle

Avant 1974, les gouvernements étaient confrontés à une alternative simple : soutien de la croissance et de l'emploi, au risque de dérapage inflationniste, de déficit extérieur et d'affaiblissement monétaire, ou bien politique de rigueur, garante des grands équilibres, mais génératrice de mécontentements catégoriels et de gonflement du chômage. Désormais le choix se complique. Inflation et chômage ne s'excluent plus. La dépréciation monétaire, par dévaluation ou par flottement à la baisse sur le marché des changes, ne permet plus de rééquilibrer les échanges. Malgré la multiplicité de ses moyens et le perfectionnement de ses méthodes, la politique conjoncturelle n'obtient souvent que des résultats décevants. Dans ce domaine, les gouvernements français n'ont pas su plus que d'autres échapper à l'alternance brutale de recettes opposées, souvent liées à leurs préférences idéologiques ou à leurs orientations partisanes.

● Pour surmonter les effets du premier choc pétrolier, le « *stop and go* » du *gouvernement Chirac* (mai 1974-août 1976) recourt aux mêmes méthodes, à la fois dirigistes et libérales, que celles utilisées avant 1974 par Valéry Giscard d'Estaing. La rencontre n'est pas fortuite. Le nouveau ministre des Finances, Jean-Pierre Fourcade, est un ancien collaborateur du président de la République. Dans une optique de court terme, il s'efforce de calmer la surchauffe due au premier choc pétrolier, jugé alors par la quasi-totalité des analystes seul responsable du déficit commercial et de l'affaiblissement du franc qui a dû en janvier 1974 quitter le serpent européen.

Le Plan de refroidissement conjoncturel de juin 1974 comprime brutalement les liquidités : celles des banques en durcissant l'encadrement du crédit, celles des entreprises en augmentant l'impôt sur les bénéfices et en créant une taxe conjoncturelle sur les trésoreries. Il s'agit d'empêcher le surinvestissement, rendu par ailleurs difficile par des taux d'intérêt augmentés à des niveaux encore inédits. Le résultat le plus clair est de précipiter l'industrie dans sa première récession depuis 1945, de gonfler le chômage, sans pour autant casser l'inflation. Il faut alors corriger l'action. En une versatilité apparente, le Plan de relance de septembre 1975 stimule l'investissement privé par des dégrèvements fiscaux et une baisse des taux d'intérêt, accroît l'investissement public par un important déficit budgétaire, mettant ainsi fin aux excédents de 1970-74, soutient la consommation des ménages en revalorisant les prestations sociales. L'effet n'est pas plus convaincant : la reprise est brillante, mais l'inflation entretenue à un rythme supérieur aux autres pays occidentaux, la balance commerciale déficitaire et le franc, qui avait pu réintégrer le serpent européen en juillet 1975, est de nouveau mis en flottement à la baisse en mars 1976.

● *La priorité à la lutte contre l'inflation du gouvernement Barre* (août 1976-mai 1981) récuse ces hésitations et opte pour une action à long terme cohérente. Pour le nouveau Premier ministre qui, comme Raymond Poincaré en 1926 et Antoine Pinay en 1952, s'est en même temps chargé des affaires économiques, extirper l'inflation est le seul moyen d'obtenir contre la crise des succès durables. A un plan immédiat destiné à en briser le rythme (blocage des prix et des tarifs publics de septembre à décembre 1976) succèdent des mesures originales et de grande portée. La libération progressive des prix, à partir de juin 1978, représente une stratégie anti-inflationniste de type néo-libéral, qui mise sur la concurrence pour freiner les hausses, souhaite restaurer les marges bénéficiaires des entreprises et diminuer leur recours au crédit bancaire qui accroît leurs charges et pèse sur leurs prix. Parallèlement, la vérité des tarifs publics limite le déficit des entreprises nationales qui incombe trop souvent au budget de l'État et évite que leurs emprunts en Bourse n'accaparent les disponibilités aux dépens des entreprises privées. Pour la première fois en France, le gouvernement introduit des objectifs annuels de croissance de la masse monétaire, inspirés du monétarisme anglo-saxon. Il restaure l'épargne des ménages en leur proposant la formule des SICAV Monory (1978), combinant déductions fiscales et achat de valeurs mobilières françaises. Il lutte contre les mécanismes propagateurs d'inflation, notamment les « contrats de progrès », conclus entre syndicats et direction dans certaines entreprises publiques en 1969-70, qui garantissaient une augmentation annuelle des salaires au moins égale à celle des prix. C'est rappeler l'interdiction des clauses d'indexation déjà faite en décembre 1958, mais peu à peu tombée en désuétude.

Les résultats ne sont pourtant qu'à demi positifs. Certes, la hausse des prix se ralentit régulièrement pendant trois années. Elle n'en demeure pas moins en 1979 supérieure d'un point à la moyenne des pays de l'OCDE, comme en 1976 et plus qu'en 1974. Certes, le commerce extérieur et la balance des paiements courants sont excédentaires en 1978. Mais la dépréciation du franc jusqu'en 1979 (fondation du Système monétaire européen), qui a stimulé les exportations, y est pour beaucoup. Certes, la progression de la masse monétaire est freinée. Mais les taux d'intérêt, supérieurs au taux d'inflation, freinent l'investissement et gonflent les charges financières des entreprises. Enfin l'augmentation du chômage condamne socialement la politique de Raymond Barre et la ruine financièrement, en empêchant tout retour à l'équilibre budgétaire. Les Pactes pour l'emploi successifs coûtent cher à l'État sans beaucoup d'effets probants, car les entreprises, après avoir bénéficié des exonérations de charges promises par l'État, licencient fréquemment les jeunes embauchés. Ainsi, avant même que le second choc pétrolier de 1979-80 ne vienne compromettre irrémédiablement l'œuvre entreprise, la résorption graduelle de l'inflation a montré ses limites. Elle n'en a pas moins tracé une voie possible de redressement à l'économie française en s'efforçant d'aligner la politique conjoncturelle sur celles en vigueur dans les autres pays industrialisés.

● *La priorité à la lutte contre le chômage du gouvernement Mauroy* (mai 1981-juin 1982) résulte du changement de majorité politique, mais aussi d'une analyse économique. Pour la gauche au pouvoir, fidèle à l'héritage du Front populaire et adepte du keynésianisme, le chômage, scandale social, est aussi un gâchis économique, révélateur du mauvais emploi des facteurs de production, prolongeant la crise en bloquant la consommation. Le nouveau ministre de l'Économie et des Finances, Jacques Delors, ancien inspirateur, au cabinet de Jacques Chaban-Delmas de 1969 à 1972, d'une politique de progrès social modulant les hausses de salaires sur la productivité, croit possible d'obtenir un recul rapide du chômage grâce à une relance de la consommation et des réformes sociales. Les prestations d'allocations familiales, d'aide aux personnes âgées, d'allocations logement augmentent de 40 % en un an. Le salaire minimum est revalorisé à sept reprises. Le déficit budgétaire, deux fois et demi plus élevé, permet d'accroître l'embauche de fonctionnaires, de financer les transferts sociaux, d'augmenter les aides sectorielles à l'industrie. Parallèlement, de multiples réformes sociales visent, comme en 1936, à satisfaire les revendications syndicales tout en créant des emplois : baisse de la durée du travail, tant hebdomadaire (les 39 heures) qu'annuelle (la cinquième semaine de congés payés), possibilité de devancer l'âge de la retraite à 60 ans, voire à 50 ou 55 ans dans certaines professions, relance du dialogue social dans l'entreprise (lois Auroux).

Cette politique s'appuie sur des mesures structurelles en totale rupture avec les orientations précédentes. Or elle ne mène qu'à des désillusions. La montée du chômage se ralentit, mais l'effet d'inertie est tel que le cap des deux millions de demandeurs d'emploi est franchi. Surtout la moindre progression constatée doit plus aux départs en préretraite qu'à la création d'emplois nouveaux. La consommation augmente, portée par la hausse du revenu disponible des ménages, mais la production ne suit guère. La relance profite plus aux producteurs étrangers qu'aux entreprises françaises. D'où d'inévitables et profonds déséquilibres : l'inflation est entretenue, le déficit extérieur se creuse, les fuites de capitaux se multiplient, malgré un contrôle des changes draconien et des taux d'intérêt très attractifs. L'affaiblissement monétaire est sanctionné par trois dévaluations en dix-huit mois dans le cadre du Système monétaire européen. Outre de possibles erreurs d'appréciation, telles que la croyance en une reprise de l'activité économique mondiale dès la fin de 1981 ou le choix d'une relance par la consommation, plus inflationniste que de grands travaux d'infrastructure, la responsabilité de l'échec incombe essentiellement au décalage de politique avec les autres pays industrialisés. En choisissant de relancer l'économie au moment où tous les partenaires commerciaux de la France optaient pour la rigueur, le gouvernement Mauroy a évité la récession consécutive au second choc pétrolier, mais il n'a fait que différer, tout comme Jacques Chirac en 1975-76, la nécessité d'un réajustement.

• *Depuis juin 1982, la politique de rigueur* semble devenue un impératif si évident qu'il survit aux péripéties politiques. Inaugurée par le gouvernement Mauroy au lendemain de la deuxième dévaluation du franc, dans un contexte d'union de la gauche, elle est poursuivie par Laurent Fabius et son ministre des Finances Pierre Bérégovoy, malgré l'opposition du Parti communiste. La droite la pratique sous le gouvernement de Jacques Chirac, avec Édouard Balladur aux Finances (mars 1986-mai 1988), mais la gauche la maintient dans ses grandes lignes sous les gouvernements de Michel Rocard et d'Edith Cresson, où Pierre Bérégovoy retrouve la responsabilité de la politique économique et financière.

Pour briser la spirale inflationniste, le gouvernement Mauroy recourt à une mesure spectaculaire, permise par la présence des ministres communistes au gouvernement qui freine les protestations syndicales : le blocage, non seulement des prix, mais aussi des salaires, de juillet à novembre 1982. L'innovation est considérable. C'est la première fois depuis 1950 qu'un gouvernement supprime la liberté de négociation des salaires. Or, loin d'entraîner une nouvelle poussée d'inflation, la sortie du blocage des prix et des salaires est une réussite.

Misant sur la concurrence, utilisant l'ouverture pour faire participer la France au mouvement mondial de désinflation, les gouvernements Mauroy et Fabius libèrent progressivement les prix des produits industriels et de certains services. Le gouvernement Chirac parachève l'œuvre en abrogeant solennellement l'ordonnance de 1945.

La politique salariale, elle, recourt plutôt à la contrainte indirecte. Par un strict verrouillage des rémunérations dans la fonction publique, l'État donne l'exemple de la rigueur. Il fait confiance à la crainte du chômage et à la faiblesse syndicale pour obtenir dans le secteur privé la modération des hausses. Pour la première fois depuis le début de la crise, il s'efforce ainsi de désindexer l'évolution des salaires sur celle des prix, c'est-à-dire qu'il s'attaque au cœur même du processus inflationniste.

En matière de finances publiques, la progression du déficit budgétaire est lentement enrayée à partir de 1983. La fiscalité pesant sur les ménages s'alourdit durant trois années (création d'une quatorzième tranche dans le barème de l'impôt sur le revenu, taxée à 65 %, et d'une surtaxe progressive exceptionnelle, payée par les contribuables aisés). Les gouvernements s'efforcent de maîtriser le déficit de la Sécurité sociale par le contrôle des dépenses de santé, l'augmentation des cotisations, puis l'institution d'une contribution fiscale, d'abord temporaire et payée par les seuls salariés, puis permanente et frappant aussi les revenus non salariaux (CSG ou contribution sociale généralisée, créée en 1990).

Enfin, pour mieux contrôler la création monétaire, on perfectionne les objectifs annuels de croissance inaugurés en 1976, en y incluant désormais, à côté de la monnaie fiduciaire et scripturale, la quasi-monnaie (comptes d'épargne à vue) et les placements à terme, bancaires et non bancaires, soit l'ensemble des liquidités de l'économie. La demande de crédit est freinée par le maintien de taux d'intérêt nettement supérieurs au taux d'inflation. Le marché des capitaux est développé et modernisé, permettant ainsi une réponse aux besoins de financement sans création monétaire : loi Delors sur l'épargne et ouverture du second marché boursier en 1983, création d'un marché à terme d'instruments financiers en 1986, loi Balladur sur l'épargne-retraite en 1987. Les résultats de cette politique seront examinés plus loin. Elle n'est finalement que le dernier avatar de longues hésitations. Entre relance et rigueur, mesures dirigistes et incitations libérales, l'action conjoncturelle s'est longtemps montrée incapable de se fixer le temps nécessaire à l'obtention d'un résultat tangible. Mais ces changements de cap se retrouvent dans d'autres domaines, et notamment dans la politique structurelle.

Le débat sur les choix fondamentaux

● *Nationalisations ou privatisations ?* L'interrogation est nouvelle en France, car, si d'autres périodes avaient vu dans la prise de contrôle étatique sur certaines entreprises un moyen de lutte contre la crise, aucune encore n'avait fait surgir d'aspiration inverse à un retour au secteur privé comme gage de dynamisme et d'efficacité. Les critiques adressées aux entreprises publiques sont de tout temps. Elles n'allaient pas cependant jusqu'à remettre en cause leur existence : les nationalisations de 1936-37 et de 1944-46 étaient considérées comme irréversibles.

Pourtant la crise, fort classiquement, renforce d'abord le rôle du secteur public. Pour sauver de la faillite les deux principaux groupes sidérurgiques, Usinor et Sacilor, l'État et les établissements financiers publics qui leur ont prêté d'énormes sommes depuis vingt ans consentent en 1978 à annuler leurs créances. En contrepartie, ils deviennent propriétaires de 85 % du capital et désignent les dirigeants chargés d'assainir la situation. La mesure, qui signifie « la fin des maîtres de forges », est une nationalisation de fait, coûteuse pour les contribuables, puisque ce sont eux qui, à travers les dotations budgétaires, amortissent progressivement la dette des deux sociétés.

Un autre symptôme de renforcement du secteur public est constitué par l'effort d'investissement assumé, de 1973 à 1980, par les grandes entreprises nationales présentes dans l'énergie (Charbonnages de France, EDF, GDF), dans les transports (SNCF, RATP, Air France, Air Inter) et dans les télécommunications (PTT). Après une longue période de déclin relatif, leur part dans l'investissement productif augmente (13 % en 1973, 22 % en 1980, presque autant qu'en 1959), soutenant ainsi la demande globale. Enfin, tout comme avant la crise, l'État, partenaire essentiel de certaines firmes, en soutient la prospérité, par exemple en souscrivant à leurs augmentations de capital (21 % du capital de Dassault-Breguet depuis 1978).

A cette extension rampante du secteur public succède avec éclat son extension ouverte de 1981-82. Pour appliquer le Programme commun de gouvernement signé en 1972, mais plus encore pour forger contre la crise « les armes de défense de la production française », la gauche décide la prise de contrôle, partielle ou totale, de douze grands groupes industriels, deux compagnies financières et trente-six banques. Il s'agit d'éviter les orientations reprochées au capitalisme privé : multinationalisation excessive, supprimant des emplois en France pour en créer à l'étranger ; diversification illogique, empêchant une

LE SECTEUR PUBLIC DEPUIS 1981

● *Les nationalisations de 1981-82*
– nationalisation complète des 2 groupes sidérurgiques déjà possédés à 85 %
du capital par l'État et les établissements financiers publics depuis 1978 :
  – Usinor ;
  – Sacilor.
– nationalisation complète de 5 groupes industriels et de leurs filiales :
  – Compagnie générale d'électricité (construction électrique et électronique) ;
  – Thomson (construction électrique et électronique) ;
  – Saint-Gobain-Pont-à-Mousson (industrie du verre, céramique) ;
  – Péchiney-Ugine-Kuhimann (industrie des métaux, chimie de base) ;
  – Rhône-Poulenc (industrie chimique).
– nationalisation complète de 2 compagnies financières (Paribas et Indosuez)
et des 36 banques rassemblant plus d'un milliard de franc de dépôts.
– prise de participation majoritaire dans le capital de 2 constructeurs de matériel aéronautique et spatial :
  – Avions Dassault-Breguet ;
  – Engins Matra.
– rachat de 3 filiales de groupes étrangers :
  CII-Honeywell-Bull (informatique) rachetée à Honeywell, dont la part
passe de 47 % à 30 % du capital ;
  – Roussel-Uclaf (industrie pharmaceutique) rachetée à Hoechst, qui
conserve 51 % du capital, mais s'engage à ne plus intervenir dans la gestion.
  – Compagnie Générale de construction téléphonique, rachetée en
totalité à ITT.

● *Les privatisations de 1986-1988*
La loi adoptée le 31 juillet 1986 prévoit la revente dans le public de 65 groupes
en cinq ans :
– 8 groupes industriels :
  – les 5 groupes nationalisés en totalité en 1982 ;
  – la Compagnie Bull et la CGCT, rachetées à leurs propriétaires
étrangers en 1982 ;
  – Matra, possédée majoritairement par l'État depuis 1981.
– 1 groupe pétrolier :
  – ELF-Aquitaine, née en 1976 de la fusion entre ELF-Erap et la Société
nationale des pétroles d'Aquitaine.
– 38 banques :
  – les 36 banques nationalisées en 1982, devenues 35 à la suite d'une
fusion ;
  – les 3 banques issues des nationalisations de 1945 : BNP, Crédit
Lyonnais, Société Générale.
– 4 groupes financiers :
  – Paribas et Indosuez, nationalisés en 1982 ;
  – les groupes financiers fondés par le CIC et par le CCF.
– 13 compagnies d'assurances toutes issues des nationalisations de 1946.
– 1 groupe d'information et de communication :
  – l'Agence Havas, nationalisée en 1944.

● *De septembre 1986 à avril 1988,* 15 sociétés ont été privatisées, soit environ le cinquième des effectifs salariés naguère occupés par l'État :
– 4 groupes industriels :
- – Saint-Gobain-Pont-à-Mousson ;
- – la Compagnie générale d'électricité, rebaptisée depuis Alcatel-Alsthom ;
- – la CGCT, revendue au groupe suédois Ericsson ;
- – Matra.
– 1 groupe pétrolier :
- – ELF-Aquitaine (privatisation partielle seulement).
– 6 banques :
- – le Crédit commercial de France ;
- – la Société Générale ;
- – la Caisse nationale de crédit agricole, vendue aux caisses mutuelles régionales.
- – 3 banques à vocation régionale ou destinées au financement de secteurs particuliers (Sogénal, BBTP, BIMP).
– 2 groupes financiers :
- – Paribas
- – Indosuez
– 2 groupes de communication :
- – l'Agence Havas ;
- – TF1.

● *Depuis mai 1988,* le secteur public a peu évolué, la nouvelle majorité s'efforçant de respecter la règle du « ni-ni ». On peut toutefois signaler :
– le réaménagement du statut de Renault : 75 % du capital à l'État, 25 % au groupe suédois Volvo ;
– la cession par l'État de sa part dans Roussel-Uclaf à Rhône-Poulenc, dans l'optique d'une gestion en commun avec Hœchst ;
– l'entrée de banques publiques (Crédit Lyonnais, BNP) et de compagnies d'assurances (UAP, AGF, GAN) dans le capital d'entreprises publiques (Usinor-Sacilor, Air-France) ou privées (Bouygues, Société auxiliaire d'entreprises) ;
– l'appel à IBM pour renforcer les fonds propres de Bull ;
– la poursuite de la privatisation partielle d'ELF-Aquitaine.

● *La part du secteur public dans l'ensemble de l'industrie* (énergie, BTP et IAA exclus) reflète l'évolution survenue au cours de ces dix dernières années :

(En %)	1980	1985	1989
Effectifs	5	20	14
Valeur ajoutée	8	24	19
Investissements	12	35	24
Exportations	10	36	31

stratégie industrielle cohérente ; enfin, pour les banques, désintérêt à l'égard des PME, pourtant les plus aptes à soutenir l'emploi et l'activité, et orientation critiquable vers les grandes opérations financières internationales. Ainsi, à la différence des nationalisations de 1944-46, celles de 1981-82 sont dictées par des considérations économiques et laissent à l'arrière-plan les objectifs sociaux et idéologiques. Elles donnent à l'État un poids considérable, le plus élevé parmi les grands pays industrialisés occidentaux. Contrôlant, outre l'énergie et les transports, la distribution du crédit et une part importante de l'industrie, en particulier dans les secteurs de base, il contraste avec d'autres pays comme le Royaume-Uni, l'Allemagne fédérale, l'Italie, le Japon qui, au même moment, engagent un mouvement en sens diamétralement opposé.

Or la remise en cause du secteur public se manifeste dès 1984, avant même le retour de la droite au pouvoir. Les résultats économiques et financiers des nationalisations s'avèrent décevants. Coïncidant malencontreusement avec une difficile réadaptation conjoncturelle, les nationalisations ajoutent aux déficits traditionnels de certaines entreprises publiques de nouveaux déficits, souvent présents avant 1982, chez Péchiney par exemple, mais tendant à accréditer l'idée d'un gaspillage financier. De plus, malgré l'engagement solennel de respecter l'autonomie de gestion des firmes et de les maintenir en situation d'économie de marché, l'État n'a pas évité des interventions discutables, génératrices de polémiques : restructuration forcée de Péchiney, qui doit abandonner ses activités dans l'industrie chimique et la sidérurgie, renonciation obligée de Saint-Gobain-Pont-à-Mousson à ses ambitions dans l'informatique et à sa participation dans le capital d'Olivetti, aussitôt reprise par American Telephon and Telegraph... D'ailleurs, la nationalisation apparaît vite comme un cadre juridique trop étroit pour les stratégies des groupes concernés : comment acheter ou revendre des filiales à d'autres groupes s'il faut chaque fois une autorisation législative ? comment augmenter le capital sans contrevenir à la règle qui fait de l'État l'unique actionnaire ? Des palliatifs ont été imaginés, tels les certificats d'investissement émis depuis 1983 par les entreprises publiques, actions négociables en Bourse, mais dépourvues de droit de vote. Ces solutions ne sont cependant guère satisfaisantes.

Aussi la vague libérale partie des pays anglo-saxons a-t-elle rencontré un large succès. Le gouvernement Chirac s'est appuyé sur elle pour l'un des plus ambitieux programmes de privatisation présentés dans les pays occidentaux. Il a concerné, non seulement les entreprises nationalisées en 1981-1982, mais aussi celles possédées par l'État depuis plus longtemps, mais ne présentant ni le caractère de monopole, ni celui de service public. Partiellement réalisé, ce programme a subi le contrecoup des difficultés boursières à l'automne 1987. La gauche l'a critiqué, y voyant une dilapidation du patrimoine national, une occasion de revanche pour le patronat évincé en 1981-1982. Pourtant, revenue au pouvoir en 1988, elle n'a pas procédé à de nouvelles nationalisations. Le président de la République a édicté la règle du « ni-ni » : ni renationalisations, ni nouvelles privatisations. Mais cette volonté de geler la situation n'a pas tenu longtemps face aux réalités. A la veille de l'échéance européenne de 1993, il est urgent de renforcer les grands groupes français, publics comme privés : en 1991, tandis que l'État réaménage le statut de Renault pour y permettre l'entrée du constructeur privé suédois Volvo, il encourage les grands établissements financiers publics à multiplier les prises de participation dans des entreprises privées, tel le Crédit Lyonnais chez Bouygues. Et, pour sauver des entreprises menacées, peu importe la nature ou la nationalité des groupes appelés à la rescousse : au début de 1992, IBM a été choisi pour renforcer les fonds propres de l'entreprise publique Bull. Aussi a-t-on admis récemment que l'État puisse ne conserver que la majorité de contrôle (51 %) dans le capital des entreprises du secteur public, ce qui a conduit, tout comme en 1986-1987, à revendre en Bourse une partie du capital d'ELF-Aquitaine : signe parmi d'autres du caractère désormais accessoire d'un débat qui a longtemps été tenu pour essentiel dans la politique économique.

● *Réaffirmation ou effacement de la planification ?* Là encore, la crise multiplie les incertitudes et les controverses. Sous le septennat de Valéry Giscard d'Estaing, la planification précipite son déclin amorcé dès le milieu des années soixante : non réalisation de ses prévisions, inefficacité de ses moyens, faible prestige de ses acteurs, la notoriété d'un homme comme Michel Albert devant davantage à la parution du *Pari français* qu'à son passage au commissariat au Plan. Le VIIe Plan, prévu pour 1981-85, en tire la conclusion logique, renonçant à prévoir un taux de croissance et ne chiffrant même plus le montant des Programmes d'actions prioritaires qui regroupent une partie des investissements envisagés par l'État pour la durée du Plan.

L'arrivée de la gauche au pouvoir renverse temporairement la situation. Elle décide l'abandon du VIIIe Plan, non encore commencé, pour la première fois dans l'histoire de la planification française. Un Plan intérimaire, confié à Michel Rocard, entend amorcer la résorption du chômage. En 1982, une réforme de la planification démocratise le mode d'élaboration du Plan, coiffant les commissions sectorielles par une Commission nationale de 80 membres, où figurent les représentants des régions, des syndicats, des mouvements associatifs et coopératifs. L'articulation entre Plan et régions est mieux assurée, car les présidents des conseils régionaux sont désormais membres de droit de cette Commission, ce qui garantit – en principe – la compatibilité entre Plan national et plans régionaux. Enfin, lors du IXe Plan, l'État s'engage à nouveau sur des objectifs quantifiés précis : programmes prioritaires d'exécution, contrats avec les régions et les entreprises publiques.

Pourtant cette restauration de la planification est plus apparente que réelle. Le IXe Plan se garde bien de fixer un modèle de croissance trop contraignant que la crise rendrait aussitôt caduc. Ses objectifs chiffrés ne sont pas absolus, mais relatifs, car exprimés par rapport aux performances des autres pays industrialisés. Le Xe Plan, qui doit préparer la France au grand marché européen de 1993, est encore plus vague. Il renonce aux programmes prioritaires chiffrés. Préparé en toute hâte à l'automne 1988 par les commissions de modernisation – car le gouvernement Chirac avait négligé de lancer les travaux à temps, après avoir même un instant envisagé la suppression complète de l'institution –, le Xe Plan n'est qu'une esquisse très générale. Son élaboration s'est écartée des

LES PLANS FRANÇAIS DEPUIS 1976

Période d'application	Commissaire au plan	Mode d'élaboration	Objectifs	Résultats
VIIe Plan 1976-80	Jean Ripert puis Michel Albert	- 4 grandes commissions administratives définissant les orientations imposées aux commissions sectorielles tripartites - Régions consultées sur le plan national et invitées à élaborer leur propre plan - Double contrôle parlementaire sur les options préalables et sur le contenu définitif	- Restauration des grands équilibres, puis reprise de la croissance au rythme annuel de 5,5 à 6 %, assurant plein emploi, réduction des inégalités et amélioration du cadre de vie - Moyens : 25 PAP (programmes d'actions prioritaires) regroupant et quantifiant les investissements publics	- Objectifs non atteints : croissance médiocre (3,4 % par an) ; gonflement du chômage ; déséquilibre de la balance des paiements
VIIIe Plan Non appliqué prévu pour 1981-85	Michel Albert	- Commissariat au Plan, assisté des commissions de modernisation - Plan non soumis au Parlement en raison du changement de majorité politique	- Aucune prévision chiffrée, mais de simples objectifs qualitatifs (recherche de la compétition internationale, réduction de la dépendance énergétique, développement du secteur agro-alimentaire, défense de l'emploi et de la protection sociale) - Pas d'engagement de l'État sur le montant financier des 12 PAP prévus	- Plan non appliqué
Plan intérimaire 1982-83	Hubert Prévôt	- Commissariat au Plan, assisté de 11 groupes de stratégie industrielle	- Stabilisation, puis recul du chômage par une relance active, un effort de solidarité et une lutte contre l'inflation - Mise en œuvre des nationalisations, de la décentralisation et des réformes sociales	- Croissance trop faible pour faire reculer le chômage - Dérapage inflationniste, nécessitant une politique de rigueur dès juin 1982

LES PLANS FRANÇAIS DEPUIS 1976

Période d'application	Commissaire au plan	Mode d'élaboration	Objectifs	Résultats
IXe Plan 1984-88	Henri Guillaume puis Bernard Fragonard	- Commission nationale de planification supervisant 50 groupes ou commissions spécialisées - Régions participant directement à l'élaboration du Plan national et définissant leur propre plan - Vote parlementaire sur les grandes options, puis sur les moyens d'exécution (1983)	- Objectifs chiffrés déterminés seulement par référence aux autres pays industrialisés - Priorité aux objectifs qualitatifs : restauration de la place internationale de la France, amélioration de l'emploi, lutte contre les inégalités sociales, régionales et culturelles - Application par l'Etat de 12 PPE (programmes prioritaires d'exécution) au montant quantifié et signature de contrats de Plan avec les régions et les entreprises publiques	- Performances économiques inférieures à la moyenne des pays de l'OCDE en 1984-1986
Xe Plan 1989-92	Pierre-Yves Cossé puis Jean-Baptiste de Foucauld	- 10 commissions ou groupes spécialisés - Régions négociant au préalable avec l'Etat leurs contrats de plan - Vote parlementaire portant seulement sur les grandes options	- Préparation de la France au grand marché européen grâce à une croissance fondée sur l'investissement et l'exportation - Aucune prévision chiffrée, mais des objectifs qualitatifs : taux de croissance des investissements double de celui du PIB ; maintien de la parité monétaire ; disparition du différentiel d'inflation avec l'Allemagne fédérale ; forte croissance des emplois tertiaires - Pas d'engagement financier de l'Etat sur les moyens d'exécution	

procédures fixées par la loi de 1982. La Commission nationale de planification a disparu. Les plans régionaux ont été négociés entre l'État et les régions avant même la mise au point du Plan national, sans souci de véritable cohérence.

Plus que jamais, l'avenir de la planification semble mal assuré. Quel intérêt conserve encore une programmation à moyen terme qui ne définit plus que des objectifs qualitatifs et n'engage même pas l'État lui-même ? Les « vertus pédagogiques » de la concertation entre pouvoirs publics, organisations patronales et syndicats demeurent. Mais pour quel résultat pratique ?

● *Renforcement ou démantèlement de l'État-providence ?* A la différence de la dépression des années trente, la crise actuelle est rendue supportable par la Sécurité sociale et les assurances chômage, qui, en soutenant le revenu des ménages, maintiennent leur consommation. Les dépenses sociales qui recensent, à côté de ces prestations, les frais de fonctionnement des établissements hospitaliers, les aides diverses de l'État et des collectivités locales s'alourdissent sans cesse. En 1984, elles ont dépassé par leur montant annuel les dépenses budgétaires proprement dites. Représentant en 1989 28 % du PIB, elles situent la France dans la moyenne de la CEE, à un niveau légèrement inférieur aux Pays-Bas et au Danemark (30 %), mais équivalent à celui de l'Allemagne fédérale et supérieur aux pays méditerranéens ainsi qu'au Royaume-Uni (22 %). Les transferts sociaux représentent aujourd'hui plus du tiers du revenu disponible des ménages, contre seulement le quart au début de la crise.

La crise nourrit pourtant les critiques adressées à l'État-providence. Par son mode de financement, qui repose sur les cotisations des employeurs et des salariés, la protection sociale entretiendrait les pressions inflationnistes : les cotisations sont un élément des prix de revient ; leur augmentation représente donc un facteur d'inflation par les coûts.

De plus, l'équilibre financier de la protection sociale devient de plus en plus difficile. Les dépenses augmentent, tandis que les ressources s'amenuisent. En effet, certains gouvernements, tel celui de Pierre Mauroy en 1981-82, ont revalorisé les prestations pour soutenir la consommation des ménages. La crise gonfle le nombre des bénéficiaires des allocations chômage. Les progrès du niveau de vie, le perfectionnement des techniques médicales renforcent le poids des dépenses de santé dans les budgets familiaux. Enfin le vieillissement démographique déséquilibre les comptes de l'assurance vieillesse et, plus généralement, abaisse le rapport entre cotisants et bénéficiaires de la protection sociale. Dans ces conditions, on comprend tout à la fois la fréquence des plans de redressement financiers présentés par les gouvernements et leur inefficacité.

Il convient dès lors de repenser l'ensemble du système. Ainsi, peut-on maintenir le financement des retraites par des cotisations prélevées sur des actifs de moins en moins nombreux ? Beaucoup estiment indispensable d'introduire, au moins en partie, des régimes de capitalisation, chaque salarié épargnant durant sa vie active les sommes nécessaires à sa future retraite. Ainsi a été lancée, à titre facultatif, la formule des plans d'épargne retraite. De multiples instances de réflexion ont tenté d'engager un débat sur l'avenir à long terme de l'État-providence, tels les États généraux de la Sécurité sociale en 1987. Mais, compte tenu du poids des habitudes et des intérêts catégoriels, il paraît bien difficile de modifier le système existant dans les brefs délais qu'exigeraient les échéances financières. Faudra-t-il donc, comme le réclament les ultra-libéraux, renoncer à une protection qui déresponsabiliserait les individus tout en nuisant à l'efficacité de l'économie ? Depuis toujours, en France, le progrès social passait par un rôle accru de l'État. Là aussi, la crise a provoqué une rupture, tant dans l'efficacité que dans la légitimité de son intervention.

DES ACQUIS PRÉCAIRES

Une meilleure compréhension de la crise

La crise n'a pas que des aspects négatifs. Le simple recul du temps, l'expérience acquise au cours de près de quinze années permettent aujourd'hui de mieux en comprendre les mécanismes. Aucune interprétation globale pleinement satisfaisante n'en a été proposée. Du moins les quelques explications partielles communément admises ont-elles peu à peu éliminé certaines fausses appréciations. Leur intérêt n'est pas seulement théorique, car le combat contre la crise dépend en grande partie de sa meilleure compréhension.

• *Le rôle de l'extérieur a été d'abord jugé déterminant.* Les chocs pétroliers ont semblé casser la croissance en supprimant brutalement le bas prix des matières premières qui la soutenait, en exerçant sur l'économie une pression à la fois inflationniste (par le coût des importations) et déflationniste (par la compression de la demande intérieure nécessaire au règlement de la facture pétrolière). Pourtant, les calculs économétriques le prouvent : en l'absence même de hausse des prix du pétrole, l'économie française, telle qu'elle se présentait au début des années soixante-dix, serait quand même entrée en crise. Les deux chocs ont effectué une lourde ponction sur le PIB (4 % en 1973-74, 2,6 % en 1979-80). Ils n'ont pas, à eux seuls, créé la crise.

L'instabilité monétaire internationale, de l'abandon des taux de change fixes à la multiplication des eurodollars, en passant par les fluctuations erratiques de la monnaie américaine, serait un facteur déterminant d'inflation. Ainsi, en cas de baisse du dollar (1971-79, 1985-87), la Banque de France, pour éviter une appréciation trop rapide du franc nuisible à la compétition commerciale, rachète à leurs détenteurs, contre des francs, des quantités massives de dollars, ce qui alimente l'inflation. Inversement, en cas de montée du dollar (1980-85), les importations libellées en dollars sont renchéries, provoquant donc une inflation par les coûts, et une partie de l'épargne nationale est détournée vers les États-Unis, attirée par les taux d'intérêt élevés du Trésor fédéral ou par les plus-values boursières. Pourtant, une telle explication de l'inflation semble trop partielle. Elle est incapable de rendre compte, notamment, du différentiel d'inflation longtemps subi par la France vis-à-vis de ses partenaires européens, dont l'Allemagne fédérale, placés, comme elle, dans une situation difficile face au dollar et pourtant moins affaiblis.

On a aussi accusé l'internationalisation croissante de l'économie française d'être responsable des difficultés industrielles. Prise « en tenailles » entre les grandes puissances hautement spécialisées (Allemagne fédérale, Japon, États-Unis) et les pays nouvellement industrialisés à bas coûts salariaux, l'industrie française ne pourrait percer efficacement sur les marchés étrangers et perdrait la maîtrise de ses débouchés intérieurs. Cependant, les difficultés industrielles constatées depuis 1974 semblent être davantage la généralisation de faiblesses internes déjà rencontrées antérieurement dans des branches comme la sidérurgie, le textile ou la construction navale que des problèmes radicalement nouveaux d'origine extérieure.

Enfin, il est évident que la montée du chômage n'est pas due à l'afflux des travailleurs étrangers. Ils forment certes une part de la population active équivalente à celle des années trente (6,4 % en 1990), mais l'explication xénophobe du chômage ne résiste guère à l'examen, car les emplois qu'ils occupent, de basse qualification, ne sont pas ceux réclamés par les travailleurs français et la consommation résultant de leur présence, ainsi que celle de leurs familles, est un facteur d'entraînement pour l'activité économique. D'ailleurs – a contrario – le blocage de l'immigration et les incitations au retour n'ont en rien amélioré la situation de l'emploi depuis 1974.

● *La faiblesse de la demande intérieure semble plus éclairante* pour comprendre la crise. Par rapport aux années soixante, la consommation des ménages se ralentit et se recompose dans un sens qui n'est pas favorable aux secteurs productifs.

Ainsi, à des rares exceptions près, comme les congélateurs, lave-vaisselles, fours à micro-ondes ou magnétoscopes, la consommation en produits manufacturés évolue désormais moins rapidement que celle de services. L'industrie elle-même a provoqué cette mutation par la baisse de ses prix relatifs qui a stimulé l'équipement des ménages, notamment en « produits blancs », c'est-à-dire en gros appareils électroménagers. En 1960, encore, 3 % des ménages possédaient à la fois automobile, réfrigérateur, machine à laver et téléviseur. Ils sont 66 % en 1986. La demande correspond pour l'essentiel, dans ces conditions, au renouvellement du parc existant.

De même, le blocage de l'investissement est lié à des facteurs économiques internes. Il correspond d'abord à une baisse précoce de la rentabilité du capital, commune à tous les pays industrialisés, qui se serait produite en France, selon les estimations, entre 1964 et 1969 et qui a été longtemps masquée par l'accroissement en volume des investissements productifs. Il s'explique aussi par la dégradation de la situation financière des entreprises à partir de 1974. Les marges bénéficiaires s'amenuisent. Ne pouvant plus autofinancer leurs investissements, les entreprises recourent davantage aux sources externes : marché boursier et surtout crédit bancaire. Mais, comme les taux d'intérêt augmentent et que la nécessité de défendre le franc empêche, depuis 1979, de les ramener à un niveau comparable à celui de l'inflation, les entreprises voient leurs charges financières progresser très vite. Et cela qu'elles s'endettent auprès des banques ou qu'elles émettent en Bourse des emprunts obligataires, à supposer d'ailleurs qu'elles le puissent, compte tenu des besoins immenses de l'État, des collectivités locales, des grandes entreprises nationales.

Un processus cumulatif se met ainsi en place. En son point le plus bas, en 1981-82, la paralysie des investissements devient générale. Depuis, une certaine amélioration est constatée. Les marges bénéficiaires se restaurent, les capacités d'autofinancement se reconstituent. Pourtant, les investissements productifs ne

Évolution de la consommation des ménages (%)

	Part de chaque catégorie de produits			Croissance annuelle moyenne	
	1959	1970	1985	1959-70	1970-85
Produits alimentaires	37,3	25,6	19,7	+ 2,9	+ 1,6
Produits industriels	32,9	32,5	28,9	+ 6,0	+ 3,7
Énergie	4,0	6,6	9,8	+ 6,7	+ 3,7
Services	25,8	35,3	41,6	+ 5,6	+ 4,4
Ensemble	100	100	100	+ 5,5	+ 3,5

redémarrent pas avant 1985. C'est que les entreprises doivent d'abord se dés-endetter avant de songer à investir à nouveau, ce qui réclame du temps et, de la part de l'État, une politique constante de vérité des prix, de rétablissement des équilibres, de limitation des déficits publics. On en mesure la difficulté d'autant plus que, parfois, des contradictions surgissent. Par exemple, la réa-nimation de la Bourse est positive pour le financement des investissements. Mais, de 1982 à 1987, elle a débouché sur une flambée des cours qui, longtemps, a incité les entreprises à des placements spéculatifs, plus rentables que les investissements, et non à des augmentations de capital ou à des émissions de nouveaux emprunts obligataires.

● *Enfin les responsabilités de l'État lui-même sont lourdes dans la crise,* à la mesure du rôle qu'il tient dans la vie économique française. Par sa politique conjoncturelle, il entretient longtemps l'espoir d'une crise différée ou amortie par rapport aux autres pays industrialisés. La relance de 1975-76, celle de 1981-82, toutes deux décalées sur les orientations en vigueur ailleurs, poursuivent l'illusion de pouvoir mener une « autre politique » tout en restant en économie ouverte. Elles creusent les déséquilibres et rendent l'ajustement d'autant plus difficile qu'il a été retardé. Cette attitude récurrente des gouvernements, de droite comme de gauche, s'explique en partie par l'héritage du passé. De 1945 à 1974, la France avait toujours échappé aux récessions de la production industrielle. Les ménages ont ainsi pu bénéficier jusqu'en 1983 d'un pouvoir d'achat croissant au rythme annuel de 4 %, à peine moins qu'avant la crise

(6 %), à la seule exception de la baisse insignifiante de 0,1 % en 1980. Mais, en s'habituant à échapper aux conséquences de la crise, les Français sacrifient l'investissement à la consommation car, si la part de la valeur ajoutée des entreprises allant aux salariés ne cesse d'augmenter jusqu'en 1982, contrairement aux autres pays industrialisés, cela signifie nécessairement une dégradation des profits, donc des capacités d'autofinancement, dont pâtit l'ensemble de l'économie.

Situation financière des entreprises (en %)

	1973	1979	1982	1986	1991
Taux de marge (excédent brut d'exploitation/ valeur ajoutée)	29,9	25,9	24,0	28,5	30,2
Taux d'investissement (FBCF/valeur ajoutée) ..	20,0	14,7	15,3	15,3	18,7
Taux d'autofinancement (épargne brute/valeur ajoutée)	77,3	83,2	64,2	98,1	74,9

D'ailleurs, la part de l'État dans l'économie reste excessive, plus lourde que dans la majorité des autres pays, sans garantir pour autant une meilleure efficacité. Le taux de prélèvements obligatoires, qui rapporte au PIB les sommes prélevées par les administrations au titre des impôts, des taxes, des redevances et des cotisations sociales, avait progressé moins vite que dans la moyenne des pays de l'OCDE de 1965 à 1973. Cette évolution positive a été complètement inversée par la crise : de 1974 à 1985, les prélèvements s'alourdissent plus rapidement qu'ailleurs et l'allègement constaté depuis semble relativement minime, en dépit des efforts gouvernementaux.

Taux de prélèvements obligatoires (% du PIB)

	1965	1974	1985	1989
France	35	36	45,6	44,4
Moyenne des pays de l'OCDE	27	32	37,1	38,7
Moyenne des pays de la CEE	29	35	39,4	40,7

Or ce renforcement se répercute négativement sur l'évolution conjoncturelle puisque ces prélèvements, composés majoritairement d'impôts ou de cotisations répercutés dans les prix, entretiennent les hausses. On y reviendra (p. 143) car c'est une des causes principales des pressions inflationnistes en France.

Une sortie de crise reportée

● Depuis le tournant représenté par le choix de la rigueur en juin 1982, *un certain consensus s'esquisse* pour tirer la leçon des erreurs d'orientation précédentes et redéfinir la politique économique. Par-delà les affrontements idéologiques et les divergences d'appréciation, quelques grandes tendances font peu à peu l'unanimité dans la plupart des partis politiques.

Les implications de l'ouverture mondiale ne sont plus guère contestées. La tentation du protectionnisme permettant une politique conjoncturelle autonome restait vive en 1982, y compris dans certains courants du Parti socialiste alors au pouvoir. Elle semble bien avoir disparu. Tous les gouvernements se sont résolus à une politique économique en phase sur les autres pays occidentaux. Ils y sont au demeurant contraints par la fragilité persistante des grands équilibres, monétaires notamment : la bonne santé du franc ne saurait résister longtemps à une politique de relance isolée qui conduirait à une flambée d'importations et aggraverait le déficit de la balance des comptes.

Une rencontre semble aussi s'opérer sur la nécessité d'alléger les prélèvements obligatoires. En 1984, le franchissement de la barre des 45 % du PIB à joué le rôle de signal d'alarme. Les ministres des Finances successifs, quelle que soit leur orientation politique, ont mené la même politique des dégrèvements fiscaux. En matière de fiscalité directe, elle s'est inspirée de l'exemple américain. Les contribuables ont bénéficié d'allégements globaux de leur imposition en 1985 (− 5 %) et 1986 (− 3 %). Le barème fiscal a été simplifié (13 tranches au lieu de 14) et allégé (56,8 % sur la plus haute tranche, au lieu de 65 % avant 1986). De même, les bénéfices des sociétés, taxés à 50 % jusqu'en 1986, le sont aujourd'hui à 34 %. Pour la fiscalité indirecte, l'effort a consisté à diminuer les taux de TVA, à la fois pour relancer la consommation et pour rapprocher leur niveau de celui des autres pays européens, dans la perspective de l'harmonisation prévue pour 1993. Le taux majoré, frappant les produits de luxe, a été réduit par étapes successives de 33 à 22 % ; le taux normal a été maintenu à 18 % et le taux minoré de 5,5 % s'applique à la plupart des produits de grande consommation. Pourtant, en dépit de ces efforts, le taux de prélèvements obligatoires n'a reculé que de quelques dixièmes de points, car, si la pression fiscale de l'État s'allège, le poids des cotisations sociales reste inchangé et la fiscalité locale progresse sensiblement, compte tenu des charges croissantes résultant de la loi de décentralisation de 1982.

Il en va de même de la tendance à la déréglementation. En matière de prix, de crédit ou de changes, tous les gouvernements ont recherché la restauration des lois du marché. L'ordonnance sur les prix de 1945, à laquelle le gouvernement Barre lui-même n'avait pas renoncé, a été vidée de son contenu par la libération opérés en 1984-1985 par Pierre Bérégovoy sur la majorité des prix industriels, puis complètement abrogée par la loi sur la liberté des prix et sur la concurrence présentée par Édouard Balladur en décembre 1986. L'encadrement du crédit a été remplacé par Pierre Bérégovoy au profit d'une nouvelle formule de contrôle plus respectueuse de l'autonomie de gestion des banques. Le contrôle des changes, rétabli depuis 1969, puis considérablement durci en 1981-1982, a été entièrement démantelé avant même la libération complète des mouvements de capitaux réalisée dans le cadre européen au 1re juillet 1990. Les ruptures politiques des dernières années n'ont donc guère eu de conséquences sur les orientations de l'action conjoncturelle. Tout se passe comme si la crise avait réconcilié les points de vue dans un pragmatisme généralisé.

• De fait, après avoir longtemps persisté, *la crise avait desserré son étau à partir de 1986*. Le mérite en revenait-il aux efforts gouvernementaux ou à une conjoncture mondiale marquée par la reprise du commerce international et par le contre-choc pétrolier qui a réduit de moitié la facture énergétique ? Toujours est-il qu'on pouvait alors parler de reprise incontestable. Poussés par l'aisance financière des entreprises dont les marges retrouvaient leurs niveaux d'avant 1973, les investissements productifs croissaient à une allure exceptionnellement rapide (+ 10,6 % en 1988). La consommation des ménages, grâce à la désinflation et aux dégrèvements fiscaux, redémarrait. Les créations d'emplois permettaient d'obtenir une légère décrue du chômage. Certes, la persistance du déficit commercial, la médiocrité du taux d'épargne des ménages (10,8 % seulement du revenu disponible en 1987, contre 20 % en 1975 et en 1978) montraient bien la gravité durable des symptômes de faiblesse. Mais avec, en 1988, pour la première fois, une croissance rapide (+ 4 %, le meilleur taux depuis 1976) coexistant avec une désinflation persistante (+ 2,7%, moins que la moyenne des pays de l'OCDE), on pouvait nourrir l'espoir d'une prochaine et définitive guérison.

• *Le nouvel affaiblissement de 1990-1991 a mis fin à ces illusions.* Comme toujours, les raisons en sont à la fois externes (crise du Golfe, récession américaine) et internes (essoufflement précoce de la demande). La récession n'a pas sévi, à la différence des États-Unis et du Royaume-Uni ; l'inflation n'a pas repris, contrairement à l'Allemagne fédérale confrontée aux conséquences de sa réunification. Mais la conjoncture s'est à nouveau fortement dégradée. La production industrielle a fléchi en 1991 et la croissance du PIB n'a été que de 1,4 %, entraînant aussitôt le gonflement du chômage (9,4 % des actifs). Seule l'amélioration progressive du commerce extérieur dégage une note d'optimisme, permettant d'entrevoir, si la tendance persiste, un prochain retour à l'équilibre. Mais les incertitudes présentes montrent, s'il en était besoin, que la France, à l'issue des longues années de difficultés postérieures à 1973, n'est ni mieux, ni moins bien lotie que ses partenaires du monde industrialisé. Elle n'a plus l'originalité que lui conféraient sa sensibilité inflationniste, sa moindre ouverture au monde extérieur, son penchant persistant au dirigisme. Devenue semblable aux autres pays développés, elle partage avec eux les mêmes chances et court les mêmes risques : c'est là la rançon de sa plus grande insertion, pour le meilleur et pour le pire, dans les rouages de l'économie mondiale.

DEUXIÈME PARTIE

Les grands secteurs

4 L'intégration de l'agriculture au reste de l'économie

UNE AGRICULTURE ENTRE DEUX AGES

La montée de la puissance agro-alimentaire

Au début des années cinquante, après avoir reconstitué son potentiel de production endommagé par la guerre, l'agriculture présente encore son visage traditionnel, hérité de la fin du XIXᵉ siècle : celui d'un secteur à la fois fondamental et retardataire dans l'économie nationale. Premier employeur, avec près du tiers des actifs, elle ne parvient pas, malgré la sollicitude des pouvoirs publics, à couvrir les besoins alimentaires de la population. Aujourd'hui, marginalisée en apparence (6,4 % des actifs et 3,5 % du PIB, mais exportatrice nette, elle représente pour la France un atout non négligeable dans la compétition internationale.

● *En Europe, elle se situe au 1ᵉʳ rang de la CEE.* En 1988, avec le quart du total communautaire, ses productions triomphent, surtout dans des domaines comme les céréales, le vin, le sucre, le lait. Ses exploitations atteignent une taille moyenne de 28 hectares, plus du double de la moyenne communautaire (13 hectares), artificiellement abaissée, il est vrai, par la persistance des microfundia dans les pays méditerranéens. Cependant ces succès sont surtout dus à un potentiel de production exceptionnel, tant par l'étendue de la superficie agricole utilisée que par la variété climatique et pédologique. Qualitativement, en effet, les résultats sont médiocres. Les rendements, surtout animaux, sont inférieurs à ceux des autres pays d'Europe du Nord-Ouest. L'intensification de la production reste peu poussée : première dans la CEE par son parc de tracteurs et par sa consommation d'engrais, la France n'arrive qu'aux sixième et septième rangs si l'on rapporte ces chiffres à la superficie cultivée. Enfin, la réunification allemande place aujourd'hui l'Allemagne fédérale avant la France au premier rang européen pour des productions aussi variées que le lait, l'orge, la viande bovine, le sucre, alors qu'elle n'était naguère dans ce cas que pour la viande porcine et les pommes de terre. La supériorité quantitative dont disposait traditionnellement l'agriculture française est donc aujourd'hui moins marquée.

D'ailleurs, même si, globalement, l'excédent agro-alimentaire vis-à-vis du reste de la CEE est considérable, il ne représente que la moitié de celui des Pays-Bas qui, avec six fois moins d'agriculteurs et treize fois moins d'hectares cultivés, sont le premier fournisseur agro-alimentaire de la France.

● *Face au reste du monde, l'agriculture française fait bonne figure.* En 1988, elle figure huit fois au palmarès des dix premiers producteurs de denrées de base. Depuis 1978, elle a ravi aux Pays-Bas le rang de deuxième exportateur agro-alimentaire mondial, derrière les États-Unis, et se classe même première dans certaines spécialités. Ses firmes agro-alimentaires sont souvent dynamiques : négociants en produits agricoles, comme Sucres et denrées, l'une des premières firmes mondiales de sa spécialité ; grandes coopératives agricoles, comme l'ULN (Union laitière normande) ; groupes privés, comme BSN (Boussois-Souchon-Neuvesel), né en 1966, qui, sous l'impulsion d'Antoine Riboud, s'est entièrement dégagé de son secteur d'origine, le verre plat, pour acquérir toutes sortes de marques alimentaires, de la brasserie et des eaux minérales aux produits laitiers, des condiments et des pâtes aux aliments pour bébés, de la confiserie et du champagne à la biscuiterie. Déjà premier en Europe pour la brasserie et les produits laitiers frais, il le devient en 1989 pour la biscuiterie en rachetant ses filiales européennes au groupe américain RJR-Nabisco.

Là encore, cependant, les faiblesses sont nombreuses. Les performances françaises sur les marchés mondiaux reposent pour plus de la moitié sur des ventes de produits bruts (céréales, viande, produits laitiers) subventionnés par les mécanismes communautaires. Elles dépendent donc très largement de l'état des finances de la CEE et de centres de décision que la France ne contrôle pas. Le solde global, quoique positif, est fragile, comme le montrent le déficit ponctuel de 1977, dû à des importations massives de fourrage après la sécheresse de l'année précédente, et les difficultés rencontrées depuis 1982 sur les marchés instables du Moyen-Orient, naguère grands importateurs de viande de volaille. Encore le résultat serait-il moins brillant si l'on tenait compte des produits bruts non comestibles d'origine agricole (fibres textiles, cuirs et peaux, caoutchouc naturel) et de la sylviculture (bois, pâte à papier). D'ailleurs, la France reste un gros importateur de produits agricoles tempérés. Les conserves et produits d'épicerie, les aliments pour bétail, les poissons et crustacés, la viande sur pied et en carcasses, les légumes frais, les plantes et fleurs, le tabac représentent en 1990 un déficit cumulé de 32 milliards de francs, supérieur à l'excédent céréalier (30 milliards).

Enfin, même si le dynamisme des firmes agro-alimentaires françaises est indéniable, leur taille reste médiocre, même en Europe, à plus forte raison face aux géants américains. Le chiffre d'affaires de BSN, 14e firme mondiale de sa spécialité, n'équivaut en 1990 qu'à 24 % de celui du groupe anglo-néerlandais Unilever. La sous-capitalisation boursière du secteur en fait une proie facile pour les offres publiques d'achat ou d'échange, contre lesquelles même BSN doit se protéger. Les prises de participation étrangères sont fréquentes.

Les fluctuations du revenu agricole

Le revenu agricole ne doit pas être confondu avec la valeur totale de la production qui regroupe l'ensemble des produits vendus ou autoconsommés. Il faut en effet, déduire de celle-ci les coûts d'exploitation : consommations intermédiaires de produits industriels, d'énergie et de services, charges professionnelles telles que les intérêts sur les emprunts contractés, les salaires agricoles, les fermages, l'amortissement du matériel, les cotisations des exploitants à la Sécurité sociale. On obtient alors la valeur ajoutée qui, après réintégration des subventions versées par l'État, permet le calcul du revenu brut par exploitation (RBE) ou exploitant, les deux chiffres différant selon la taille du ménage et le caractère de l'activité, à temps complet ou à titre annexe d'une autre profession. Le résultat dégage une tendance non équivoque. De 1959 à 1973, le revenu net moyen par actif agricole avait pratiquement doublé en francs constants, soit une progression de l'ordre de 5 % par an. Depuis 1973, il a reculé de 22 %, au rythme de 3 % par an ramenant ainsi les exploitants agricoles à un niveau légèrement inférieur à celui de 1970.

Les agriculteurs sont ainsi l'une des rares catégories socioprofessionnelles à connaître, depuis la crise, une baisse de leur pouvoir d'achat, à peine freinée par quelques bonnes années récentes comme 1982, 1984 et 1989-1990.

● *Les causes de cette évolution sont nombreuses.* La valeur totale de la production plafonne, sous l'effet de prix fixés par la politique agricole commune de la CEE qui, après avoir longtemps systématiquement pratiqué des prix garantis élevés, s'efforce depuis une dizaine d'années d'inverser la tendance. Réciproquement, l'industrialisation de l'agriculture alourdit le poids des consommations intermédiaires. En 1960, elles ne représentaient que 22 % de la valeur de la production. Elles passent en 1970 à 30 %, en 1985 à 45 %. Frais d'entretien d'un matériel de plus en plus perfectionné, consommation de carburants, achat d'engrais, de produits phytosanitaires, d'aliments pour bétail : tous ont des prix élevés par rapport aux prix de production. Depuis 1974, les ciseaux s'ouvrent au détriment de l'agriculture.

Enfin, celle-ci subit aussi une progression défavorable de ses charges professionnelles, et en particulier des intérêts de sa dette. Alors que, traditionnellement, le recours à l'emprunt n'était que le moyen de faire face, à court terme, aux conséquences de mauvaises récoltes, il devient, à partir du début des années soixante, une quasi-obligation pour assurer, à long terme, l'extension et la modernisation des exploitations. Véritable industrie lourde, employant, proportionnellement à sa valeur ajoutée, deux fois plus de capital que la sidérurgie, l'agriculture en subit les conséquences. L'encours de sa dette passe de 11 à 200 milliards de francs de 1960 à 1988 et les frais financiers de 3 % à 17 % des charges professionnelles. A cela s'ajoutent d'autres postes fort lourds, et en particulier, depuis l'alignement du salaire minimum agricole garanti sur celui de l'industrie en 1968, les charges salariales en cas de recours à une main-d'œuvre non familiale, ainsi que, depuis l'intégration au régime général de la Sécurité sociale en 1960, les cotisations versées par les agriculteurs pour leur propre compte et pour leur famille.

● *Les conséquences sont graves.* Longtemps, l'ampleur des gains de productivité avait masqué la tendance à la baisse des valeurs ajoutées. Avec des gains annuels de 8 % entre 1959 et 1973, l'agriculture faisait figure de secteur pilote dans une économie où la productivité du travail progressait en moyenne annuelle de

LES CHIFFRES CLÉS SUR L'AGRICULTURE EN 1990

● *Les hommes et les exploitations*
– 6,4 % des actifs, dont les 3/5 exercent une autre activité
    – 1 million d'exploitations, dont 53 % ont moins de 20 hectares
    – Superficie moyenne de l'exploitation : 28 hectares
    – Part du fermage dans la superficie agricole utilisée : 54 %

● *Les productions et les rendements*
– 3,5 % du PIB (dont : productions végétales : 55 % ; productions animales : 45 %).
    – *Grandes productions végétales :*

	Production	en % de la production de la CEE	en % de la production mondiale
Blé	33 M t	39	6
Maïs	9 M t	41	2
Orge	10 M t	20	6
Betteraves à sucre . .	30 M t	31	10
Vin	64 M hect	33	21

    – *Grandes productions animales :*

	Production	en % de la production de la CEE	en % de la production mondiale
Viande bovine	2 M t	28	4
Lait	27 M t	22	5
Viande porcine	1,8 M t	13	2
Viande de volaille . . .	1,5 M t	24	4

    – *Rendements :*

Blé	65 quintaux/hectare (77 aux Pays-Bas)
Lait	4 900 litres/vache et an (5 920 aux Pays-Bas)

● *Les échanges extérieurs*
– 2e exportateur agro-alimentaire mondial, derrière les États-Unis et avant les Pays-Bas et le Brésil.
– 7e importateur.
– Balance agro-alimentaire toujours positive depuis 1971 (sauf en 1978), mais excédent encore modeste par rapport à celui d'autres pays de la CEE comme le Danemark et surtout les Pays-Bas qui réalisent un chiffre double et restent le premier fournisseur agro-alimentaire de la France.

5,5 %. Depuis 1973, le fléchissement est net : + 4 % par an seulement. Il ne parvient plus à freiner l'évolution défavorable de la valeur ajoutée unitaire. De même, avant la crise, la diminution rapide du nombre des actifs permettait la hausse du pouvoir d'achat individuel. Depuis 1975, le mouvement se ralentit, à la fois parce que la restructuration des exploitations semble accompli pour l'essentiel et parce que la crise restreint les besoins de main-d'œuvre dans le reste de l'économie. La population active agricole avait diminué chaque année de 3,4 % de 1959 à 1973, et même de 4,7 % de 1973 à 1975. Elle ne diminue plus que de 3,2 % de 1975 à 1980, puis de 2,5 % depuis 1980.

Le revenu des agriculteurs devient ainsi très fragile, étroitement dépendant de la politique des prix communautaires décidée à Bruxelles, de l'évolution de l'inflation, qui alourdit ou allège la charge de l'endettement, selon qu'elle se ralentit ou s'accélère, et surtout des aides gouvernementales « exceptionnelles » accordées à titre de compensation des aléas climatiques (sécheresse de 1976, inondations de 1977, ouragan de 1987, puis de nouveau sécheresse de 1989-1990...). L'espoir d'une amélioration significative, entrevu à la fin des années soixante, s'estompe. Même si la prudence s'impose dans un domaine où l'autoconsommation est mal connue, les revenus déclarés sous-évalués et les chiffres artificiellement abaissés par le grand nombre d'agriculteurs n'exerçant leur activité qu'à temps partiel, on doit constater que le revenu disponible de chaque ménage agricole, prestations sociales incluses et impôts déduits, était en 1970 supérieur de 25 % à la moyenne nationale. Il ne l'est plus que de 8 % en 1984.

La permanence des disparités internes

L'agriculture française a toujours présenté un double, voire un triple visage. Peut-être les années récentes contribuent-elles davantage que d'autres à son manque d'homogénéité.

● *Les structures foncières évoluent dans le sens d'une concentration accrue,* non remise en cause par la crise actuelle. La superficie moyenne des exploitations a très exactement doublé de 1955 à 1988, passant de 14 à 28 hectares.

Les petites exploitations de moins de 20 hectares, encore très importantes en nombre, deviennent marginales en superficie. C'est surtout le cas de celles comprises entre 5 et 20 hectares, les micro-exploitations de cultures spécialisées résistant mieux. Nombreuses en France méridionale, au sud d'une ligne Bordeaux-Genève, elles sont souvent vouées à la polyculture et gérées par des agriculteurs âgés, aux faibles revenus, incapable de les moderniser, voire même de les entretenir convenablement. C'est aussi dans cette catégorie que figure la quasi-totalité des 200 000 exploitants à temps partiel, pour lesquels la production agricole n'est qu'une source de revenus secondaire. C'est enfin elle que beaucoup d'experts vouent à la disparition, sauf si les pouvoirs publics, pour des raisons extra-économiques, choisissent de la préserver. L'indispensable rajeunissement de l'âge moyen des exploitants (60 % de plus de 50 ans), la poursuite des gains de productivité, l'efficacité commerciale de l'agriculture française sont à ce prix.

Répartition des exploitations agricoles

	Nombre total			Superficie cultivée		
	1955	1970	1988	1955	1970	1988
− de 20 hectares	79	66	54	40	25	13
de 20 à 50 hectares	17	26	29	35	38	33
+ de 50 hectares	4	8	17	25	37	54
	100	100	100	100	100	100

Les moyennes exploitations, comprises entre vingt et cinquante hectares, sont apparemment mieux loties, même si leur part relative dans la superficie cultivée régresse depuis 1970. Souvent tenues par des agriculteurs dynamiques, ceux de l'Ouest français notamment, qui ont vu dans la politique agricole commune et dans la modernisation à crédit une chance à saisir, elles se trouvent aujourd'hui en position critique.

Les grandes exploitations de plus de cinquante hectares, dont le type classique est situé dans le centre et l'est du Bassin parisien, rassemblent désormais plus de la moitié de la superficie cultivée. Elles ont pratiquement renoncé à l'emploi de salariés permanents : il n'y a plus que 160 000 ouvriers agricoles, contre 1 100 000 encore en 1955. Très mécanisées, combinant faire-valoir direct et fermage, elles ont été longtemps les principales gagnantes de la politique des prix garantis. La faiblesse de leurs prix de revient leur procure en effet une marge bénéficiaire, certains disent une rente de situation, inconnue des petites et moyennes exploitations. Là aussi, cependant, les nouvelles orientations communautaires, le renchérissement des consommations intermédiaires, la montée des charges professionnelles se font durement sentir.

• Ces disparités de structures se combinent à d'autres, selon *les productions et les régions,* pour contribuer à la diversité agricole française. Depuis une quinzaine d'années, l'évolution des prix relatifs avantage certaines spécialisations au détriment d'autres. Les revenus procurés par l'exploitation céréalière et par l'élevage bovin pour la viande progressent faiblement, ceux de l'élevage laitier stagnent, tandis que, malgré de fréquentes irrégularités, ceux de la viticulture, des cultures maraîchères et fruitières réalisent de bonnes performances. En 1983, l'écart va ainsi de 1 à 5 entre les revenus moyens par exploitation de spécialité différente, et même de 1 à 16 si l'on tient compte des superficies, de l'exploitation de 100 hectares vouée à la culture légumière de plein champ au petit élevage bovin non spécialisé de 20 hectares.

Sur le plan régional, des reclassements spectaculaires se sont produits depuis le début des années soixante. Certaines régions pauvres ou faiblement productrices sont désormais en tête, notamment celles de l'Ouest, Bretagne et Pays de Loire en particulier, qui assurent à elles deux le cinquième de la valeur totale de la production, et même plus du tiers pour les produits de l'élevage. La région Champagne-Ardennes, grâce aux défrichements et à l'utilisation massive d'engrais, est devenue première de France pour le revenu brut par exploitation, devançant même la Picardie et l'Ile-de-France. A l'inverse, certaines réussites ont été remises en cause, celle de la Normandie, par exemple, où la non-rentabilité de l'élevage laitier, la forte demande des Parisiens en résidences secondaires poussent les agriculteurs âgés à abandonner l'exploitation. Les paysages même se sont transformés. L'arrachage des haies et le remembrement ont changé l'Ouest bocager en un pays de champs ouverts. La Beauce a été colonisée par le maïs hybride, bien loin de son domaine aquitain d'origine. La plaine orientale de la Corse, démaquisée, s'est couverte de vignobles et de plantations d'agrumes. Jamais encore, au cours de leur histoire récente, les campagnes françaises n'avaient connu de tels changements en une si courte période de temps.

LE RÉSULTAT D'UNE ÉVOLUTION COMPLEXE

La modernisation forcée sous l'impulsion de l'État

Avant la Seconde Guerre mondiale, il n'existait pas en France de véritable politique agricole. Le ministère de l'Agriculture était certes un rouage essentiel de l'administration centrale et les hommes politiques de premier plan ne dédaignaient pas de le diriger. Mais sa vocation sociale et politique en faisait davantage un ministère de la paysannerie ou du monde rural qu'un moyen de promouvoir la production agricole.

Tout change après 1945. Un redressement rapide de la production, une modernisation en profondeur paraissent indispensables. Le Plan Monnet inscrit parmi ses objectifs la production de tracteurs et d'engrais azotés. L'héritage passéiste est remis en cause, puis ouvertement répudié.

● *Dès la Libération, les conditions d'exploitation se transforment.* Le statut du fermage, dû, en 1946, au ministre socialiste François Tanguy-Prigent, allonge à neuf ans la durée minimale des baux ruraux. Il accorde au fermier le droit au renouvellement automatique du bail, sauf reprise par le propriétaire pour lui-même ou l'un de ses enfants majeurs, ainsi qu'un droit de préemption en cas de vente. Enfin, il fixe le montant du fermage à partir de taux forfaitaires établis chaque année pour les différents types de culture par des commissions paritaires composées de fermiers et de propriétaires.

Pour les propriétaires fonciers non-agriculteurs, la terre perd tout intérêt en tant que placement. Mais l'essentiel est ailleurs. Assurés pratiquement du maintien à vie sur l'exploitation, n'ayant plus à verser que des fermages dérisoires, les fermiers peuvent consacrer toutes leurs ressources à la modernisation des exploitations. Aussi le fermage passe-t-il de 30 % à 54 % de la superficie agricole cultivée en quarante-cinq ans. Il correspond d'ailleurs, à la partie la plus riche de l'agriculture française : les grandes plaines du Bassin parisien.

Mais les autres conditions de l'exploitation se transforment aussi. Sur le plan financier, la Caisse nationale de crédit agricole, qui fédère depuis 1920 les caisses mutuelles départementales aidées par l'État, reçoit après 1945 le monopole de distribution des crédits bonifiés à l'agriculture. Grâce aux subventions budgétaires, elle accorde aux agriculteurs des prêts d'équipement à des taux en moyenne deux fois plus bas que ceux du marché. Sur le plan foncier, le remembrement est encouragé par le maintien d'une décision de Vichy qui avait autorisé les préfets à provoquer les opérations sans attendre une initiative préalable des propriétaires. La superficie remembrée passe ainsi de 400 000 hectares en 1939 à 13 millions aujourd'hui, soit près de 42 % de la SAU. Enfin, sur le plan technique, l'État stimule la mécanisation en prenant à sa charge une partie du prix d'achat des tracteurs et en détaxant le « carburant agricole ». Il impulse la recherche agronomique grâce à l'INRA (Institut national de la recherche agronomique). Cet organisme, fondé en 1946, crée de nouvelles variétés céréalières (blé « Étoile de Choisy », maïs hybride). Il diffuse les fourrages artificiels à base de graminées (*ray-grass,* dactyle, fétuque des prés). Il transforme l'élevage en encourageant l'insémination artificielle et en encourageant le développement des races les plus productives.

● *Le soutien des cours et l'organisation des marchés forment le deuxième axe de la politique agricole,* rompant avec le libéralisme quasi intégral d'avant-guerre. Les mécanismes et le degré de protection varient, mais la tendance fondamentale reste la même. De 1945 à 1962, successivement, toutes les catégories de produits voient leurs prix garantis et leurs marchés organisés, sous l'égide de l'État, par des représentants de la profession : ensemble des céréales dès 1945, l'ONIC (Office national interprofessionnel des céréales) remplaçant l'ONIB ; produits de l'élevage et vin en 1953, avec Interlait, la SIBEV (Société interprofessionnelle du bétail et des viandes) et l'IVCC (Institut des vins de consommation courante) ; ensemble des produits agricoles en 1961, avec le FORMA (Fonds d'orientation et de régularisation des marchés agricoles).

A partir de 1962, la politique agricole commune rentre en application dans le cadre de la CEE. Les organisations de marché ne disparaissent pas, même si elles changent parfois légèrement d'appellation, la SIBEV se transformant en ONIBEV et l'IVCC en ONIVIT (Office national interprofessionnel des vins de table). Mais elles perdent toute autonomie, devenant de simples exécutantes des décisions communautaires et gérant les fonds affectés par le budget européen au soutien des prix.

● *A partir du début des années soixante, la politique des structures s'efforce de remodeler en profondeur l'agriculture française* en agissant, non plus sur les conditions d'exploitation ou les prix, mais sur les caractéristiques même des exploitations. Le soutien par les prix est en effet coûteux pour l'État : les dépenses agricoles sont multipliées par trois et demi de 1945 à 1961. Il est inefficace : la France ne couvre toujours pas ses besoins alimentaires et risque de manquer la chance unique que lui donne, dans une CEE qui vient de se constituer, la possession d'une très vaste superficie cultivable. Il est dangereux pour l'économie : les relèvements des prix garantis entretiennent les pressions inflationnistes lorsque les gouvernements se montrent trop faibles face aux revendications paysannes, tel Félix Gaillard qui, en 1957, indexe les prix agricoles sur l'indice général des prix. Enfin, il est injuste socialement : les gros exploitants, avantagés par leurs bas prix de revient, en bénéficient au maximum, alors que les petits et moyens exploitants parviennent tout juste à maintenir leurs revenus. Globalement, les revenus agricoles progressent moins vite que ceux des autres catégories sociales, d'où l'impossibilité de réaliser la vieille revendication de parité développée par les organisations syndicales.

Plusieurs lois d'orientation mettent donc en place de nouveaux moyens d'action : loi Debré en 1960, due à l'intervention personnelle du Premier ministre, loi complémentaire d'Edgard Pisani en 1962, dont le long passage au ministère de l'Agriculture, de 1961 à 1966, a marqué puissamment la politique agricole, enfin lois présentées par plusieurs de ses successeurs, comme Edgar Faure (1966-68), Jacques Chirac (1972-74), Pierre Méhaignerie (1977-81).

L'État favorise le rajeunissement de l'âge des exploitants, accordant aux agriculteurs de plus de 55 ans une indemnité viagère de départ (IVD), versant aux jeunes ménages une dotation d'installation (DJA). Pour freiner la hausse du prix des terres, gênante pour la création ou l'agrandissement des exploitations, l'État crée les SAFER (Sociétés d'aménagement foncier et d'établissement rural) qui achètent, vendent et parfois aménagent les terres, employant le droit de préemption qui leur permet de se porter acquéreuses en priorité lors de toute vente par un particulier. L'État encourage l'association entre plusieurs exploitants : les GAEC (Groupements agricoles d'exploitation en commun) rassemblent deux ou plusieurs exploitants, propriétaires ou fermiers, mettant en commun partie ou totalité de leurs terres et de leur matériel et devenant désormais des associés-salariés, rétribués par un traitement de base et une part du bénéfice commun. Enfin, l'État stimule les coopératives, dont le statut est réformé en 1967, et lance la formule des groupements de producteurs, permettant aux agriculteurs, pour mieux contrôler les circuits de distribution face aux grossistes, de fonder par exemple une SICA (Société d'intérêt collectif agricole à laquelle ils confient l'écoulement de leur production.

L'ensemble de toutes ces mesures, prises pour la plupart en 1960-62, est considérable. Il forme avec les orientations traditionnelles de la politique agricole une rupture totale.

● Face à cette nouvelle politique, *les réactions des intéressés sont profondément ambivalentes*. Elles prennent la forme du « malaise paysan », fait tout à la fois d'acceptation du progrès et de crainte face à ses conséquences.

L'acceptation provient de jeunes militants syndicaux, souvent formés par le mouvement jaciste (Jeunesse agricole chrétienne), regroupés derrière des hommes comme Michel Debatisse qui soutient l'action réformatrice d'Edgard Pisani. Le refus se manifeste aussi, avec violence parfois. Dans les syndicats agricoles, tandis que l'organisation majoritaire, la FNSEA (Fédération nationale des syndicats d'exploitants agricoles), se montre très sceptique, préférant le soutien des cours à l'action sur les structures, d'autres tendances sont franchement hostiles, et notamment le MODEF (Mouvement de défense des exploitations familiales), créé en 1959 et proche du Parti communiste. A la base, les explosions de colère sont fréquentes. Les premiers barrages de tracteurs sur les routes apparaissent dès 1953, lors de l'effondrement des prix consécutif à la stabilisation Pinay. Les premières mises à sac de sous-préfectures remontent à 1961, à Morlaix (Finistère), dans un climat d'inquiétude face à l'ouverture européenne et à la récente loi Debré.

Aussi, l'État doit-il fréquemment infléchir son action, ralentir le rythme d'une modernisation qu'il a lui-même engagée. Il repousse les conclusions du rapport Vedel, paru en 1969, qui préconisait, au nom de la compétitivité, une accélération de l'exode rural, la mise en jachère des terres marginales et déniait toute perspective de rentabilité aux exploitations traditionnelles de faible superficie. Au contraire, l'État s'efforce de maintenir les agriculteurs les plus menacés, avec, par exemple, la politique de la montagne qui accorde aux éleveurs des indemnités spéciales, proportionnelles à l'importance de leur cheptel, et des prêts de faveur. De même, l'État consent à la persistance, au profit de l'ensemble de l'agriculture, d'un traitement fiscal particulièrement avantageux, le forfait, qui concerne encore la quasi-totalité des foyers agricoles. Enfin, il contribue massivement au financement des prestations sociales versées aux agriculteurs. Ceux-ci ne couvrent plus par leurs cotisations que le cinquième des prestations qu'ils reçoivent en 1985 contre les trois quarts encore en 1961. En partie justifié par la structure démographique, cet écart provient aussi d'un traitement protecteur systématique. Cette politique est-elle bien adaptée ? On peut en douter, compte tenu de l'inéluctable alignement des structures agricoles impliqué par l'ouverture européenne.

Une ouverture européenne génératrice de déséquilibres

● *La CEE a longtemps constitué une grande chance pour l'agriculture française,* systématiquement exploitée par les gouvernements qui ont exigé dès 1962 la mise en place de la politique agricole commune (PAC) et ont fait pression sur leurs partenaires, bloquant parfois même le fonctionnement des institutions communautaires pour obtenir des décisions conformes à leur conception de l'intérêt national. Ainsi les objectifs très généraux du traité de Rome (autosuffisance alimentaire, niveau de vie équitable pour les agriculteurs, stabilité des prix et des marchés) ont-ils été poursuivis à travers des mesures qui, aujourd'hui encore, forment par leur ampleur la principale politique commune et qui, souvent, ont transposé au plan communautaire des formules précédemment élaborées dans le cadre français.

L'unicité du marché est fondamentale. Elle implique la disparition des contingentements et des barrières douanières, effective au 1er juillet 1968, ouvrant ainsi à l'agriculture française un grand marché de consommation au pouvoir d'achat élevé, où elle peut écouler les quantités massives que ses progrès de rendements et de productivité lui permettent de fournir. Mais l'unicité se traduit aussi par des prix garantis uniques pour chaque grande catégorie de produits. Des organisations communes de marché sont mises en place : céréales, viande porcine, œufs et volailles (1962), lait et viande bovine (1963), sucre, fruits et légumes (1966), vin et tabac (1970). Or, la pression des agriculteurs, le souci gouvernemental de revaloriser les revenus d'une catégorie sociale représentant encore, dans la CEE de 1960, 18,5 % de la population active expliquent que l'on se soit d'emblée orienté vers des prix élevés, nettement supérieurs aux cours mondiaux.

Les agriculteurs français sont non seulement avantagés par les prix garantis, mais aussi protégés de la concurrence extérieure par la préférence communautaire. Les importations en provenance du reste du monde subissent en effet un prélèvement qui comble la différence entre prix garanti européen et cours mondial. Réciproquement, les agriculteurs qui ne trouvent pas de débouchés sur le marché communautaire reçoivent une restitution de même montant leur permettant d'être compétitifs sur le marché mondial. Ils sont donc assurés de pouvoir écouler leur production à des conditions au moins égales à celles des prix garantis, soit sur le marché européen, soit dans le reste du monde.

Enfin, la solidarité financière entre pays membres conduit à un financement commun des dépenses de la PAC, assuré par le FEOGA (Fonds européen d'orientation et de garantie agricole), par lequel transitent les sommes allouées par le budget communautaire à l'agriculture depuis 1962. Ses dépenses sont de deux ordres : soutien des cours et restitutions à l'exportation d'une part, amélioration des structures agricoles d'autre part, très faiblement d'ailleurs, car l'action, dans ce domaine, continue à relever de la compétence quasi exclusive des États-membres. Ses ressources sont celles du budget communautaire. D'abord alimenté par les contributions directes des États membres, négociées chaque année, il reçoit, à partir de 1971, des ressources propres : droits de douane sur les produits manufacturés importés du reste du monde, prélèvements agricoles, part des recettes de TVA encaissées par les États membres dans la limite d'un pourcentage fixé chaque année et ne pouvant excéder 1 % du total. L'agriculture française est ainsi soutenue, dans ses prix garantis comme dans ses subventions à l'exportation, non plus seulement par l'effort des contribuables français, mais aussi par celui des pays de la CEE et, indirectement, par les prélèvements frappant les importations en provenance du reste du monde que certains États, malgré la préférence communautaire, décident de maintenir.

• Or, dès le début des années soixante-dix, alors que les dernières organisations communautaires de marché rentrent à peine en application, *le blocage progressif de la PAC remet en cause ses effets bénéfiques pour l'agriculture française.* L'unité du marché devient illusoire par suite de l'instabilité monétaire. Dès 1969, la dévaluation du franc, suivie de la réévaluation du deutsche Mark conduisent à créer les premiers MCM (montants compensatoires monétaires), source de distorsion durable des échanges agricoles intracommunautaires. Pendant plus de quinze ans, ils gênent les agriculteurs français dont les débouchés communautaires se réduisent, alors qu'ils subissent en France même une concurrence accrue de la part des pays à monnaie forte (Allemagne fédérale, Pays-Bas), notamment pour la viande porcine et les produits laitiers.

De plus, la préférence communautaire n'avantage plus autant aujourd'hui l'agriculture française qu'elle le faisait lors de la période de formation de la

PAC. La Communauté, même élargie à neuf, puis dix, enfin douze membres, se rapproche de l'autosuffisance, puis devient très excédentaire dans des catégories de produits pour lesquels on a volontairement adopté des prix garantis particulièrement élevés : céréales, produits laitiers, sucre et, récemment, viande bovine, viande porcine, vin. Ayant refusé la redéfinition radicale proposée par le plan Mansholt dès 1968, la PAC se condamne à une refonte tardive et difficile des prix garantis. Elle en ramène d'abord la hausse à un niveau inférieur à celui de l'inflation (1973-74). Puis elle crée des taxes dissuasives sur les produits les plus excédentaires (taxe de coresponsabilité laitière en 1977). L'inefficacité de ces mesures indirectes l'oblige à recourir au contingentement brutal de la production : quotas laitiers et distillation obligatoire des excédents viticoles en 1984, seuils de garantie applicables aux céréales et à certains fruits et légumes en 1985.

Toutes ces mesures gênent directement l'agriculture française. Pour une denrée essentielle comme le lait, qui représente 16 % de la valeur totale de la production, la collecte qui progressait régulièrement avant 1984 évolue depuis « en dents de scie », excédant certaines années les quotas communautaires. Les producteurs de lait ont dû payer à ce titre 660 millions de francs d'amendes en 1988. Rien d'étonnant à ce que leur nombre ait fléchi des deux tiers en vingt ans.

De plus, la CEE fait subir à l'agriculture française la concurrence des autres pays membres, surtout méditerranéens : conflits franco-italiens sur le vin, franco-espagnols sur la pêche maritime et les primeurs. Elle est certes un débouché fondamental, passant en trente ans de 25 à 75 % des exportations agro-alimentaires. Mais elle défend mal les intérêts agricoles nationaux face au reste du monde. Ainsi certains pays du Commonwealth conservent un statut de fournisseur privilégié sur le marché britannique (beurre et viande ovine de Nouvelle-Zélande), tandis que les agriculteurs français en sont souvent écartés par recours abusif au protectionnisme sanitaire (« guerre de la dinde » en 1984). Ainsi encore, les États-Unis approvisionnent l'Europe en aliments pour bétail (soja et maïs-gluten), tandis que les producteurs français de maïs-fourrage perdent leurs débouchés et que les éleveurs subissent la concurrence des pays d'Europe du nord-ouest, gros importateurs d'aliments pour bétail américain et bénéficiant de ce fait de bas prix de revient. Enfin, par leurs exportations massives, certains pays d'Europe de l'Est désorganisent aujourd'hui le marché communautaire de la viande bovine, déjà fortement perturbé par l'abattage du bétail devenu non rentable depuis 1984 et la mise en place des quotas laitiers.

Le dernier pilier de la PAC, la solidarité financière, tend lui aussi à se fissurer. La CEE tarde en effet à mettre en œuvre une politique structurelle, laissant à la charge du budget français de coûteuses dépenses de modernisation agricole et de soutien des revenus. Rapportées au nombre d'exploitants ou à la surface cultivée, les dépenses du FEOGA situent la France nettement en dessous de la moyenne communautaire. C'est la conséquence inévitable d'une PAC qui avantage les agricultures à faible main-d'œuvre, forte valeur ajoutée et dont les montants compensatoires monétaires perturbent le fonctionnement, du moins jusqu'à leur démantèlement en 1987-1989. Depuis 1984, la France est même devenue, aux côtés de l'Allemagne fédérale et du Royaume-Uni, contributeur net au budget communautaire, en grande partie à cause du problème agricole.

Grand atout de la France dans la construction européenne, l'agriculture serait-elle en passe de devenir pour elle un handicap ? On verrait alors se manifester les suites imprévues d'une politique communautaire dont les gouvernements français sont en grande partie les auteurs.

LA RECHERCHE DE SOLUTIONS

Le renforcement des liens avec le reste de l'économie

Ayant perdu la maîtrise de sa politique des prix au profit d'une Communauté européenne condamnée, sans doute pour longtemps, à un assainissement douloureux, le gouvernement français peut du moins tenter d'améliorer le revenu des agriculteurs en agissant sur leurs charges et sur la valeur de leur production.

• *La stabilisation des charges pesant sur l'agriculture* ne peut guère se faire spontanément. Certes, en 1986, la baisse des prix pétroliers et des fournitures importées a permis, pour la première fois depuis longtemps, un léger recul en valeur des consommations intermédiaires. Certes, depuis 1978, le problème foncier, aigu dans les années soixante, est en voie de résorption, du fait de la baisse du prix des terres agricoles, en termes relatifs, puis en valeur absolue. La demande de terres fléchit, car les taux d'intérêt élevés rendent l'endettement moins facile, tandis que l'irrégularité du revenu agricole n'incite guère à agrandir les exploitation. Inversement, l'offre de terres ne cesse de croître, avec la cessation d'activité des agriculteurs âgés, peut-être aussi les ventes précipitées de certaines SAFER, craignant une dévalorisation de leur patrimoine. Aussi le prix moyen à l'hectare n'est-il plus en 1989 que de 21 850 F pour les terres labourables, de 16 050 F pour les prairies naturelles, soit 50 % de moins, en valeur réelle, qu'en 1978.

En revanche, d'autres charges sont renchéries par l'insuffisance des industries situées à l'amont de l'agriculture. Le matériel agricole est dominé par de coûteuses importations ou par les filiales installées en France de constructeurs étrangers, qui réalisent 35 % des ventes aujourd'hui. Malgré une longue expérience, acquise dès l'avant-guerre, dans la construction de tracteurs, la seule firme nationale possédant une part significative du marché, Renault Agriculture, accumule les contre-performances.

L'industrie des engrais manque de ressources à bas prix : peu de potasse, vus l'épuisement du gisement alsacien et les conflits avec les États riverains du Rhin provoqués par l'élimination des résidus de son extraction ; pas de phosphates, entièrement importés d'Afrique du Nord et des États-Unis ; peu d'hydrogène à bas coût et d'hydroélectricité, nécessaires à la synthèse de l'ammoniac et à la fabrication des engrais azotés. Les prix de revient sont donc élevés, supérieurs à ceux d'autres pays européens tels que les Pays-Bas, avantagés par leur gisement de gaz naturel de Groningue, ou la Norvège, qui dispose d'énormes quantités d'hydrocarbures et d'électricité hydraulique. Les capitaux publics dominent le secteur, par l'intermédiaire de La Grande Paroisse, longtemps dépendante de CDF-Chimie, aujourd'hui rattachée à Atochem, du groupe ELF-Aquitaine. Ils ont pourtant dû consentir en 1985 au rachat de la Compagnie française de l'azote, ancienne filiale de la CFP, par le groupe norvégien Norsk-Hydro, devenu aujourd'hui le leader européen de l'industrie des engrais.

Enfin, l'industrie des aliments pour bétails est aussi fortement pénétrée par les capitaux étrangers, malgré la présence de Sanders, filiale d'Entreprise minière et chimique, et celle de grandes coopératives, souvent installées dans l'Ouest français. Son développement est ralenti par le manque de grands équipements portuaires qui permettraient d'importer à bas prix des matières premières. Elle ne couvre ainsi qu'une faible part des besoins nationaux. Là encore, une restructuration paraît nécessaire si l'on veut améliorer la situation de l'agriculture.

● *La valorisation des produits agricoles* est tout aussi indispensable à la constitution d'un véritable complexe agro-alimentaire français. La consommation se porte vers des produits de plus en plus élaborés. Les transformations du mode de vie font la vogue des surgelés, l'essor de la distribution en grandes surfaces pousse à un conditionnement perfectionné. Même si les Français restent attachés à une image de qualité qui refuse l'uniformisation des goûts et des saveurs, l'importance des industries agro-alimentaires devient fondamentale. Elle ne peut d'ailleurs que renforcer les succès à l'exportation, qui reposent encore exagérément sur des produits bruts. Depuis 1980, la valeur ajoutée pour les IAA (industries agro-alimentaires) dépasse celle de l'agriculture.

L'État a pris acte tardivement de cette importance, créant en 1976 un secrétariat d'État spécialisé, confié pendant quelque temps à Michel Debatisse, l'ancien dirigeant syndical réformiste des années soixante, devenu ensuite président de la FNSEA. Mais le poste a été supprimé en 1981. Quant aux agriculteurs, leur volonté de présence dans ce secteur est illustrée par le dynamisme des coopératives. A côté des firmes commerciales, elles occupent une place de choix dans les produits laitiers, l'abattage de la viande, les conserves de légumes. La SOCOPA est première en Europe dans le secteur de la viande. Présidée par Michel Debatisse, la SODIAAL regroupe onze coopératives laitières autour de marques communes, Candia et Yoplait, et vend à l'étranger ses produits et ses brevets de fabrication, y compris aux États-Unis où General Mills a conclu avec elle un important accord de « franchising ». Certains groupes coopératifs sont actuellement dans une situation financière difficile par suite de leurs charges excessives et de l'insuffisance de leur autofinancement. Mais le renforcement du secteur semble à long terme le meilleur moyen d'assurer les performances de l'agriculture et de préserver le revenu des exploitants.

La redéfinition de la politique agricole

Face aux difficultés qui s'accumulent depuis une dizaine d'années, la politique agricole a perdu l'assurance qui la caractérisait au moment des grandes lois d'orientation de 1960 et de 1962. Elle se trouve à présent confrontée à des choix nécessaires.

● *La renégociation de la PAC semble indispensable.* La France a certes obtenu le démantèlement progressif des MCM, tant négatifs que positifs, qui provoquaient des distorsions de concurrence et avantageaient au fil des ans ses partenaires à monnaie forte. Depuis 1987, le retour à la stabilité monétaire a permis leur quasi-élimination, malgré les fortes réticences des agriculteurs allemands et néerlandais, pour qui ce démantèlement signifiait une baisse des prix garantis exprimés en monnaie nationale. Mais le principal problème est aujourd'hui représenté, non plus par les MCM, mais par la refonte de la PAC. Les dirigeants français ne sont guère parvenus à en atténuer l'impact négatif pour les agriculteurs. Les prix garantis ont été gelés, parfois abaissés. Des quotas laitiers ont été mis en place, malgré l'opposition de Michel Rocard, alors ministre de l'Agriculture du gouvernement Fabius, et leur gestion s'est avérée particulièrement stricte, puisque les autorités communautaires n'ont pas admis qu'une région n'atteignant pas son quota de production puisse transférer son « déficit » au profit d'une autre région ayant déjà rempli le sien. L'enjeu est d'importance pour un produit qui se situe encore, en valeur, au premier rang dans les recettes de l'agriculture française, avant le blé et les vins de qualité, et qui est collecté par 229 000 exploitants, soit 22 % du total (746 000 il y a vingt ans). Des seuils de garantie ont été institués pour la plupart des productions, même pour celles qui, comme les graines oléagineuses, contribuent à diminuer la dépendance communautaire en aliments pour le bétail. La mise en jachère est encouragée par l'octroi de primes aux agriculteurs qui s'engagent à réduire d'au moins 20 % leur superficie cultivée pendant cinq ans : la mesure, diamétralement contraire aux tendances productivistes de la politique agricole française depuis 1945, a néanmoins été appliquée, même si la France cherche à en limiter l'ampleur en ne versant que des primes modestes comparativement à celles mises en œuvre en Allemagne fédérale ou aux Pays-Bas. Enfin on s'oriente aujourd'hui vers la diminution organisée des rendements, tant dans l'élevage que dans la viticulture, là aussi fort loin des orientations traditionnelles de la politique agricole française.

Ainsi la France semble avoir pour principal souci de freiner l'ampleur des mesures prises à l'occasion de la refonte de la PAC. Parallèlement à cette action en négatif, les dirigeants ont pris quelques initiatives. Pour élargir les débouchés agricoles intérieurs, ils réclament des subventions communautaires à l'utilisation de la production à des fins non-alimentaires. Ils ont donné l'exemple en 1987 en promouvant la fabrication d'éthanol à partir des excédents céréaliers et sucriers. Mais le « carburant vert » reste d'utilisation très marginale. Peut-être faut-il repenser la PAC plus en profondeur ? Les négociations de l'Uruguay round pourraient en être l'occasion n'était l'agressivité américaine qui fige les positions. Pourtant il ne manque pas d'orientations possibles pour une réforme. L'une d'entre elles consisterait à systématiser les aides directes au revenu des agriculteurs, ce qui éviterait l'impasse dans laquelle la politique des prix garantis a fourvoyé l'Europe. Or la réflexion sur ce thème, quoique largement amorcée, n'a encore donné à ce jour que de maigres résultats concrets.

LES MONTANTS COMPENSATOIRES MONÉTAIRES (MCM)

Pendant près de vingt ans, le démantèlement des MCM a été l'une des grandes exigences du monde agricole français. Pourquoi ?

● *Le principe* des MCM est de sauvegarder l'unité du marché en cas de réajustement monétaire. Les prix agricoles garantis sont définis chaque année en monnaie de compte, l'ECU. Or :

    – *une dévaluation* entraînerait une hausse des prix garantis exprimés en monnaie nationale. D'où des tensions inflationnistes que le gouvernement évite en créant une monnaie verte, maintenant fictivement la parité antérieure pour le calcul des prix garantis qui restent donc ceux d'avant la dévaluation. Réciproquement, les prix agricoles nationaux étant plus faibles que dans le reste de la CEE, les exportations seraient avantagées sur les marchés européens. D'où la création d'un MCM négatif, taxe compensant l'écart entre prix garantis européens et nationaux qui frappe les exportations agricoles du pays ayant dévalué le reste de la Communauté.

    – *une réévaluation* provoquerait la baisse des prix garantis exprimés en monnaie nationale. D'où les protestations des agriculteurs qui obtiennent la création d'une monnaie verte, maintenant les prix garantis d'avant la réévaluation, et des MCM positifs, subventions compensant l'écart entre prix garantis nationaux et européens, ce qui permet la compétitivité des exportations agricoles vers le reste de la CEE.

● Créés depuis 1969, les MCM ont présenté *des avantages*. Malgré l'instabilité monétaire, ils ont permis de maintenir les échanges agricoles intracommunautaires, la stabilité des prix alimentaires en cas de dévaluation, les revenus agricoles en cas de réévaluation. Mais *leurs inconvénients* sont lourds :

    – *difficultés financières :* le FEOGA encaisse les MCM négatifs et verse les MCM positifs. Mais les premiers sont inférieurs aux seconds, d'où une charge nette pour le Fonds.

    – *complexité :* les pressions des agriculteurs ont conduit à différencier les MCM selon les produits. Pour les pays restés à l'écart du serpent monétaire, Royaume-Uni notamment, leurs variations incessantes perturbent les échanges agricoles.

    – *distorsions de concurrence :* les réajustements de parité se faisant toujours dans le même sens, au détriment des monnaies faibles (France, Italie), et à l'avantage des monnaies fortes (Allemagne fédérale, Pays-Bas), les MCM pénalisent les exportations agricoles des uns et subventionnent celles des autres. Conçu comme temporaire et garant de la libre concurrence, le système était devenu permanent et source de déséquilibres.

● Cependant le démantèlement des MCM a été longtemps difficile :

    – *la suppression des MCM négatifs* se fait en dévaluant les monnaies vertes, ce qui rapproche les prix garantis du niveau communautaire. La mesure satisfait les agriculteurs, mais entretient l'inflation. Aussi a-t-il fallu attendre une désinflation en profondeur, à partir de 1985-86, pour s'y résoudre.

    – la suppression des MCM positifs par réévaluation des monnaies vertes provoque la baisse des prix garantis, donc l'hostilité des agriculteurs. Aussi l'Allemagne fédérale et les Pays-Bas ont-ils réussi à en différer la réalisation jusqu'en 1987-1989, ce qui a contribué du même coup à l'engorgement du marché communautaire (céréales, lait, viande porcine).

• *Des choix difficiles restent donc à faire,* aussi bien face aux partenaires européens que dans les grandes orientations internes. Rechercher simultanément la modernisation de l'agriculture et la préservation du revenu des exploitants devient progressivement impossible. La politique des structures des années soixante avait cru pouvoir concilier les deux objectifs et atteindre, par une transformation en profondeur, l'élévation du niveau de vie et le progrès social. Or, en quinze ans, de 1965 à 1980, le poids des dépenses sociales est devenu écrasant, passant de 37 à 50 % du budget du ministère de l'Agriculture. Elles correspondent pour l'essentiel à la contribution de l'État au BAPSA (Budget annexe des prestations sociales agricoles). Déduction faite des dépenses d'administration générale et du soutien des cours incombant encore au budget français, il ne reste plus pour les dépenses d'investissement qu'une portion de plus en plus maigre : 22 % du total en 1965, 14 % en 1980. Le choix devient incontournable. Or, pour placer l'agriculture française au niveau d'efficacité de ses concurrentes européennes, il faudrait achever le remembrement, réaliser de grands travaux d'assainissement et de drainage des sols (10 % de la SAU équipés, contre 37 % en Allemagne fédérale, 65 % aux Pays-Bas), multiplier les efforts de formation professionnelle, en particulier en ce qui concerne les lycées et collèges agricoles, réorienter les dépenses de recherche, insuffisantes dans l'agro-alimentaire.

De même, la politique des structures n'a pu généraliser les formules novatrices lancées au début des années soixante, les GAEC représentant moins du dixième de la superficie cultivée. Les groupements de producteurs, dominants dans certains secteurs (artichauts, choux-fleurs, pommes de terre primeurs), n'ont qu'un rôle marginal dans les autres circuits de distribution et les offices de produits, lancés en 1982 pour encadrer les marchés, n'ont pas mieux réussi.

L'action modernisatrice marque le pas. Ce n'est d'ailleurs pas dans cette voie que s'orientent les gouvernements, soucieux avant tout de calmer les revendications du monde rural. Mais leur hésitation entre modernisation et protection est compréhensible. A quoi bon moderniser si le progrès des rendements et les gains de productivité débouchent sur la surproduction ? Et d'abord, faut-il freiner ou développer la production ? Pour les uns, les excédents actuels sont seulement dus à la mauvaise orientation de la politique communautaire qui, reposant exclusivement sur les prix garantis, est restée trop longtemps indifférente aux quantités produites. Pour les autres, il ne suffit pas de réformer la PAC, car le plafonnement de la consommation alimentaire dans les pays développés, l'inexistence d'une demande solvable dans le reste du monde rendent les excédents inévitables.

Hésitant entre un productivisme hérité de l'avant-dernière décennie et le malthusianisme des années trente, l'agriculture française n'a pas encore trouvé son équilibre. Si elle est désormais mieux intégrée au reste de l'économie, elle partage avec le monde non agricole, tout comme dans les autres pays industrialisés, le même lot d'interrogations croissantes et de lourdes incertitudes.

5 Forces et faiblesses de l'industrie

LES BASES DE LA PUISSANCE INDUSTRIELLE

Les ressources naturelles et humaines

Malgré son affaiblissement récent, l'industrie demeure en France un secteur essentiel. C'est encore d'elle que dépendent, dans une très large mesure, la situation conjoncturelle, le niveau de l'emploi, les investissements, la place dans le monde. Depuis 1945, durant un quart de siècle, elle a permis aux ménages une transformation spectaculaire de leur cadre de vie et à l'économie une croissance sans précédent. Pourtant, la France semble ne posséder que des bases médiocres et, à tout prendre, insuffisantes pour son industrialisation.

● *Les disponibilités naturelles sont restreintes.* Les sources d'énergie primaires ont été marquées jusqu'à une date récente par leur insuffisance (cf. p. 83-86). Les minerais ne prédisposent guère au développement d'une puissance industrie de base. Les métaux d'alliage manquent, mis à part le nickel de la Nouvelle-Calédonie, à l'avenir incertain, contrôlé pour l'instant par Imétal, filiale du Commissariat à l'énergie atomique et d'ELF-Aquitaine, passée en 1987 dans l'orbite du groupe financier belge Bruxelles-Lambert. La bauxite, extraite des gisements provençaux, est trop peu rentable pour éviter le recours aux importations ou la délocalisation à l'étranger de la production d'alumine. Si certaines matières premières de la grande industrie chimique sont excédentaires par rapport aux besoins (sel gemme de Lorraine et de Franche-Comté, sel marin du littoral méditerranéen, soufre extrait du gaz naturel de Lacq), d'autres sont au contraire limitées (potasse d'Alsace), voire totalement absentes (phosphates), ce qui place la France en nette infériorité face à d'autres industries européennes, allemande notamment.

Seul le minerai de fer est très abondant. La célèbre « minette » des côtes de Moselle, rendue exploitable, malgré sa teneur en phosphore, grâce au procédé Thomas-Gilchrist depuis 1878, a été longtemps un atout essentiel pour l'industrialisation de la Lorraine et pour l'ensemble de la sidérurgie française. Dans les années cinquante, de grandes infrastructures de transport ont cherché à le valoriser : électrification de la voie ferrée Valenciennes-Thionville, canalisation à grand gabarit de la Moselle. Mais l'extraction a été ensuite complètement ruinée par la concurrence des hématites à haute teneur importées d'outre-mer. Elle est tombée en 1990 à 8 millions de tonnes de minerai de fer marchand, soit huit fois moins qu'au début des années soixante. La sidérurgie se procure les quatre cinquièmes de ses besoins par la récupération des ferrailles et l'importation, Brésil, Australie, Mauritanie et Canada étant les principaux fournisseurs.

• *Les caractères de la main-d'œuvre industrielle sont peu favorables*. Ses effectifs ont été longtemps insuffisants, contrairement aux pays qui n'ont pas connu de stagnation démographique durant les années trente ou qui ont bénéficié après la guerre d'un afflux massif de réfugiés. Depuis la fin des années soixante, ce problème est relégué à l'arrière-plan par le gonflement du chômage structurel, né du décalage entre le rythme de croissance de la population active et celui des emplois. Mais d'autres difficultés subsistent. La durée hebdomadaire du travail, longtemps l'une des plus élevées du monde industrialisé, est passée de 45 heures en 1969 à 39 heures aujourd'hui, sous l'effet des conventions collectives et de la loi. Seule la Belgique a des horaires plus légers dans la CEE, alors qu'il y a encore dix ans la France était le pays européen où la semaine de travail était la plus longue, avant même l'Allemagne fédérale et le Royaume-Uni.

L'industrie n'en souffrirait pas si, parallèlement, une productivité horaire croissante et une organisation du travail plus souple compensaient cette diminution. Ce n'est pas le cas. Depuis 1979, la productivité n'augmente plus dans l'industrie que de 3 % par an, contre 6 % de 1960 à 1973 et 5 % de 1973 à 1979. La flexibilité du travail suscite fréquemment la méfiance des syndicats, qui redoutent à travers elle la dégradation des conditions d'existence des salariés. L'ordonnance de 1982, qui recommandait, en contrepartie de l'octroi des 39 heures hebdomadaires, une réorganisation du processus de production, n'a été suivie sur ce point que par 15 % des entreprises, toutes les autres se bornant à raccourcir l'horaire de travail quotidien ou à avancer l'heure du départ le vendredi soir.

La composition de la main-d'œuvre ne satisfait guère non plus aux exigences d'une industrie moderne et compétitive. Embauchées massivement, du fait de leur faible coût, durant la grande période d'expansion des années soixante, les catégories peu productives se trouvent aujourd'hui en nombre trop important par rapport à la plupart des autres pays industrialisés. Les femmes forment 20 % de la population ouvrière, les manœuvres et « ouvriers spécialisés » sans qualification 36 %. Dans certaines branches, ces catégories alimentent des sureffectifs qui nuisent au rendement, par exemple dans la construction automobile où le rapport Dalle de 1984 y voit l'une des principales causes des difficultés récentes. Peut-être aussi certaines traditions nationales contribuent-elles au manque d'efficience. Ainsi, l'encadrement par les contremaîtres et agents de maîtrise, dans la proportion d'un pour quinze ouvriers, semble exagéré par rapport à l'Allemagne fédérale (un pour vingt-six seulement), freinant l'initiative individuelle, transformant l'ouvrier en simple exécutant de tâches répétitives et peu motivantes. Ce n'est vraisemblablement pas un hasard si ce trait coïncide avec la faiblesse de la formation professionnelle et avec le long désintérêt manifesté pour la technologie dans l'enseignement français.

LES PROBLÈMES ÉNERGÉTIQUES DEPUIS 1945

● *L'insuffisance des ressources nationales*

Taux de dépendance énergétique
(importations/consommation)

1950	30 %
1960	41 %
1973	77 %
1980	74 %
1987	52 %
1990	55 %
dont charbon	62 %
pétrole	95 %
gaz naturel	92 %

Origine des importations (en %)

Pétrole	1973	1990
Moyen-Orient	72	42
Afrique du Nord . .	13	8
Afrique noire	11	20
Mer du Nord	–	14
URSS	2	7
Autres fournisseurs	2	9
Total	100	100

Gaz naturel	1973	1990
Pays-Bas	82	13
Algérie	18	32
Mer du Nord	–	19
URSS	–	33
Autres fournisseurs	–	3
Total	100	100

Charbon	1973	1990
Allemagne fédérale	57	10
Pologne	12	1
États-Unis	11	32
Australie	6	17
URSS	6	4
Afrique du Sud	4	4
Autres fournisseurs	4	32
Total	100	100

● *Une consommation en pleine évolution*

Bilan énergétique

En % de la consommation d'énergie primaire	1950	1960	1973	1980	1990
Combustibles solides	74,0	54,0	17,5	15,8	8,8
Pétrole	18,0	30,0	66,5	56,6	42,4
Gaz naturel	0,5	3,5	8,6	10,8	12,3
Électricité hydraulique	7,5	12,5	6,0	8,4	5,6
Électricité nucléaire			1,4	6,8	28,9
Énergies nouvelles				1,6	2,0
Total	100	100	100	100	100

● *Un succès ambigu : la production d'électricité*

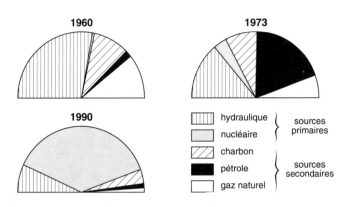

	Autofinancement	Ressources extérieures	dont État
1959	29,5	70,5	43,3
1967	39,4	60,6	22,2
1970	55,2	44,8	19,7
1973	63,3	36,7	–
1976	37,8	62,2	19,0
1979	34,2	65,8	6,8

Le financement des investissements d'EDF (en %)

● *Les principales mesures de politique énergétique*

De 1944 à 1959 : *la priorité au développement des ressources nationales*

1944 Nationalisation des Houillères du Nord et du Pas-de-Calais.
1945 Fondation du Commissariat à l'énergie atomique.
1946 Création d'EDF, de GDF, de Charbonnages de France.
Fondation de l'ATIC (Association technique de l'importation charbonnière) disposant du monopole d'approvisionnement du marché français
en combustibles solides.
1948 Inauguration du barrage de Génissiat.
Mise en route de la première pile atomique française à Saclay.
1950 Première année sans panne d'électricité due à l'insuffisance du réseau.
1951 Découverte du gaz naturel de Lacq, mis en exploitation en 1957.
Création de la CECA (Communauté européenne du charbon et de l'acier).
1952 Inauguration du barrage de Donzère-Mondragon.
Plan Félix Gaillard de production d'électricité nucléaire.
1954 Découverte du gisement de pétrole de Parentis.
1956 Découverte du pétrole saharien à Hassi Messaoud.
Fermeture temporaire pour six mois du canal de Suez, entraînant une
forte hausse du prix du pétrole.
Première centrale nucléaire expérimentale à Marcoule.
Priorité à l'électricité thermique dans les programmes de production
d'EDF.
1959 Crise de surproduction charbonnière.

De 1960 à 1973 : l'acceptation de la dépendance énergétique

1960 Plan Jeanneney de réduction de 10 % de la production charbonnière
étalée sur cinq ans.
Fondation de l'UGP (Union générale des pétroles) pour commercialiser
le pétrole saharien.
1962 Construction de l'oléoduc Lavéra-Karlsruhe.
Première centrale UNGG (Uranium naturel-graphite-gaz) à Avoine, près
de Chinon.
Premier contrat d'approvisionnement en gaz naturel algérien.
1963 Grève des mineurs de charbon contre la réduction de la production.
1966 Inauguration de la centrale marémotrice de la Rance.
Premier contrat d'approvisionnement en gaz naturel de Groningue (Pays-
Bas).
Fondation d'ELF-Erap (Essences et lubrifiants de France – Entreprise de
recherches et d'activités pétrolières) émanant de l'UGP.
1967 Fondation de CDF-Chimie, filiale de Charbonnages de France.
1968 Plan Bettencourt accélérant le rythme de diminution de la production
charbonnière.
1969 Abandon de la filière électronucléaire à uranium naturel UNGG au profit
de la filière américaine PWR (uranium enrichi et eau pressurisée) de la
société Westinghouse.
1970-1973 Relèvements successifs du prix du pétrole de 60 % par accord entre
l'OPEP ct les compagnies du cartel.

1971 Nationalisation des avoirs pétroliers français en Algérie.

1972 Première centrale nucléaire à uranium enrichi à Fessenheim.

De 1973 à 1991 : *la lutte contre la crise énergétique*

1973-1974 Premier choc pétrolier (sept. 1973) : hausse des prix de 300 % par décision unilatérale de l'OPEP.

1973 Fondation d'EURODIF avec la Belgique, l'Italie, l'Espagne et l'Iran pour la construction en commun d'une usine d'enrichissement de l'uranium.

1974 Plan Messmer de priorité à l'électricité nucléaire : lancement de 44 tranches de centrales PWR en dix ans.
Programme d'économies d'énergie.

1976 Fondation d'ELF-Aquitaine, par fusion d'ELF-Erap et de la Société nationale des pétroles d'Aquitaine.

1978 Inauguration de l'usine d'enrichissement de l'uranium de Tricastin.

1979-1980 Deuxième choc pétrolier (janv. 1979) : hausse des prix de 150 %.

1981 Accord entre l'URSS et plusieurs pays d'Europe occidentale, dont la France, pour la construction du gazoduc euro-sibérien.
Tentative de relance de la production charbonnière.
Abandon du projet de centrale nucléaire à Plogoff face à la contestation antinucléaire bretonne.

1982 Retournement à la baisse du marché mondial du pétrole.
Ralentissement du rythme de construction de centrales nucléaires.
Échec de la relance charbonnière.

1985 Libération du prix des produits pétroliers et des importations de pétrole raffiné.

1986 Forte baisse du prix du pétrole (contre-choc pétrolier).
Rattachement au réseau de la centrale Superphénix de Creys-Malville.
Apparition d'une surcapacité de production d'électricité.
Crise profonde de l'industrie du raffinage pétrolier.

1987 Dernière commande d'une tranche de centrale nucléaire par EDF.

1990 Troisième choc pétrolier (automne 1990) : hausse des prix de 160 % à la suite de l'invasion du Koweït par l'Irak.
Fermeture du dernier puits de charbon encore en activité dans le Nord-Pas-de-Calais.

1991 Reprise de la baisse du prix du pétrole.

Le degré de concentration

Freiné par la crise, le mouvement de concentration se caractérise par ses disparités.

● *La concentration technique* mesure la part de la main-d'œuvre travaillant dans de grands établissements, ceux-ci pouvant coexister avec d'autres plus petits dans une même entreprise. Si l'on considère comme grande l'usine où travaillent au moins 500 salariés, on observe, de part et d'autre de 1974, une tendance significative à la croissance, puis à la baisse de sa part relative dans la main-d'œuvre industrielle.

Part des effectifs industriels employés dans des établissements de plus de 500 salariés	1962	37 %
	1974	45 %
	1983	38 %

Ces chiffres excluent les très petits établissements de moins de 10 salariés, ce qui contribue à exagérer l'importance de la concentration. De plus, celle-ci est très variable d'une branche à l'autre : supérieure à la moyenne nationale dans la construction électrique, le matériel de transport, la sidérurgie, la métallurgie non ferreuse, elle lui est très inférieure dans la mécanique et dans le textile.

Au-delà de ces disparités, la tendance globale est non équivoque. La concentration technique est ramenée aujourd'hui à son point de départ du début des années soixante. D'abord, en effet, certaines de ses branches de prédilection ont vu leur place diminuer dans la structure industrielle. D'autre part, les économies d'échelle et les gains de productivité naguère recherchés en accroissant les dimensions ont fait place à d'autres méthodes de gestion ne nécessitant par le recours aux usines géantes : automation des fabrications, rotation des stocks plus rapide, création de cercles de qualité. Enfin, l'intégration, de la matière première au produit fini, au sein d'énormes complexes de fabrication, apparaît à présent moins rentable que l'assemblage de pièces fournies par des établissements extérieurs de taille moyenne. D'où l'érosion spectaculaire des grands établissements : Renault qui, au début des années soixante-dix, employait encore 22 000 salariés à la production dans son usine de l'île Seguin à Boulogne-Billancourt, longtemps la plus grande de France, a décidé en 1989 de supprimer les 4 000 emplois qui y subsistaient et de n'y plus conserver que son siège social. Michelin à Clermont-Ferrand, Peugeot à Sochaux réduisent également les effectifs de leurs usines géantes. Les conséquences s'en font lourdement sentir, tant dans les bassins d'emploi concernés que sur le plan social, voire politique : pour les syndicats qui cherchaient avant tout à mobiliser le personnel de ces grands établissements, la révision des stratégies d'implantation et des méthodes d'action est inéluctable.

• *La concentration financière* s'apprécie à travers la place des grandes entreprises dans les structures industrielles. Le critère est ici juridique et économique, et non plus technique. Très supérieure à la concentration technique, elle s'infléchit aussi, moins nettement il est vrai, depuis le début de la crise qui, comme dans d'autres pays industrialisés, a renforcé le poids des petites et moyennes entreprises de moins de 500 salariés, souvent dynamiques, moins affectées par les restructurations : leur part dans la main-d'œuvre industrielle est aujourd'hui légèrement majoritaire. Pourtant la réalité reste bien la domination de grands groupes industriels, privés et publics, qui caractérisent le capitalisme français.

Leur émergence ne remonte guère en deçà des années soixante. D'autres périodes de croissance rapide, comme la Belle Époque et les années vingt, avaient déjà donné naissance à de grandes entreprises (Renault et la CGE en 1898, Péchiney et Pont-à-Mousson, sous leur forme moderne, en 1921 et 1924, Rhône-Poulenc et Alsthom en 1928). Pourtant il a fallu attendre les années soixante pour leur permettre de sortir d'un isolement relatif et de constituer, par croissance interne et par rachat, de véritables groupes. Définis comme des ensembles d'entreprises contrôlées par une même société mère, ils impressionnent aujourd'hui par leur taille (cf. tableau p. 93).

Caractéristiques des entreprises industrielles de plus de 20 salariés en 1989
(BTP ET IAA exclus ; en %)

Classes d'effectifs	Nombre	Effectifs	Chiffre d'affaires	Investissements
20 à 49	56,4	13,8	9,1	8,0
50 à 99	20,0	10,9	7,7	7,5
100 à 199	9,9	10,5	8,1	7,4
200 à 499	6,7	15,3	14,0	13,8
500 et plus	3,6	48,7	58,9	62,5
Hors classe (1)	3,4	0,8	2,2	0,8
Total	100	100	100	100

(1) Entreprises donneuses d'ordres.

De 1960 à 1990, les chiffres d'affaires, en francs constants, ont été multipliés par 6 chez Michelin, 7 chez Renault, 11 chez Péchiney, 13 chez Peugeot, 22 à la CGE, rebaptisée aujourd'hui Alcatel-Alsthom. Les effectifs ont suivi, quoique moins rapidement, sauf dans les branches en voie de restructuration comme la sidérurgie. Mais les résultats financiers sont irréguliers : excellents en 1988 qui avait vu, pour la première fois depuis bien longtemps, des groupes comme Usinor-Sacilor ou Renault réaliser d'énormes bénéfices, ils se sont dégradés à nouveau en 1990, même si, parmi les vingt premiers groupes, les pertes restent limitées à quatre cas seulement.

Mais la transformation, en vingt-cinq ans, est de telle ampleur qu'on pourrait être tenté d'en conclure à un nouveau visage du capitalisme industriel en France. Ces groupes ne cessent de se restructurer. Ils délaissent parfois leur secteur d'origine, devenu non rentable, tel BSN qui, en 1979, se désengage du verre plat qu'il revend au groupe britannique Pilkington, ou Rhône-Poulenc qui, en 1980, abandonne à ELF-Aquitaine sa chimie de base ou encore Schneider qui, depuis la faillite de sa filiale Creusot-Loire, ne produit plus d'acier. Ils se recentrent au contraire sur lui dans d'autres cas : en 1982, Péchiney, ayant été nationalisé, a dû renoncer à ses participations dans l'industrie chimique et les aciers spéciaux pour se consacrer à la seule production d'aluminium. Mais la tendance dominante semble bien être celle de la diversification. Ainsi Alcatel-Alsthom, ancienne CGE, est présente dans l'équipement téléphonique et le gros matériel électrique, mais aussi dans l'industrie du nucléaire (Framatome), la construction navale (Chantiers de l'Atlantique), la location de téléviseurs (Locatel), l'édition (groupe Express). Bouygues, originaire du bâtiment et des travaux publics, profite de ses excellents résultats pour se tourner vers l'ingénierie pétrolière, les piles électriques, le tourisme, les grands magasins, l'audiovisuel... A la limite, n'était la faiblesse de leurs capitaux propres, ces groupes illustreraient les mêmes tendances qu'aux États-Unis : hésitation entre diversification conglomérale et recentrage des activités, interpénétration d'intérêts entre services et industrie. Un groupe comme Lyonnaise des eaux-Dumez, par exemple, s'est constitué en 1990 autour de la deuxième entreprise de services urbains (distribution d'eau, chauffage urbain) et d'une grande entreprise du bâtiment et des travaux publics ; Chargeurs SA, naguère grand groupe du transport maritime et aérien, à travers sa filiale UTA, a acquis le contrôle des activités de Prouvost dans le négoce, le peignage et le tissage de la laine.

D'importantes nuances relativisent pourtant ces innovations. Comme par le passé, le contrôle des grands groupes industriels reste étroit. Si l'on ne tient pas compte des filiales françaises de groupes étrangers, trois situations dominent : pouvoir familial, pouvoir étatique, pouvoir de grandes banques ou institutions financières (compagnies d'assurances, sociétés de portefeuille). Le premier reste le plus répandu, illustrant le poids de l'histoire et la force des traditions. Dans ces entreprises, les familles fondatrices sont toujours représentées au conseil d'administration et y contrôlent la gestion des dirigeants salariés désignés par elles. Souvent même, elles exercent directement cette gestion. François Michelin, Patrick Ricard, Serge Dassault, Martin Bouygues sont aujourd'hui à la tête des entreprises fondées par leurs ascendants. Le contrôle bancaire et institutionnel, remis en cause par les nationalisations de 1981-1982, a progressé à la faveur des privatisations récentes. Mais, dans certaines entreprises, le président-directeur général, par sa forte personnalité, peut imposer ses vues au conseil d'administration : c'est le « pouvoir managérial » d'Antoine Riboud à BSN, d'Édouard de Royère à L'Air liquide, de Didier Pineau-Valencienne chez Schneider. Enfin quelques groupes, surtout dans l'agro-alimentaire, sont des sociétés coopératives, et plusieurs sont des filiales d'autres groupes qui, pour des raisons diverses, les conservent en dehors de leur structure (« contrôle interne »). Le résultat d'ensemble est clair. Malgré l'ouverture sur le monde, les

LES GRANDES ENTREPRISES INDUSTRIELLES

● *Les disparités de la concentration*

Part des 4 premières entreprises de chaque secteur en 1989	Dans les effectifs (%)	Dans le chiffre d'affaires (%)
Industries de biens intermédiaires		
Sidérurgie	66	71
Matériaux de construction	7	12
Industrie du verre	33	37
Industrie chimique de base	32	32
Fils et fibres artificiels et synthétiques	93	92
Industries de biens d'équipement		
Machines-outils...............................	10	14
Machines de bureau, matériel de traitement de l'information	81	85
Matériel électrique	26	29
Construction automobile, matériel de transport terrestre	47	58
Construction aéronautique	61	62
Industries de biens de consommation		
Industrie textile...............................	8	7
Industrie de l'habillement	3	4
Industrie de la chaussure	19	30
Industrie de l'ameublement	6	6
Imprimerie, presse, édition	5	7

Le contrôle des 100 premières firmes industrielles mi-1989

Type de contrôle	Contrôle majoritaire	Contrôle minoritaire	Total
Familial	11	13	24
Étatique.......................	13	–	13
Bancaire et institutionnel	3	19	22
Étranger	26	3	29
Coopératif	6	–	6
Interne	5	1	6
	64	36	100

*Classement des premières entreprises de quelques secteurs
selon leur chiffre d'affaires en 1990*

Secteur d'activité	Entreprise leader	Rang dans la CEE	Rang dans le monde
Aéronautique	SNIAS	2e	10e
Agro-alimentaire	BSN	5e	14e
Automobile	Renault	4e	9e
Bâtiment et travaux publics	Bouygues	1er	1er
Chimie	Rhône-Poulenc	5e	7e
Construction électrique	Alcatel-Alsthom	2e	4e
Informatique	Bull	2e	7e
Métallurgie de l'aluminium	Péchiney	1er	3e
Parfumerie et cosmétique	L'Oréal	1er	1er
Pétrole	Elf-Aquitaine	4e	8e
Pneumatique	Michelin	1er	1er
Sidérurgie	Usinor-Sacilor	2e	3e
Textile	Chargeurs SA	2e	20e
Verre et matériaux isolants	St-Gobain-Pont-à-Mousson	1er	2e

nationalisations de 1981-1982, puis les privatisations de 1986-1987 faites au nom du « capitalisme populaire », le pouvoir, dans les grands groupes industriels français, n'a guère changé de détenteurs.

Enfin, la concentration est, de même qu'autrefois, très diverse d'un secteur à l'autre, en fonction des impératifs techniques, de l'histoire, de l'intervention de l'État. Dans plusieurs cas, où les quatre plus grandes entreprises représentent plus de la moitié du chiffre d'affaires et des effectifs du secteur, on peut parler de situation oligopolistique : sidérurgie, matériel de transport, informatique, textile artificiel et synthétique. Dans d'autres cas, la concentration est seulement moyenne, les quatre premières entreprises ne dépassant guère le tiers des activités : industrie du verre, industrie chimique. Mais plusieurs secteurs, souvent essentiels par leur rôle dans l'emploi ou le commerce extérieur, sont rebelles à la concentration. Ils appartiennent majoritairement, mais pas toujours, aux industries fabriquant des biens de consommation courante. On y trouve aussi des biens intermédiaires (matériaux de construction) et certains biens d'équipement. La machine-outil est, à cet égard, particulièrement représentative d'une tradition d'éparpillement et d'une concurrence excessive qui ont abouti, malgré les efforts des pouvoirs publics, à l'effondrement commercial, à la multiplication des faillites et aux rachats étrangers, japonais notamment (Toyoda chez Ernault-Somua, Amada chez Promecam, Mori-Seiki chez Cazeneuve).

La concentration financière serait-elle gage de prospérité financière et d'indépendance nationale ? Les exemples célèbres de Creusot-Loire, mis en faillite quatorze ans après le mariage malencontreux des Forges du Creusot et des Ateliers de la Loire en 1970, ou de Peugeot, en difficulté après les absorptions successives de Citroën et de Chrysler-Europe, montrent qu'il n'en est rien. La concentration est du moins une base de la puissance industrielle que la France, même si elle ne possède pas assez de groupes de dimension internationale, a su progressivement acquérir depuis le début des années soixante.

LA PART DE L'ÉTAT

L'action directe

La médiocrité des bases de la puissance industrielle imposait en France une intervention publique permanente, fortement encouragée par la tradition historique, très marquée durant certaines périodes : reconstruction, présidence du général de Gaulle, premières années du gouvernement de la gauche. La politique industrielle est alors dirigiste, épaulant, mais aussi parfois contrecarrant les choix du capitalisme privé.

• *Les entreprises publiques jouent ici un rôle essentiel.* Par leurs fournitures, elles favorisent la croissance industrielle. C'est le sens de la politique énergétique, charbonnière, puis pétrolière, et enfin électronucléaire, même si les principales intéressées répugnent souvent à diminuer leurs tarifs, réclamant au contraire de leurs autorités de tutelle des relèvements, gage de redressement de leurs comptes et de dégagement de capacités d'autofinancement. Dans cette attitude, elles trouvent parfois des alliés au ministère des Finances, par souci de vérité des prix et d'équilibre budgétaire. Mais elles s'exposent alors à la critique des industriels. Ainsi EDF a souvent été accusée d'avoir freiné le développement de l'électrochimie et de l'électrométallurgie par l'adoption, en 1956, de son « tarif vert » calculé au coût marginal et par son refus de facturer aux gros utilisateurs le courant à un prix de faveur. Les dirigeants de Péchiney, premier consommateur industriel d'électricité, ont commencé dès 1954 à délocaliser hors de France la production d'aluminium, au Cameroun et aux Pays-Bas, puis, au temps de l'énergie bon marché, aux États-Unis, et enfin, depuis 1963, en Australie et au Canada, concentrant peu à peu la production métropolitaine sur un seul site, Saint-Jean-de-Maurienne. En 1988, la tendance a été apparemment interrompue. Les dirigeants de Péchiney ont décidé l'implantation d'une vaste unité d'électrolyse à Dunkerque. Mais ce n'est qu'après avoir conclu avec EDF un contrat stipulant l'approvisionnement de la future usine à un tarif exceptionnellement bas.

Par leurs commandes, les entreprises publiques animent certaines branches. L'industrie du matériel ferroviaire dépend étroitement de la SNCF (53 % de son chiffre d'affaires en 1990), de la RATP, des sociétés fondées par les communautés urbaines de province pour l'équipement en tramways ou en métros. La construction aéronautique a fondé une bonne part de ses succès commerciaux

92

LES GRANDES ENTREPRISES INDUSTRIELLES

	En 1960		En 1990			
Les 20 premiers groupes	Chiffre d'affaires (millions F)	Effectifs	Les 20 premiers groupes	Chiffre d'affaires (millions F)	Effectifs	Résultats (millions F)
1. Renault	22 500	61 000	1. ELF-Aquitaine	175 500	90 000	+ 10 625
2. Cie Française des pétroles	21 500	6 000	2. Renault	163 600	157 400	+ 1 210
3. Citroën	14 600	25 000	3. Peugeot	160 000	159 100	+ 9 439
4. Simca	14 100	25 000	4. Alcatel-Alsthom	144 000	205 500	+ 5 136
5. Peugeot	11 700	20 000	5. CFP-Total	128 400	46 000	+ 3 963
6. De Wendel	11 200	22 500	6. Usinor-Sacilor	96 100	97 300	+ 3 160
7. Esso Saf	10 800	6 500	7. Rhône-Poulenc	78 800	91 600	+ 1 942
8. Usinor	10 500	19 300	8. Péchiney	76 900	69 700	+ 4 913
9. Michelin	10 400	40 000	9. Thomson	75 200	105 500	− 2 474
10. Lorraine-Escaut	9 400	29 000	10. Lyonnaise des eaux-Dumez	70 700	110 000	+ 1 425
11. Sidelor	9 300	29 000	11. Saint-Gobain	69 100	96 100	+ 3 359
12. Shell française	9 000	5 000	12. Michelin	62 700	140 800	− 4 811
13. Antar	8 000	3 300	13. Bouygues	56 700	79 500	+ 626
14. Française BP	7 600	5 600	14. BSN	52 900	45 900	+ 3 091
15. Sud-Aviation	6 900	23 200	15. Schneider	49 900	83 600	+ 924
16. Saint-Gobain	6 800	23 000	16. IBM-France	40 500	21 200	+ 2 215
17. Mobil Oil française	6 700	3 800	17. Béghin-Say	37 800	15 500	+ 1 800
18. Péchiney	6 600	7 000	18. Aérospatiale	35 200	37 700	− 396
19. Ugine	6 500	12 300	19. Bull	34 600	44 500	− 6 790
20. CGE	6 400	15 000	20. Lafarge-Coppée	32 500	34 700	+ 2 192

NB : Pour rendre les chiffres d'affaires comparables, on les a exprimés en francs constants en multipliant les valeurs de 1960 par 6,93, coefficient de transformation des francs de 1960 en francs de 1990.

sur le moyen courrier Caravelle, en sorti en 1959, commandé massivement par Air France et par Air Inter et jugé si essentiel aux performances industrielles que l'État a interdit aux deux compagnies de renouveler trop rapidement leur flotte au profit d'autres appareils. Grâce au programme électronucléaire d'EDF, Framatome, aujourd'hui contrôlée par l'État, avec une participation minoritaire d'Alcatel-Alsthom, a pu devenir premier constructeur mondial de cuves de centrales.

Pourtant, les commandes publiques ne peuvent à elles seules sauver les branches condamnées par des prix de revient trop élevés. Elles sont pour elles tout au plus des « ballons d'oxygène » maintenant artificiellement l'activité. Les cargos commandés par la Compagnie générale maritime, les car-ferries livrés à la SNCF n'ont pas permis de redresser la construction navale, ramenée en 1990 à 0,7 % du tonnage mondial, contre 4 % encore en 1974.

Mais les entreprises publiques tiennent aussi une place de choix dans la politique industrielle. Les nationalisations décidées par la gauche en 1981-82 ont, en effet, permis pour la première fois une action directe sur les sructures industrielles. Avant cette date, l'État disposait déjà de plusieurs entreprises du secteur secondaire : Renault, la SNIAS, la SNECMA, EMC, CDF-Chimie, les filiales industrielles d'ELF-Aquitaine et de la CFP... Mais elles n'avaient encore jamais donné lieu à une stratégie d'ensemble cohérente. Or, en 1981-82, les nationalisations ont été l'occasion de relancer l'investissement dans les firmes concernées et de redéfinir les activités. Dans l'industrie chimique, trois grands pôles de restructuration ont été choisis : CDF-Chimie, rebaptisée Orkem, pour la carbochimie, les engrais, les matières plastiques, les encres et peintures ; ELF-Aquitaine pour les dérivés du chlore, du fluor, du soufre, du pétrole ; Rhône-Poulenc pour la chimie fine, en particulier la pharmacie et les produits phyto-sanitaires. Dans la construction électronique, l'accord signé en 1983 entre Thomson et la CGE a permis de spécialiser la première dans les radars, les composants, l'électronique grand public, la seconde dans les télécommunications et le matériel téléphonique. Dans la sidérurgie, Usinor a repris les aciers spéciaux de Péchiney-Ugine-Kuhlmann et fondé avec Sacilor deux filiales communes spécialisées dans les produits longs (Unimétal) et dans les aciers de construction (Ascométal).

Les résultats n'ont pas toujours été satisfaisants. Sur le plan financier, en privilégiant les investissements dans les industries de biens intermédiaires, déjà en situation de surcapacité, on a laissé s'accumuler des retards dans les industries de biens d'équipement ou de consommation durable : Renault a connu plusieurs années de lourdes difficultés, sanctionnées par un déficit record de 12 milliards de francs en 1984. La restructuration des branches a donné trop souvent l'impression d'un « mécano industriel », indifférent aux impératifs d'une gestion rationnelle des firmes : six ans après avoir fait d'Orkem un grand de l'industrie chimique de base, on l'a démantelé en redistribuant ses actifs entre ELF-Aquitaine (engrais et matières plastiques) et Total-CFP, invité à se diversifier vers les encres, les peintures et les résines. La concentration des entreprises a été parfois freinée : Usinor et Sacilor ont dû attendre 1986 pour pouvoir entamer un processus de rapprochement, avec la nomination d'un

PDG commun, puis la fusion complète des deux firmes. Parfois au contraire, on a cherché à l'accélérer : dans l'industrie des télécommunications, on a renforcé CIT-Alcatel, filiale de la CGE, alors entreprise publique, en en faisant le fournisseur attitré de l'administration ; pour renflouer Thomson, aujourd'hui en pertes, on a décidé en 1991 d'en rapprocher les activités industrielles du Commissariat à l'énergie atomique. Enfin l'introduction de groupes étrangers dans le capital des entreprises publiques est souvent ressentie comme la sanction d'un échec : le réaménagement du statut de Renault pour y faire place à Volvo a été dénoncé par une partie de la gauche comme une privatisation déguisée. L'entrée d'IBM chez Bull au début de 1992, pourtant d'ampleur minime et souhaitée par les dirigeants de la firme, a été jugée comme un pis-aller dans les rangs gouvernementaux, où on souhaitait une autre solution.

Toutes ces incertitudes ont beaucoup contribué à remettre en cause les nationalisations comme moyen de politique industrielle. Elles ont eu du moins le mérite de faire prendre conscience à l'État des nécessités économiques et des impératifs financiers, tempérant ainsi son fréquent penchant au dirigisme.

● *Les dépenses publiques sont le complément indispensable de la création d'entreprise publiques.* Lors des années cinquante, elles ont fourni aux grandes entreprises nationales les moyens de la reconstruction, parfois ont aussi couvert les déficits occasionnés par des tarifs non rentables. En 1981-85, elles ont accordé aux entreprises nationalisées du secteur concurrentiel des dotations en capital reconstituant leurs fonds propres et atteignant 48 milliards de francs, soit plus de deux fois le montant des indemnités versées aux anciens actionnaires. La somme, en dépit de son énormité, n'a pas suffi à combler les pertes accumulées pendant la période.

Les fonds publics sont également indispensables à la survie de nombreuses branches. Une activité traditionnelle telle que le bâtiment dépend dans une large mesure des grands travaux d'infrastructure, des programmes d'équipement scolaire et hospitalier et, bien entendu, de la politique du logement. Des secteurs de pointe comme l'électronique d'équipement, l'aérospatial, l'informatique seraient privés de ressources essentielles sans les commandes des administrations, et notamment celles de France Télécom, devenue en 1988 une entreprise autonome de l'État, et celles de la Direction générale de l'armement au ministère de la Défense nationale.

Pour financer ces dépenses, de nombreux fonds spécialisés ont été mis en place. Dès 1948, le Fonds de modernisation et d'équipement répartissait, jusqu'en 1952, la contre-valeur de l'aide Marshall. A partir de 1955, le Fonds de développement économique et social (FDES) l'a relayé. Depuis 1974, la multiplication des fonds spécialisés a nécessité des structures de coordination, par l'intermédiaire du CIASI (Comité interministériel pour l'aménagement des structures industrielles), remplacé en 1982 par le CIRI (Comité interministériel pour la restructuration industrielle). En 1986, le gouvernement Chirac, soucieux de déréglementation, supprime la quasi-totalité de ces organismes, ne conservant guère que le FDES. Outre que plusieurs d'entre eux contrevenaient à la réglementation européenne en matière de libre concurrence, on peut s'interroger sur leur efficacité. Depuis vingt ans, fonds spécialisés et plans sectoriels se succèdent sans que l'action de l'État y gagne en efficacité : Plan calcul, Plan machines-outils, Plan Vosges, puis textile, Plan composants, puis circuits intégrés...

Un seul exemple le montre, le plus ancien, celui de la sidérurgie. Dès 1947, les firmes du secteur s'étaient rassemblées dans le Groupement de l'industrie sidérurgique (GIS), pour coordonner leurs emprunts obligataires, rassembler leurs demandes de prêts bonifiés et soumettre, en contrepartie, à la Direction de la sidérurgie, relevant du ministère de l'Industrie, leurs programmes d'équipement. Or, malgré l'intérêt de cette formule qui concilie la permanence du capitalisme privé et le rôle d'impulsion de l'État, malgré l'importance des sommes collectées, qui ont fait du GIS le premier emprunteur privé sur le marché des capitaux, on n'a réussi à éviter ni le maintien de sociétés vétustes, ni la tendance au suréquipement, à travers le choix ruineux d'une extension, et non d'une modernisation, des capacités de production. La nationalisation de fait de 1978 a sanctionné l'échec de l'action entreprise. Dans ce cas, les dépenses publiques, conçues comme substitut à la prise de contrôle direct, ont fait la preuve de leur incapacité à infléchir les structures industrielles.

L'incitation

Entre action directe et incitation, la distinction est claire dans le principe, artificielle dans la réalité. La réussite dépendant souvent d'une certaine dose de contrainte, la stimulation indirecte ne respecte pas mieux les lois du marché et la liberté de décision des entreprises que le dirigisme. Ainsi, dans un domaine déjà étudié à propos de la politique économique du gaullisme au pouvoir, l'incitation à la concentration (cf. p. 34), en subordonnant le maintien des aides publiques au regroupement entre firmes récalcitrantes, est évidemment un moyen bien peu libéral d'atteindre le but recherché.

● D'autres domaines témoignent de la même ambiguïté. *L'aide à la modernisation* ne passe pas seulement par la restructuration autoritaire des branches ou les grands programmes d'investissement directement contrôlés par l'État. Elle se fait aussi grâce à d'autres techniques. Les bonifications d'intérêt, très nombreuses, concernent toutes sortes d'investissements (investissements créateurs d'emplois, développant les capacités exportatrices, permettant d'économiser l'énergie) et de bénéficiaires (PME, secteurs en difficulté, artisanat, industrie agro-alimentaire). Les prêts bonifiés, consentis en général par les établissements financiers spécialisés (Crédit national, Crédit d'équipement des petites et moyennes entreprises, Caisse centrale de crédit coopératif, sociétés de développement régional), sont d'une complexité qui décourage l'analyse : on en a recensé 160 formules différentes. Leur charge est onéreuse pour l'État. Le souci d'économies budgétaires, la volonté de restauration de la concurrence en matière de crédit ont conduit à limiter le système depuis 1984. Il n'en concerne pas moins encore la moitié environ du volume des investissements productifs.

Les déductions fiscales à l'investissement sont davantage compatibles avec l'économie de marché. Comme tous les grands pays industrialisés, la France y recourt par intermittences, en particulier lors des périodes d'affaiblissement conjoncturel : en 1966-67, lors de la sortie difficile du Plan de stabilisation, en 1975, lors de la relance Chirac-Fourcade, enfin depuis 1978, selon des formules diverses. De plus, le mécanisme de la TVA, depuis 1954, celui de l'amortissement dégressif, depuis 1959, représentent une aide permanente allégeant, à proportion des investissements effectués, le poids des impôts payés par l'entreprise, tant sur sa valeur ajoutée que sur ses bénéfices annuels.

Faut-il, aujourd'hui, aller au-delà ? Le gouvernement actuel hésite à le faire. Les facilités accordées aux entreprises peuvent les inciter à commander des équipements étrangers, donc affaiblir encore l'appareil productif national. Sur le plan des principes, la liberté de gestion des entreprises paraît mieux respectée si l'on se borne à alléger leurs charges fiscales et sociales, restaurant ainsi leurs marges bénéficiaires, tout en les laissant libres d'affecter ou non à l'investissement leurs nouvelles ressources. La baisse du taux de l'impôt sur les sociétés, très marquée depuis 1986 (32 % aujourd'hui), concerne ainsi toutes les entreprises, et pas seulement celles qui investissent.

Mais la modernisation dépend aussi de frais de recherche et d'innovation souvent hors de portée des entreprises industrielles. Dans ce domaine, l'État intervient de manière décisive, créant des organismes comme le Centre national d'études spatiales ou l'Agence de l'informatique, assurant, dès 1958, la cohérence de sa politique à travers la DGRST (Délégation générale à la recherche scientifique et technique), directement rattachée au Premier ministre. Des mécanismes de financement ont été imaginés : avances remboursables rétrocédant aux entreprises une partie de leurs dépenses, crédits d'impôts, prêts spéciaux... L'ensemble représente 70 % des dépenses de recherche et de développement industriel entre 1959 et 1967, puis s'abaisse jusqu'à ne plus en couvrir que 55 % en 1980, pour se stabiliser ensuite à ce niveau. Trois branches accaparent l'essentiel de ces sommes : la construction aéronautique et spatiale, le matériel électronique, l'industrie pharmaceutique. Les dépenses de recherche y représentent respectivement 18 %, 14 % et 12 % du chiffre d'affaires annuel.

Depuis 1972, l'État favorise aussi les sociétés financières d'innovation fondées par les banques ou les investisseurs institutionnels. Un organisme financier public, fondé en 1970 dans de tout autres perspectives, l'Institut de développement industriel, s'intéresse aussi à ce secteur. Créé pour fournir des fonds propres ou prendre des participations dans le capital des entreprises en difficulté, il est devenu aujourd'hui l'un des principaux intervenants dans le domaine du capital-risque, et sa privatisation récente ne semble pas devoir remettre en cause cette orientation : mutation intéressante pour un établissement longtemps voué à renflouer les entreprises en perdition, qui s'est fait peu à peu agent de modernisation industrielle.

● *L'aide à l'exportation* et, plus généralement, à la pénétration à l'étranger, est assurée par des moyens financiers : crédits à l'exportation accordés par les banques, elles-mêmes aidées par la BFCE (Banque française pour le commerce extérieur) et destinés soit aux entreprises exportatrices, selon la formule du crédit fournisseur, soit aux acheteurs étrangers, selon celle du crédit client ; assurances couvrant les différents risques à l'exportation, tels que le non-recouvrement des créances, la hausse brutale des prix de revient, la dévaluation de la monnaie de règlement, selon des contrats proposés par la COFACE (Compagnie française d'assurance pour le commerce extérieur) ; subventions budgétaires plus ou moins déguisées sur les « opérations exceptionnelles », telles que les ventes d'armes, de gros matériel de transport, de grands équipements industriels à l'étranger. L'État permet aussi aux entreprises industrielles de mieux soutenir la compétition internationale par des prêts bonifiés à long terme au développement des capacités exportatrices ou à l'implantation directe à l'étranger. Il a créé des institutions qui les aident à mieux prospecter les marchés mondiaux : conseillers commerciaux à l'étranger, Centre français du commerce extérieur.

Peu à peu, cependant, le coût très élevé de ces aides pour les finances publiques, le risque qu'elles comportent pour la balance des paiements, lorsque les crédits à l'étranger sont financés sur emprunts internationaux, ou pour la stabilité des prix, lorsque les banques commerciales et la BFCE se refinancent auprès de la Banque de France, la nécessité de respecter les engagements internationaux conclus au sein du GATT, de l'OCDE et de la CEE ont été autant de motifs de réexamen du système. Tout comme pour l'aide à la modernisation, la recherche d'un meilleur environnement économique d'ensemble est aujourd'hui préférée aux mesures d'incitation ponctuelles.

L'aménagement industriel du territoire

● *De 1955 à 1974, de nombreux motifs ont poussé les gouvernements à tenter d'agir sur les localisations industrielles.* Souci de rééquilibrer les activités au profit de la moitié ouest du pays, isolée de la France urbaine et industrialisée par la fameuse ligne Le Havre-Marseille ; nécessité de fournir des emplois à une main-d'œuvre jeune et excédentaire dégagée par l'exode agricole ; volonté de reconvertir des régions mono-industrielles frappées par le déclin dès le début des années soixante ; recherche d'un desserrement de l'agglomération parisienne et, à l'imitation des pays voisins, d'une valorisation des façades littorales à travers de grandes zones industrialo-portuaires : telles sont quelques-unes des raisons invoquées pour cette grande ambition gouvernementale, celle d'une géographie volontariste de l'industrie.

Les formules ont été nombreuses. Dès 1955, le gouvernement Edgar Faure imagine les primes de décentralisation industrielle. Combinées avec l'interdiction d'installer ou d'agrandir des locaux industriels en région parisienne, elles proposent aux entreprises une subvention proportionnelle au nombre d'emplois créés dans certaines régions. Maintes fois refondu, tant pour la carte des zones aidées que pour le montant des primes, le système reçoit une impulsion décisive en 1963, grâce à la création de la DATAR (Délégation à l'aménagement du territoire et à l'action régionale), chargée d'instruire les dossiers présentés par les entreprises et de donner son accord au Trésor pour déblocage des fonds.

Bientôt cependant, le schéma se complique. Les grandes entreprises industrielles des secteurs de base, publiques ou privées, reçoivent des aides particulières pour la création de complexes littoraux : à Dunkerque, pour Usinor et CDF-Chimie ; au Havre, pour Renault, la Compagnie française de l'azote, la Société Le Nickel ; à Fos, pour la Solmer, filiale commune de Sacilor et d'Usinor, pour L'Air liquide et Péchiney-Ugine-Kuhlmann... La reconversion industrielle nécessite des plans particuliers pour le Nord-Pas-de-Calais et pour la Lorraine, vers lesquels les prêts du FDES attirent les entreprises, notamment celles de la construction automobile, alors en pleine expansion.

● *Depuis 1974, la crise remet tout en cause.* Elle conduit à multiplier les zones de reconversion, qui absorbent bientôt à elles seules le quart, puis le tiers des sommes consacrées à l'aménagement industriel du territoire. Elle rend non rentables d'énormes investissements à peine opérationnels : vapocraqueur de Dunkerque, laminoirs et hauts-fourneaux de Fos. Elle suscite l'interrogation sur le bien-fondé d'une politique qui, au nom de la réanimation de la province, contribue à la désindustrialisation de la région parisienne pour laquelle il devient nécessaire, en 1984, d'abolir la plupart des interdictions d'implantation et de créer, au contraire, des organismes de réindustrialisation, soit de renier totalement les principes de 1955.

De plus, les résultats de la décentralisation industrielle restent mitigés. Si certaines activités, et notamment la construction automobile, se répartissent aujourd'hui de manière plus équilibrée sur l'ensemble du territoire (45 % des salariés de la branche dans la région parisienne en 1980, contre 70 % en 1960), si quelques régions rurales sous-industrialisées comme la Bretagne ont attiré l'industrie, notamment la construction électrique et électronique, il faut reconnaître en contrepartie que les emplois créés l'ont été surtout dans des villes situées dans un rayon de 150 à 200 km de Paris (Rouen, Compiègne, Amiens, Reims, Troyes, Orléans, Chartres, Caen) qui ont accaparé la moitié des primes de décentralisation versées de 1955 à 1975. Ces emplois sont d'ailleurs souvent peu qualifiés, mal payés, et correspondent à des tâches de montage, les fabrications plus élaborées et la direction générale restant dans leurs implantations traditionnelles. Enfin, l'aide est très sélective, bénéfique surtout pour les grandes entreprises, et le dynamisme de l'industrie en milieu rural, autour de Cholet dans le Maine-et-Loire (ameublement, confection, chaussure), d'Alençon dans l'Orne (petit matériel électro-ménager) ou de Limoges en Haute-Vienne (construction électrique) ne doit rien à l'aménagement du territoire, mais s'explique par des implantations antérieures ou par des initiatives d'industriels locaux.

Pourtant, après avoir été envisagée en 1986, la suppression de la DATAR n'est plus d'actualité, même si le montant global des primes a été fortement réduit et n'est guère complété par les maigres ressources des conseils régionaux, auxquels la loi de décentralisation de 1982 a confié d'importantes tâches dans ce domaine. La DATAR reste utile pour attirer les investisseurs étrangers grâce à ses antennes de New York, de Tokyo, de Francfort. Mais elle n'a plus de rôle dans la réanimation des zones d'entreprises, créées en 1986 à Dunkerque, La

Ciotat, La Seyne, où les exemptions fiscales, et non plus les primes, doivent attirer des industries en remplacement de la sidérurgie et de la construction navale. De même, les technopoles, destinées aux industries de pointe, à Sophia-Antipolis, près de Grasse, à Meylan, près de Grenoble, fondées respectivement en 1969 et en 1972, ont été lancées par des investisseurs privés, relayés par les collectivités locales, sans que l'État soit intervenu. Elles illustrent à leur manière le recul des formules dirigistes et l'alignement sur la stimulation indirecte pratiquée dans la plupart des autres pays industrialisés.

Les incertitudes de la politique industrielle

L'intervention de l'État dans la vie industrielle est constante depuis 1945. Elle n'a pas toujours rencontré le succès. En est-elle responsable ?

● *Les grands objectifs ont souvent manqué de cohérence.* Ainsi, de 1945 à 1958, la politique industrielle s'est voulue modernisatrice, à la recherche d'une croissance rapide, grâce à des investissements publics importants permis par le cadre commercial fermé. Pourtant, elle a négligé de stimuler suffisamment la production de biens d'équipement, laissant se creuser des faiblesses qui se révéleront difficiles à combler : machines-outils, véhicules utilitaires, machinisme agricole, matériel de bureau. De 1959 à 1973, elle a été dictée par le souci d'« impératif industriel », cherchant à créer un environnement non inflationniste favorable à la compétitivité des entreprises privées. C'est cependant la même période qui a vu se multiplier les investissements de prestige, absorbant des sommes manquant à d'autres secteurs, et qui s'est montrée hostile, pour des raisons essentiellement politiques, aux investissements étrangers, d'où de lourdes erreurs d'appréciation aux conséquences multiples, l'« affaire Bull » étant à cet égard caractéristique (cf. p. 36). De 1974 à 1981, le septennat de Valéry Giscard d'Estaing, qui coïncide avec la période des chocs pétroliers, voulait spécialiser l'industrie dans des créneaux porteurs. L'aide publique est concentrée alors sur les industries d'équipement qui en reçoivent les trois quarts et sur les plus grands groupes qui, en 1976, pour sept d'entre eux seulement, en rassemblent la moitié. Mais ne pouvant, pour des raisons sociales évidentes, aller jusqu'au bout de cette logique et sacrifier délibérément les secteurs dépassés, l'État a dû secourir les entreprises en perdition, cependant que, parallèlement, dans plusieurs domaines d'intérêt stratégique, il s'est efforcé de créer des fabrications évitant le recours aux importations, pourtant plus avantageuses dans une stricte optique de spécialisation internationale (Plan composants électroniques). A partir de 1981, la gauche s'est efforcée de remplacer cette « politique des créneaux » par une « politique des filières », maîtrisant l'ensemble du processus de fabrication dans chaque branche et répudiant la division internationale du travail. Or, dès 1983, elle a dû convenir, à travers la gestion des entreprises nationalisées, que la modernisation industrielle nécessitait un environnement plus souple et respectueux de la concurrence. De même, la droite, par souci de libéralisme, a supprimé de nombreuses subventions et aides publiques à l'industrie en 1986-1987 et a toléré l'effondrement de plusieurs entreprises en difficulté.

Mais elle n'a pas suivi ses principes lors des privatisations, empêchant d'éventuelles prises de contrôle étrangères, et elle a même été jusqu'à invoquer les intérêts de la défense nationale pour tenter – vainement – d'éviter la reprise de l'équipementier automobile Valéo par l'industriel italien Carlo De Benedetti.

La politique industrielle est ainsi plus faite d'hésitations et d'ajustements aux réalités que de grandes stratégies, peu appliquées dans la pratique.

• De plus, de *nombreuses contradictions* surgissent entre les autres politiques économiques et les impératifs de la croissance industrielle. La politique conjoncturelle fait souvent porter à l'industrie le poids de la rigueur, bloquant ses prix ou ses marges, gonflant ses impôts, lui faisant même parfois acquitter des « prélèvements exceptionnels », telle la taxe conjoncturelle sur les trésoreries créée par le Plan de refroidissement de 1974, que l'ironie des chefs d'entreprise baptisa vite « serisette » du nom de son inventeur, le haut-fonctionnaire Jean Serisé. La politique financière draine les ressources du marché boursier, contraignant les firmes à un endettement bancaire ruineux en période de montée des taux d'intérêt réels. La politique sociale renchérit les coûts salariaux, du fait des cotisations qui s'ajoutent aux salaires bruts. Parfois même, comme lors des accords de Grenelle, elle satisfait les revendications syndicales, sans tenir compte de l'intérêt des entreprises industrielles.

• *Enfin de lourdes contraintes pèsent sur la politique industrielle du fait de l'intégration européenne.* Le respect de la libre concurrence interdit aux États membres de la CEE les aides ou les subventions créatrices de distorsions du marché. Le gouvernement doit ainsi communiquer aux autorités communautaires ses plans de restructuration sectoriels. Il doit faire agréer par elles la carte des zones primées au titre de l'aménagement du territoire. Depuis 1990, toute fusion entre des entreprises européennes, même extra-communautaires, qui tendrait à constituer un groupe de plus de 5 milliards d'écus de chiffre d'affaires (soit environ 35 milliards de francs) doit être obligatoirement agréée par la Commission européenne, qui peut l'interdire si l'entreprise projetée dispose d'une position dominante sur un marché. Ainsi la société française Aérospatiale, associée à la firme italienne Alénia, n'a pu racheter le constructeur canadien De Havilland.

Pourtant l'Europe apporte aussi une aide précieuse à l'industrie française. La sidérurgie a bénéficié du Plan Davignon, l'industrie textile des accords multifibres qui la protègent des importations d'articles à bas prix provenant des pays en développement ; les industries de pointe reçoivent des crédits dans le cadre des programmes ESPRIT et Eurêka. Plus généralement, l'approche de l'échéance de 1993 a incité les firmes à de multiples acquisitions, stimulant ainsi la concentration, et la logique du Grand Marché peut s'avérer bénéfique à long terme pour les entreprises, bénéficiant de débouchés élargis et de facteurs de production moins onéreux. Mais, sans vouloir nier cette contribution, il convient de souligner le handicap considérable que représente, pour la liberté de décision de la politique industrielle, l'existence même de la construction européenne.

LE POIDS DE LA CRISE

L'évolution des branches

Depuis près de vingt ans, la crise a bouleversé le paysage industriel français, multipliant les reclassements, rendant caduques les vieilles oppositions entre secteurs traditionnels et secteurs modernes, PME et grandes entreprises, firmes nationales et filiales de groupes étrangers, branches abritées et branches exposées à la concurrence internationale. Les performances relatives sont en effet très dissemblables, les bons résultats enregistrés dans certains cas pouvant s'accompagner, parfois à l'intérieur d'une même branche, d'un affaiblissement à d'autres points de vue.

● Après avoir enfin repris en 1987, après le lent enfoncement dans les difficultés de 1973 à 1979, puis la stagnation du début des années quatre-vingts, *la croissance de la production* s'est à nouveau affaiblie. En 1990, avec + 1,6 %, la production manufacturière s'est développée à un rythme très modeste, analogue à celui du reste de la CEE ; elle s'est encore affaiblie l'année suivante (+ 0,4 %).

Taux de croissance annuels moyens des branches industrielles (%)

	1970-73	1973-79	1979-84
Biens intermédiaires	6,7	1,5	− 1,2
dont : sidérurgie	3,0	0,3	− 4,7
chimie minérale	8,3	0,9	− 1,0
chimie organique	12,5	4,7	1,2
Biens d'équipement professionnel	8,2	4,6	2,1
dont : machines-outils	3,7	− 0,8	− 4,4
armement	5,4	16,4	11,5
aéronautique	7,6	7,7	9,3
matériel de bureau et informatique	7,8	16,6	− 2,7
Biens d'équipement ménager	11,7	5,2	1,7
dont : électroménager	11,0	3,4	− 2,2
électronique ménager	13,0	8,4	6,7
Matériel de transport terrestre	9,3	3,5	− 1,8
Biens de consommation courante	6,2	1,5	0,7
dont : produits alimentaires divers	4,6	2,2	2,1
articles en cuir	4,9	1,4	− 4,6
articles d'habillement	5,9	− 0,6	0,3
produits pharmaceutiques	10,7	5,9	7,4
Ensemble de l'industrie	6,5	2,6	0,4

EMPLOIS INDUSTRIELS ET RÉGIONS

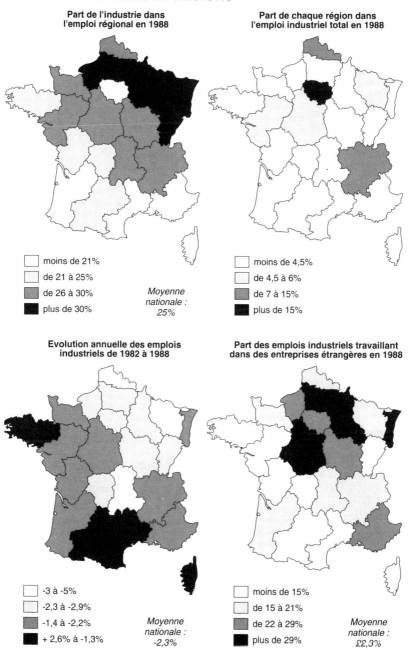

Part de l'industrie dans l'emploi régional en 1988

- moins de 21%
- de 21 à 25%
- de 26 à 30%
- plus de 30%

Moyenne nationale : 25%

Part de chaque région dans l'emploi industriel total en 1988

- moins de 4,5%
- de 4,5 à 6%
- de 7 à 15%
- plus de 15%

Evolution annuelle des emplois industriels de 1982 à 1988

- -3 à -5%
- -2,3 à -2,9%
- -1,4 à -2,2%
- + 2,6% à -1,3%

Moyenne nationale : -2,3%

Part des emplois industriels travaillant dans des entreprises étrangères en 1988

- moins de 15%
- de 15 à 21%
- de 22 à 29%
- plus de 29%

Moyenne nationale : 22,3%

Forces et faiblesses de l'industrie 103

Mais que de contrastes d'une branche à l'autre ! Les classifications tradition-nelles ne permettent plus de rendre compte de la situation de l'industrie fran-çaise. Parmi les industries de biens intermédiaires, les métaux non ferreux et la chimie de base sont en récession en 1990 (− 2,7 et − 1,7 %), tandis que le verre et le papier-carton progressent vivement (+ 5,6 et + 3,4 %). Les biens d'équipement professionnel juxtaposent les industries mécaniques, en déclin incessant de 1980 à 1987, à la construction électrique et électronique, à la croissance ininterrompue. Le matériel de transport terrestre, après avoir bien résisté à la crise jusqu'en 1979, rentre ensuite en stagnation pendant dix ans, puis bénéficie d'une nette reprise en 1987-1989, mais rechute gravement ensuite (− 1,2 % en 1990, − 1,7 % en 1991). Parmi les biens de consommation, se trouvent le textile, en recul continu depuis 1974 (− 1,1 % en 1990), mais aussi l'industrie pharmaceutique, en progrès très marqués (+ 4,5 % en 1990).

Ces divergences d'évolution s'expliquent par plusieurs causes. Tandis que les industries de biens intermédiaires et de biens d'équipement sont particuliè-rement sensibles aux fluctuations conjoncturelles d'ensemble, dont elles ampli-fient les effets, les industries de biens de consommation évoluent de manière plus linéaire. Certaines subissent le contrecoup de la saturation progressive des besoins en biens durables comme l'électroménager et du déclin relatif de postes de consommation comme l'habillement. D'autres, au contraire, sont portées par la nouveauté de leurs produits (électronique ménager) ou par le dynamisme de postes de consommation comme la santé (produits pharmaceutiques). Mais il faut tenir compte aussi de la pénétration des importations qui a aggravé les difficultés de nombreuses branches comme la chimie de base, les machines-outils, l'électroménager, l'automobile, le travail du cuir, la confection, ou, inversement, du dynamisme exportateur de l'aéronautique et du matériel d'ar-mement.

● *L'emploi est loin d'être garanti,* même dans les branches les plus dynamiques. Dans l'industrie d'armement, les gains de productivité ont été si rapides qu'elle n'a pratiquement pas créé d'emplois depuis 1979. La situation peut sembler meilleure dans des branches à croissance ralentie, comme l'agro-alimentaire. Elle s'accompagne en fait d'une forte proportion de personnel non qualifié, sous-payé, et d'une rotation rapide des effectifs.

Quand aux branches menacées, elles ont vu dans le licenciement des suref-fectifs le seul moyen de redresser leur situation. C'est le cas, depuis 1979, de la construction automobile qui supprime chaque année 16 000 emplois, de la confection (− 11 000), de la sidérurgie (− 8 000). Cette solution permet d'abaisser le seuil de rentabilité, de recomposer la main-d'œuvre vers les quali-fications plus élevées nécessitées par l'automation, de renouer avec le progrès technique trop souvent négligé auparavant. Ainsi, dans la construction auto-mobile, la productivité apparente du travail est de 15 véhicules montés par salarié et par an en 1986, contre 12 en 1982. Dans la sidérurgie, les deux seuls procédés désormais employés pour la fabrication de l'acier sont le convertisseur à oxygène (72 % de la production) et le four électrique (28 %). 94 % de la production sont laminés en continu, pourcentage supérieur à la moyenne européenne et à celle du Japon. Dans l'industrie de la confection, certaines entreprises ont adopté des procédés très modernes de découpe au laser des tissus, de piquage automatisé des pièces. Les gains de productivité de cette branche se situent à un niveau supérieur à la moyenne de l'industrie française. La modernisation industrielle s'est faite au prix de pertes d'emplois : après en avoir créé 320 000 encore de 1970 à 1974, l'industrie en supprime 440 000 de 1974 à 1979, puis 580 00 de 1979 à 1984, et encore 560 000 de 1984 à 1988. Certes, en 1989, pour la première fois depuis 1974, les créations d'emplois l'ont emporté sur les suppressions, d'où une augmentation nette de 12 400 emplois, amplifiée l'année suivante (+ 33 500). Mais la tendance ne s'est pas poursuivie au-delà.

● *Paradoxalement, la rentabilité reste souvent satisfaisante dans les branches les plus récessives,* comme l'ameublement, l'industrie de la chaussure, ou dans celles en stagnation, comme la confection. C'est que la faiblesse des investissements y limite l'endettement, tandis que la modeste progression des charges salariales, due au recours à une main-d'œuvre sous-payée, permet de maintenir les marges bénéficiaires. Mais une telle évolution, qui n'est pas sans rappeler celle de l'industrie britannique des années soixante, présente un danger évident, puisqu'elle s'accompagne de la perte du marché national, d'une balance commerciale de plus en plus dégradée (meubles, chaussures) ou devenue récemment négative (en 1986 pour les articles d'habillement). Elle résulte aussi fréquemment de la faillite des entreprises les plus fragiles, qui relève artificiellement la rentabilité d'ensemble de la branche.

Inversement, d'autres branches ont dû poursuivre leur effort modernisateur au prix d'énormes investissements et subir ainsi de lourdes pertes pendant plusieurs années : treize ans dans la sidérurgie, six chez Renault, quatre chez Peugeot d'où l'obligation impérieuse d'améliorer aujourd'hui les performances commerciales et de trouver dans les placements financiers l'occasion de plus-values permettant l'amortissement progressif de la dette.

Aucune branche ne parvient donc à obtenir des résultats vraiment satisfaisants sur le triple plan de la croissance, de l'emploi et de la rentabilité. Il y a bien eu affaiblissement global de l'industrie française durant la crise, puis reprise ensuite. Mais ces évolutions se sont faites dans des conditions si différentes que toute analyse d'ensemble simplifie exagérément une réalité devenue très hétérogène.

Le tissu régional

On désigne par tissu industriel régional un ensemble cohérent d'activités interdépendantes capables d'entretenir par elles-mêmes le développement de la région où elles se situent.

● *Dès avant la crise,* à partir des années soixante, un essoufflement se constatait dans des régions naguère considérées comme vitales pour l'industrie française. Dans le Nord-Pas-de-Calais, le repli des charbonnages, la crise du textile après la perte des marchés coloniaux remettaient en cause la vieille complémentarité entre mine et manufacture, emplois masculins et féminins, cependant que la sidérurgie « glissait » vers le littoral de la mer du Nord, à la rencontre du minerai de fer importé. En Lorraine, l'isolement de l'industrie lourde dans un milieu encore profondément rural se faisait sentir par une dépendance excessive à l'égard de l'emploi dans la sidérurgie, d'ailleurs elle aussi en voie de délocalisation, abandonnant les vallées adjacentes à la Moselle pour se placer directement sur l'axe mosellan, rendu accessible aux péniches à grand gabarit. Quant aux vallées textiles vosgiennes, étroites et difficiles d'accès, elles illustraient déjà la survivance, en plein XXe siècle, de localisations héritées de la fin du siècle dernier. Globalement cependant, les transformations nécessaires semblaient davantage relever d'ajustements progressifs que d'une brutale reconversion, réservée aux petits foyers mono-industriels isolés de l'Ouest et du Midi, tandis que le pouvoir d'attraction des grandes métropoles, Paris et Lyon, semblait si puissant que la politique d'aménagement du territoire souhaitait l'affaiblir.

• *La situation actuelle* juxtapose trois séries de problèmes. D'abord, *les zones à reconvertir* s'étendent désormais sur tout le Nord-Est du pays, de l'embouchure de la Seine à la frontière suisse. Partout le tissu industriel s'y est dégradé, soit par déclin précipité des activités anciennes, soit par échec des activités nouvelles, elles-même entrées dans la crise. Les usines Renault de Douai et de Batilly, près de Thionville, les usines Peugeot de Valenciennes et de Trémery, près de Briey, n'ont guère attiré les anciens mineurs ou ouvriers sidérurgistes. Mais la crise de l'automobile a aussi gravement affecté la région parisienne et la Porte d'Alsace, où Peugeot possède, à Sochaux, la plus vaste usine de France. La montée du prix des matières premières a remis en cause les pôles littoraux de Dunkerque et du Havre. Même les régions diversifiées nécessitent donc aujourd'hui une aide à la reconversion, et en particulier la région parisienne qui demeure la première de France, mais ne regroupe plus que 20 % des emplois industriels, contre 29 % en 1970. La reprise actuelle permettra-t-elle au Nord-Est de retrouver son dynamisme et de valoriser ses atouts, et notamment sa situation dans l'espace européen ? En 1988, Peugeot et Fiat ont décidé d'implanter en commun une unité de production de véhicules commerciaux à Valenciennes. Péchiney a choisi Dunkerque comme site d'une usine d'aluminium. Orkem a lancé un vaste plan de modernisation du complexe pétrochimique de Carling aujourd'hui repris par ELF-Aquitaine. Mais la reconstitution d'une véritable industrie régionale est encore loin d'être acquise.

Le succès précaire des pôles d'industrialisation dans la partie occidentale et méridionale du territoire constitue une deuxième source de difficultés. Fondés sur l'emploi d'une main-d'œuvre peu qualifiée et bassement rémunérée, ils sont aujourd'hui décalés par rapport aux besoins des entreprises qui réclament de plus en plus de travailleurs qualifiés. Les foyers d'industries de pointe comme Toulouse, Montpellier et Grenoble ne peuvent conserver leur dynamisme qu'en attirant de nouvelles activités tertiaires supérieures, des laboratoires de recherche notamment, au moins aussi importants pour les entreprises que les disponibilités globales en main-d'œuvre industrielle. Les régions aux activités

LES CHIFFRES CLÉS SUR L'INDUSTRIE EN 1990

● *Le poids dans l'économie*

	Sens large (IAA, énergie et BTP inclus)	Sens restreint (IAA, énergie et BTP exclus)
Valeur ajoutée	28,8 %	17,0 %
Emplois	28,5 %	17,7 %
Investissements (en 1989)	21,1 %	14,3 %
Exportations	85,0 %	74,3 %

    — En 1974 encore, l'industrie au sens restreint représentait 25 % de la valeur ajoutée et 24 % des emplois. Depuis cette date, 100 000 emplois industriels en moyenne ont disparu chaque année, soit 1,5 million au total.

● *Les entreprises industrielles*

	PME (20 à 500 salariés)	Grandes entreprises (+ de 500 salariés)
Nombre	93 %	7 %
Effectifs	51 %	49 %
Chiffre d'affaires	39 %	61 %
Exportations	37 %	63 %

● *Les productions*
— Composition de la production industrielle en 1989 :
    — produits intermédiaires : 35 %
    — biens d'équipement professionnel et ménager : 30 %
    — matériel de transport terrestre : 10 %
    — biens de consommation courante : 25 %

— *Grandes productions :*

	Production	en % de la production de la CEE	en % de la production mondiale	Rang mondial
Acier	19 Mt	13,5	2,5	9e
Aluminium	0,3 Mt	13,8	1,8	12e
Véhicules automobiles	3,7 M unit.	23,5	8,5	4e
Constructions navales	108 000 tjb	4,4	0,7	13e
Caoutchouc synthétique	522 000 t	25,4	?	4e
Textiles synthétiques ...	158 000 t	5,8	1,0	18e

– *Commerce extérieur :*

Depuis 1974, pénétration croissante du marché national par les importations (39 % du marché dans l'automobile, 65 % dans les articles textiles, 69 % dans la machine-outil, 38 % dans la chimie de base).

Parallèlement, faible part des exportations industrielles françaises dans le total mondial. En 1988 :

– 7,5 % des exportations mondiales de produits intermédiaires (3e rang, ex aequo avec le Japon, derrière l'Allemagne fédérale et les États-Unis) ;

– 5,9 % des exportations mondiales de biens d'équipement professionnel (5e rang, derrière États-Unis, Japon, Allemagne fédérale et Royaume-Uni) ;

– 3,6 % des exportations mondiales de biens d'équipement ménager (4e rang, derrière Japon, Allemagne fédérale, Italie) ;

– 16 % des exportations des six premiers constructeurs automobiles (3e rang, derrière Japon et Allemagne fédérale) ;

– 6,2 % des exportations mondiales de biens de consommation (4e rang, derrière Allemagne fédérale, Italie, États-Unis).

– *Capitaux étrangers :*

Les entreprises contrôlées à plus de 20 % du capital par l'étranger regroupent 24 % de la valeur ajoutée par l'industrie, 22 % des emplois, 24 % des investissements et 30 % des exportations.

– *Poids des groupes industriels :*

Sur les 100 premiers groupes mondiaux (énergie exclue) : 23 groupes américains, 15 groupes japonais, 10 groupes allemands, 8 groupes français (Renault : 31e ; Peugeot : 32e ; Alcatel-Alsthom : 40e ; Usinor-Sacilor : 70e ; Rhône-Poulenc : 81e ; Péchiney : 84e ; Thomson : 89e ; Saint-Gobain : 99e).

plus classiques subissent la crise, tout comme dans le Nord-Est : crise des chantiers navals à Nantes-Saint-Nazaire, La Seyne et La Ciotat ; fermeture des raffineries de Bordeaux et de Frontignan, près de Sète ; crise de la sidérurgie à Fos ; licenciements dans l'industrie du pneumatique à Montluçon et à Clermont-Ferrand. Les efforts de « géographie industrielle volontaire » des années soixante montrent ainsi leurs limites.

Enfin, *de trop nombreuses régions dépendent aujourd'hui de capitaux étrangers.* La moyenne nationale (22 % des emplois industriels) est largement dépassée dans des régions frontalières comme l'Alsace, dans d'autres aux conditions de vie attractives comme Provence-Côte d'Azur ou situées à proximité des grands foyers de consommation comme la Picardie ou la Champagne. Les capitaux japonais sont ainsi accueillis en sauveurs : à Montluçon où Sumitomo a accepté en 1984 de renflouer Dunlop-France, à Longwy choisi par JVC pour l'implantation de sa première unité française en 1989. Mais de tels emplois sont éminemment instables, dépendant de centres de décision extérieurs, et semblent incapables de fournir les bases d'un tissu régional authentique.

La présence dans le monde

L'internationalisation est tout ensemble une cause de la crise industrielle et un moyen d'en pallier les effets.

● *L'exportation* est un stimulant essentiel qui concerne près du tiers de la production industrielle. Durant la crise, même affaiblie, elle s'est montrée souvent plus ferme que la demande intérieure, évitant ainsi l'effondrement de la production. En 1987-1989, elle a été l'un des principaux moteurs de la reprise. Aujourd'hui, elle permet à l'industrie d'échapper à la récession : en 1991, les exportations de produits manufacturés ont augmenté de 6,2 %, alors que la production stagnait à 0,4 %.

Les succès remportés par les produits industriels français sur les marchés étrangers sont indéniables. Ils concernent aussi bien des biens intermédiaires comme le verre plat, dont Saint-Gobain-Pont-à-Mousson est le leader mondial, que des biens d'équipement comme les radars vendus par Thomson-CSF ou que les biens de consommation courante, de la chemise Lacoste, l'une des marques du groupe textile Devanlay, au briquet jetable Bic. La spécialisation traditionnelle dans les articles de luxe demeure vivace, à condition de marier négoce et fabrication dans de puissants groupes financiers, comme ont su le faire L'Oréal pour les cosmétiques et LVMH, issu du rapprochement, en 1987, du bagagiste Louis Vuitton avec Moët-Hennessy, pour les alcools, le champagne et la maroquinerie. Mais de nouvelles spécialisations se sont renforcées depuis bientôt vingt ans. Elles permettent aujourd'hui d'obtenir des parts de marché significatives, dans l'industrie pharmaceutique grâce à Rhône-Poulenc, Roussel-Uclaf, Sanofi, filiale d'ELF-Aquitaine, dans la construction aéronautique grâce à la SNIAS et à Dassault, dans la construction automobile qui exporte en 1990 57 % de sa production de voitures particulières et 45 % de celle de véhicules utilitaires.

Même si la balance commerciale des produits manufacturés reste toujours négative depuis 1987, ce dynamisme exportateur devrait porter ses fruits dans l'avenir. D'ailleurs, au milieu même de leurs pires difficultés, entre 1981 et 1987, des branches comme la sidérurgie ou la chimie de base ont toujours conservé une balance commerciale positive. Et il ne faut pas se méprendre sur la signification des importations : beaucoup d'entre elles s'expliquent par un processus de délocalisation de la production suivi par des firmes fabriquant des biens intermédiaires (Péchiney), du matériel de transport (usines Renault et Peugeot en Europe méditerranéenne et en Afrique), des biens de grande consommation (Prouvost dans le textile, Bidermann dans la confection). Elles ne sont donc en rien des symptômes d'affaiblissement pour les branches concernées.

● *L'implantation à l'étranger* a en effet beaucoup progressé depuis dix ans. Depuis 1985, chaque année, le montant des investissements industriels français à l'étranger dépasse celui des investissements étrangers en France. Pour les grandes entreprises, c'est le moyen de disposer de conditions de production plus favorables, en énergie, matières premières ou main-d'œuvre, mais aussi de conquérir des marchés difficiles, et d'abord le plus important du monde, celui des États-Unis ; c'est enfin la meilleure voie d'accès à un volume d'activité qui permette de dominer le secteur correspondant. Certes les déconvenues sont toujours possibles. Après huit années de déboires (1979-1987), Renault a dû renoncer à son « rêve américain » et céder American Motors, le quatrième

« petit constructeur », à Chrysler. Mais la multiplication récente des grandes opérations illustre bien le dynamisme retrouvé des grandes firmes industrielles. Grâce à leur aisance financière, elles ont pu racheter des firmes parfois de belle taille : Rhône-Poulenc a acquis la division agro-chimique d'Union Carbide et les laboratoires pharmaceutiques Rorer ; Péchiney a racheté American Can, devenant ainsi numéro un mondial de l'emballage en aluminium ; grâce aux micro-ordinateurs Zenith, Bull est passé de la 11ᵉ à la 7ᵉ place parmi les firmes mondiales de l'informatique et Michelin, par le rachat d'Uniroyal-Goodyear, s'est installé au premier rang du pneumatique.

Dans ce mouvement d'ensemble, l'Europe n'est pas oubliée. La proximité du grand marché de 1993 y précipite les acquisitions. La CEE concentre à elle seule 68 % des investissements nouveaux faits par les entreprises françaises à l'étranger en 1990, notamment en Espagne, Allemagne fédérale, Grande-Bretagne, Italie. Les activités de pointe sont présentes (reprise par CIT-Alcatel d'ITT-Europe) tout comme les secteurs traditionnels (rachat par Usinor-Sacilor du sidérurgiste allemand Saarstahl). Les produits de consommation voisinent avec les biens durables : BSN a racheté Nabisco-Europe et Moulinex contrôle Krups. Les coopérations se multiplient, bien au-delà d'Airbus-Industries, lancée dès 1970 : les rapprochements entre Alsthom et General Electric, Rhône-Poulenc et Hœchst, Peugeot et FIAT, Aérospatiale et MBB montrent que les grands groupes industriels français sont capables, tout comme leurs concurrents, de concevoir leur stratégie à l'échelle européenne et souvent même mondiale.

6 Vers une économie tertiairisée

LA CROISSANCE D'UN SECTEUR HÉTÉROGÈNE

La modernisation des activités tertiaires

L'économie française est aujourd'hui dominée par le secteur tertiaire, qui représente environ les deux tiers du PIB et des emplois. C'est le résultat d'une longue croissance. Dès 1954, les effectifs du tertiaire l'ont emporté sur ceux de l'industrie. A partir de 1971, ils sont devenus majoritaires dans la population active. Cette prépondérance numérique signifie-t-elle que le secteur tertiaire relaye désormais l'industrie, dictant sa logique de développement à l'ensemble de l'économie ? Ou bien s'agit-il d'une prolifération d'activités sans grand rapport entre elles, classées faute de mieux dans une catégorie résiduelle, simple auxiliaire des fonctions productives ?

En fait, les bouleversements des activités tertiaires ont atteint une telle ampleur au cours des quarante et surtout des vingt dernières années qu'on a pu parler à leur égard de révolution. Un exemple suffira : celui de la distribution.

● *Les circuits de vente se sont modifiés.* Le commerce indépendant, prépondérant jusqu'au milieu des années soixante, a décliné au profit des formes intégrées qui retirent au distributeur sa liberté d'approvisionnement et le font adhérer à une centrale d'achats imposant aux producteurs des conditions de paiement avantageuses.

A partir des années soixante les anciennes formes de commerce intégré (chaînes de magasins succursalistes, coopératives de consommation, grands magasins) sont distancées par les chaînes de supermarchés et d'hypermarchés. A l'exemple de Carrefour, fondé par Marcel Fournier en 1959, elles sont gérées selon des principes entièrement nouveaux : extrême compression des marges sur chaque article, rotation rapide des stocks et, surtout, grâce aux centrales d'achats, allongement à soixante jours du délai de paiement consenti par les fournisseurs. Compte tenu du fait qu'un article reste en moyenne quinze jours en rayon, les recettes peuvent être placées sur le marché des capitaux durant quarante-cinq jours au moins. L'activité commerciale cède alors le pas à la gestion financière. Contrairement à l'idée reçue, ce n'est pas en vendant certains articles à perte et d'autres à prix normaux que ces sociétés prospèrent, mais en imposant à leurs fournisseurs de longs délais de paiement et en faisant fructifier leurs excédents de trésorerie.

Il existe encore d'autres types d'intégration commerciale. Lancé par Édouard Leclerc dès 1949, mais démarré seulement au cours des années soixante, le commerce associé laisse au distributeur son indépendance, tant juridique que de gestion. Celui-ci s'engage seulement à respecter certaines marges, à rétrocéder le quart de son bénéfice au personnel et à adresser ses commandes, de préférence, mais non exclusivement, à la centrale d'achats du groupe. Fondé sur le volontariat, à la différence du succursalisme, et sur le regroupement, contrairement au petit commerce indépendant, le commerce associé a connu une expansion spectaculaire, liée aussi à la philosophie sociale de son fondateur qui affiche sa volonté de défendre le consommateur et la libre concurrence.

Enfin, dans le commerce en franchise, sans doute appelé à un bel avenir, compte tenu de la place qu'il occupe dans d'autres pays industrialisés, le commerçant s'engage à distribuer exclusivement les produits d'un fabricant qui, en contrepartie, lui donne le droit à l'enseigne de sa marque et le fait bénéficier de ses campagnes publicitaires, moyennant des redevances proportionnelles au chiffre d'affaires. Les industriels du textile et de l'habillement (Prouvost pour les laines Pingouin, Bidermann pour les vêtements Cacharel), ceux de la parfumerie et des cosmétiques (L'Oréal pour Lancôme, ELF-Aquitaine pour Yves Rocher) n'ont pas manqué de recourir à cette formule depuis quinze ans, suivis maintenant par certains groupes de distribution qui peuvent ainsi contrôler de nombreuses petites surfaces de vente dans le cadre du commerce de proximité.

● *Mais c'est sur les techniques de vente que la révolution commerciale a porté aussi,* de manière plus immédiatement perceptible pour le grand public. Leur modernisation est le fait du commerce intégré, qu'imite souvent ensuite le commerce indépendant. La vente en libre-service a été lancée dans les magasins succursalistes Goulet-Turpin dès 1948 à Paris, dans le XVIIIe arrondissement. La vente en grandes surfaces a démarré en 1957, pour les supermarchés de 400 à 2 500 m² (Docks de France), et surtout en 1963 pour les hypermarchés de plus de 2 500 m² (Carrefour). Dans un cas particulier, celui des appareils photographiques, la FNAC (Fédération nationale d'achats des cadres), fondée par André Essel, ouvrait en 1957 son premier magasin à Paris. Mais le domaine d'élection initial de la grande surface est l'alimentation. Elle concerne peu à peu d'autres types de produits : ameublement (Conforama), électroménager (Darty), livres et matériel audiovisuel (FNAC), bricolage (Castorama), jardinage (Floralies), boucherie (Boucheries Bernard) et même parfumerie (Séphora). Elle est adoptée, avec des fortunes diverses, par tous les circuits de distribution. Des chaînes succursalistes comme Casino, des coopératives comme Codec s'y sont implantées avec succès, mais les grands magasins parisiens ont dû renoncer à lancer de grandes surfaces en banlieue et le groupe Coop, en difficulté, a revendu ses hypermarchés et abandonné en 1985 sa participation dans le capital de la FNAC à la compagnie d'assurances Garantie mutuelle des fonctionnaires.

En dehors du libre-service, d'autres formes de vente, évitant aux acheteurs tout déplacement, se développent rapidement. Imaginée par les grands magasins parisiens, sous forme de vente par catalogue, dès leur fondation, la vente par correspondance a fait durant un siècle la célébrité de Manufrance. Pendant l'entre-deux-guerres, les industriels y ont vu le moyen de stimuler leurs ventes, fondant La Redoute en 1922, Les Trois Suisses en 1932. Mais c'est seulement à partir de 1960 que La Redoute a été réorganisée sous sa forme actuelle : vente prioritaire par catalogue, informatisation complète de la gestion des stocks et du fichier clients. N'assurant encore que 2,5 % du commerce de détail, cette forme de vente reste sous-développée en France par rapport aux États-Unis (10 %) et même à l'Allemagne fédérale (4,7 %).

● Ainsi *un nouveau paysage commercial est apparu,* conséquence de la mutation simultanée des circuits de distribution et des techniques de vente. En 1990, 52 % des ventes de produits alimentaires ont été réalisées dans les grandes surfaces, contre 4,5 % seulement en 1970 : énorme progression que n'ont pas suivie les autres formes de distribution gérées par le commerce intégré, qu'il s'agisse des grands magasins ou des chaînes succursalistes. La part relative du petit commerce indépendant diminue fortement, surtout pour l'alimentation. De 1970 à 1990, elle passe de 65 % à 28 % des ventes pour le commerce alimentaire, et de 75 % à 56 % pour le commerce non-alimentaire. Certes le petit commerce résiste aujourd'hui mieux à la concurrence du commerce intégré. On assiste même à sa renaissance dans les centres commerciaux récemment implantés dans les grandes agglomérations à l'occasion d'opérations d'urbanisme. Petites boutiques et grandes surfaces semblent y voisiner à l'aise. Serait-ce le signe que les deux circuits sont désormais davantage complémentaires que rivaux ? Ou bien la preuve que le petit commerce ne peut désormais prospérer qu'à l'ombre des grandes surfaces ?

Le gonflement des effectifs

Tendance fondamentale de l'économie, présente durant toute la période, plus sensible encore depuis le plafonnement ou la crise des activités industrielles, l'augmentation des effectifs tertiaires est très variable d'une branche à l'autre.

● *Le rythme de croissance permet de distinguer les branches fortement créatrices d'emplois de celles qui le sont moins.* Pour se limiter à la période 1977-84, on constate un développement supérieur à la moyenne dans les services marchands, vendus aux particuliers et aux entreprises à un prix correspondant à leur valeur économique réelle. Au contraire, les services non marchands, utilisés gratuitement ou moyennant paiement d'une taxe forfaitaire, de même que les commerces, les transports, les banques et compagnies d'assurances créent relativement peu d'emplois, à l'exception de certaines activités particulières, comme les grandes surfaces commerciales.

On retrouve ainsi quelques-unes des grandes caractéristiques de l'évolution économique et sociale contemporaine : urbanisation diffuse, développement des taux d'activité féminine entraînant un recours croissant aux achats en supermarchés et hypermarchés, aux repas en libres-services ou établissements de restauration rapide ; vieillissement démographique, priorité accordée aux dépenses de santé et nécessité d'utiliser les diverses formes de l'action sociale ; vogue des voyage, surtout collectifs, auprès des personnes âgées notamment ;

modification des techniques de travail, dans les bureaux comme dans les ateliers, conduisant au développement des entreprises de conseils et d'études en informatique ; enfin, crise économique et gonflement du chômage, permettant aux entreprises de recourir davantage au personnel intérimaire, qui est considéré comme assurant une activité de services, même lorsqu'il produit des biens matériels.

En revanche, malgré leur poids numérique, les emplois dans les banques et les assurances, après avoir vivement progressé, plafonnent, voire régressent depuis cinq ans. Ceux des transports et des télécommunications ne se développent guère, compte tenu des gains de productivité. Ceux des services non marchands, qui correspondent essentiellement à la fonction publique, souffrent de la rigueur budgétaire, à part quelques périodes comme 1981-82, où ils ont été volontairement développés pour freiner le chômage.

Croissance globale des effectifs de 1977 à 1984 (%)

Commerces	+ 6
dont : grandes surfaces de vente	+ 134
Services non marchands	+ 8,5
Banques et assurances	+ 9
Transports et télécommunications	+ 11
Services marchands	+ 22
dont : santé	+ 26
restauration	+ 27
agences de voyages	+ 43
agences de publicité	+ 56
surveillance et sécurité	+ 83
action sociale	+ 111
études et conseil en informatique	+ 170
cabinets d'études et d'assistance	+ 244
Ensemble des services	+ 15

● *La nature des emplois est également très variable* d'une branche tertiaire à l'autre. La salarisation croît partout rapidement. Elle concerne aujourd'hui 90 % des actifs du secteur, proportion supérieure à la moyenne nationale. Les plus gros employeurs de France appartiennent au secteur tertiaire, et d'abord l'État qui, avec ses 2 600 000 fonctionnaires, représente à lui seul 14 % des salariés et 12 % des actifs, concentrés pour l'essentiel dans l'Éducation nationale (1 042 000) et dans les Postes et télécommunications (458 000). Sur les vingt premières entreprises classées par leurs effectifs en 1990, six sont des sociétés de services : La Poste et France Télécom, rendues autonomes par leur statut de 1990 et non prises en compte dans les effectifs budgétaires ; la SNCF ; la Compagnie générale des eaux, grande société de services urbains, présente dans la distribution d'eau, le chauffage, les réseaux câblés de télévision et, récemment, le bâtiment et les travaux publics ; le groupe financier Suez ; la société hôtelière Accor.

Mais le secteur tertiaire est aussi celui des professions libérales, des travailleurs indépendants, des petits patrons de la distribution, de l'hôtellerie, de la restauration ou du transport routier, catégories socioprofessionnelles dont les effectifs, après avoir longtemps décliné, connaissent avec la crise un sursaut significatif. D'ailleurs, dans le tertiaire, salarisation n'est pas synonyme d'uniformisation. D'une branche à l'autre, voire à l'intérieur d'une même branche, les conditions de travail sont infiniment plus disparates que dans l'industrie. C'est, avec l'agriculture, le secteur où l'on trouve les salaires les plus bas. Dans l'hôtellerie-restauration, la blanchisserie et le nettoyage, le commerce de détail alimentaire, le quart des salariés est payé au SMIC national (11 %). Une seule branche industrielle, la confection, atteint une telle proportion. Mais il existe aussi, dans le secteur tertiaire, des sursalaires, par exemple dans les banques, ceux que gagnent les arbitragistes, cambistes et autres spécialistes hautement qualifiés des marchés financiers internationaux, souvent mieux payés que les dirigeants des établissements qui les emploient.

Les mêmes contrastes s'observent au niveau des qualifications. Quoi de commun, dans la fonction publique par exemple, entre le haut fonctionnaire de catégorie A, recruté sur diplôme de l'enseignement supérieur, chargé de tâches de conception ou d'autorité, et celui de catégorie C ou D, ne possédant qu'un brevet professionnel ou un certificat d'études et cantonné aux fonctions d'exécution ? Quelques tendances de fond s'esquissent aujourd'hui. Ainsi, dans les effectifs des banques, la qualification croissante a fait reculer la part des employés de 45 % à 30 % entre 1978 et 1983, alors que celles des cadres (14 % et 16 %) et surtout des gradés (41 % et 54 %) ont progressé. Globalement cependant, les emplois tertiaires restent bien, aujourd'hui encore, marqués par l'hétérogénéité.

La concentration des entreprises

● *Quelques exemples de grandes entreprises de services apparues depuis 1945 témoignent de réussites souvent éclatantes.* Dans la distribution, Édouard Leclerc, qui a ouvert son premier magasin en 1949, est en 1990 à la tête de la neuvième entreprise française par le chiffre d'affaires, même si son grand rival, Carrefour, grâce au rachat d'Euromarché, le dépasse aujourd'hui. Dans le tourisme organisé, Gilbert Trigano a fait en quarante ans du Club Méditerranée la première mondiale de son secteur. Dans la publicité, Marcel Bleustein-Blanchet, le fondateur de Publicis, Jacques Séguéla, qui a créé avec ses associés le groupe RSCG, récemment regroupé avec Eurocom, filiale de Havas, ont su placer leurs entreprises aux tout premiers rangs en Europe occidentale. Dans la banque, Jacques de Fouchier, en fondant la Compagnie bancaire en 1959, a su saisir au moment opportun les possibilités offertes par le sous-développement du crédit à la consommation en France. Sa banque est intégrée aujourd'hui au groupe Paribas, auquel elle procure le quart de ses bénéfices. La percée de Bis et d'Ecco dans le travail intérimaire, celle de Sodexho dans la restauration collective, de Cap Gemini-Sogeti dans les services informatiques, de Nouvelles Frontières dans les vols aériens charters le confirment. Pour l'entrepreneur talentueux et innovateur, le choix du secteur tertiaire est un gage de succès potentiel, pouvu qu'il sache valoriser ses atouts et utiliser les circonstances.

Aussi les opérations de concentration sont-elles, dans le secteur tertiaire, souvent aussi spectaculaires que dans l'industrie. Certaines sont directement favorisées par l'État, telles la fusion entre la BNCI et le CNEP qui a donné naissance à la BNP en 1967 ou la reprise d'UTA par Air France en 1990 qui a du même coup permis à la compagnie nationale de contrôler Air Inter, filiale commune des deux groupes. D'autres opérations, par contre, ne doivent rien à l'intervention gouvernementale : ainsi des « grandes manœuvres de la distribution » qui ont conduit successivement les Galeries Lafayette à reprendre le groupe des Nouvelles Galeries, Carrefour à racheter Euromarché. Certaines sont l'œuvre de financiers ou d'hommes d'affaires étrangers au secteur tertiaire, mais qui y voient une fructueuse occasion de placements : le groupe François Pinault, de l'industrie du bois, a pris le contrôle de la CFAO (Compagnie française de l'Afrique occidentale), une société d'import-export, puis des magasins Conforama, enfin du groupe Printemps-Prisunic. La logique est ici la même que celle de Jean-Luc Lagardère, président de Matra, qui a orienté son groupe vers la communication, la presse et l'audiovisuel à travers Hachette, ou que celle de Francis Bouygues, qui s'intéresse aux grands magasins, au tourisme organisé, aux médias. Parfois cependant une certaine complémentarité existe entre les activités : c'est notamment le cas des deux grandes entreprises de distribution d'eau qui se tournent vers le bâtiment et les travaux publics, la Compagnie générale des eaux et la Lyonnaise des eaux, qui a fusionné avec Dumez.

La concentration financière n'est d'ailleurs pas le seul mode de regroupe ment entre firmes du secteur tertiaire. La fondation de supercentrales d'achats, associant les grandes firmes de commerce intégré, représente une forme de concentration commerciale esquissée dès la seconde moitié des années soixante, puis brutalement accélérée en 1984. Gênés par le tassement de leurs ventes et par la concurrence des centres Leclerc, trois groupes d'hypermarchés, Carrefour, Auchan et Promodès, ont alors fondé une supercentrale d'achats commune, tandis que deux supercentrales déjà existantes fusionnaient. Au total, six supercentrales d'achats seulement contrôlent 40 % du chiffre d'affaires du commerce de détail et 80 % de celui des produits alimentaires. Poussé à un tel degré, le mouvement ne pouvait manquer de susciter des protestations.

● *Les réactions face à la concentration sont une permanence dans l'histoire de la distribution* en France, seule branche tertiaire où on les voit se manifester avec netteté. Dans les années cinquante, l'érosion progressive du commerce indépendant face au commerce intégré a fait le succès du mouvement Poujade, lancé en 1953 par un papetier de Saint-Céré (Lot). Au début des années soixante-dix, la colère provoquée par le développement des grandes surfaces explique la montée du CID-UNATI (Comité d'information et de défense de l'Union nationale des artisans et des travailleurs indépendants), créé, en 1969, par Gérard Nicoud à Bourgoin (Isère). Cet organisme a provoqué le vote de la loi Royer, du nom du député-maire de Tours, alors ministre du Commerce et de l'Artisanat

(1973). L'ouverture des grandes surfaces, au-delà de 1 000 ou de 1 500 m² selon la taille de la commune concernée, est désormais soumise à autorisation d'une commission départementale composée pour moitié de représentants élus de la profession commerciale. Depuis cette date, le ralentissement constaté dans le rythme d'ouverture de grandes surfaces est peut-être dû à la loi Royer. Sans doute aussi provient-il d'une certaine saturation et d'une moindre rentabilité de cette forme de distribution.

Quant à la concentration commerciale, elle a provoqué en 1985 une prise de position gouvernementale. Saisie par le ministre de l'Économie et des Finances Pierre Bérégovoy, la Commission de la concurrence a rendu un avis défavorable aux créations de supercentrales d'achats. L'une d'entre elles, à peine née, a dû se dissoudre. Est-ce l'amorce d'un freinage face à une tendance qui comporte de sérieux dangers, tant pour les commerçants n'y adhérant pas que pour les fabricants de produits manufacturés ?

ASPECTS ET PROBLÈMES DE LA TERTIAIRISATION

Les rapports entre services et industrie

Pour l'industrie, la croissance du secteur tertiaire peut s'interpréter de trois manières, davantage complémentaires qu'exclusives.

● *Certains services sont des auxiliaires de l'industrie :* transports, banques, assurances, et surtout services marchands aux entreprises (c'est-à-dire prestations fournies aux entreprises à un prix de marché). Le rapide développement de ces derniers ne s'explique pas seulement par la crise. Il traduit aussi la parcellisation des fonctions au sein des entreprises. Au lieu d'assurer elles-mêmes des tâches annexes par rapport à leur activité principale, elles préfèrent souvent aujourd'hui les confier à des firmes spécialisées, solution finalement moins onéreuse que l'emploi permanent de salariés affectés à ces fonctions. La tendance concerne les aspects les plus élémentaires comme les plus élaborés de l'activité industrielle, du nettoyage des locaux et de la restauration du personnel aux études de marché et au conseil juridique. Elle explique la fortune récente des entreprises de travail intérimaire, qui recrutent facilement leur main-d'œuvre dans un contexte de chômage et qui représentent le recours le mieux adapté face à un problème ponctuel : départ en congé de longue durée de tel ou tel salarié, afflux passager de commandes entraînant un besoin temporaire de main-d'œuvre. Ces raisons, jointes à une certaine désaffection des jeunes pour la stabilité de la vie professionnelle, expliquent la rapide croissance d'une branche naguère cantonnée à un rôle marginal. En 1982, le gouvernement Mauroy a tenté de la freiner par quelques mesures : limitation à six mois de la durée des contrats de travail intérimaire, alignement de la rémunération des travailleurs sur celle des salariés permanents à qualification équivalente, amélioration de la protection sociale, droit de participer à la vie de l'entreprise. Elles n'ont en fait guère affecté le développement de cette branche, pas plus d'ailleurs qu'elles n'ont atteint leur but qui était de stimuler la création d'emplois permanents.

● *Mais les services sont aussi des adversaires de l'industrie.* Dans la distribution, la lutte entre grandes surfaces et industriels est vive. Elle tourne en général à l'avantage des premières. Beaucoup d'industriels dépendent excessivement des commandes d'une seule centrale d'achats ou de l'emplacement de leurs articles sur les rayons d'une chaîne d'hypermarchés. De plus, les grands groupes intégrés ont imaginé la formule des « produits libres », commercialisés sans marque et à des prix particulièrement bas, redoutable moyen de pression sur les industriels qui se font surenchère pour fabriquer ces articles non rentables, mais essentiels en temps de crise pour maintenir leurs débouchés. Dans un secteur comme les piles électriques pour grand public, la concurrence entre fabricants a été si vive qu'elle a abouti à la quasi-faillite des entreprises et au rachat de deux d'entre elles, Wonder et Saft-Mazda, par le repreneur d'entreprises Bernard Tapie en 1984-85. Aujourd'hui, un tiers des piles électriques vendues en France l'est sous forme de « produits libres ».

Pour rééquilibrer la situation, les industriels ne disposent guère de moyens, car les grandes surfaces, du fait de la diversification de leurs achats, ne dépendent de chacun de leurs fournisseurs que pour 2 ou 3 % de leur chiffre d'affaires, alors que la proportion est de l'ordre de 25 % en sens inverse. Peut-être les magasins d'usines, très développés aux États-Unis, seraient-ils une solution, en permettant aux industriels d'écouler eux-mêmes sans intermédiaire une partie de leur production. Ils ne concernent encore que quelques catégories d'articles : vêtement, ameublement, chaussures.

● *Pourtant, services et industrie sont peut-être au moins autant interdépendants que rivaux.* On l'a souvent remarqué : les services s'industrialisent, en faisant appel à un capital d'exploitation de plus en plus lourd qui leur permet de réaliser des gains de productivité. Inversement, l'industrie se tertiairise en créant des emplois de recherche, de gestion, de valorisation des profits, de prospection des marchés. Tous sont recensés comme emplois industriels, puisque la classification sectorielle, en France, est fondée sur l'entreprise dans laquelle on travaille, et non sur la profession qu'on exerce. Ils n'en sont pas moins de type tertiaire. Or, en 1982, le recensement de la population a montré qu'ils excédaient largement l'effectif des ouvriers, contremaîtres et agents de maîtrise. D'ailleurs l'expansion exceptionnelle, poursuivie jusqu'à ces toutes dernières années, de branches industrielles comme l'informatique, la télématique, l'électronique grand public, ne montre-t-elle pas à sa manière que l'avenir de l'industrie se trouve du côté de la production et du traitement de l'information, c'est-à-dire, en définitive, de celui du secteur tertiaire ?

La place des services dans la croissance économique

● *Les services ont un rôle bénéfique dans la croissance* grâce à leur caractère contracyclique. Indépendante des fluctuations conjoncturelles, leur activité est même, dans certains cas, stimulée par la crise. La distribution de produits alimentaires n'a pas fléchi du fait du chômage. Celle de produits non alimentaires est restée soutenue, les ménages préférant tirer sur leur épargne pour maintenir leur consommation plutôt que d'accepter une dégradation de leurs conditions d'existence. En 1982 et 1986, années très médiocres sur le plan de la croissance, les vendeurs de téléviseurs et de magnétoscopes ont fait des affaires exceptionnelles, grâce à la Coupe du monde de football, pour le plus grand dommage de la balance commerciale française. De même, le développement des services de santé, poste le plus dynamique de la consommation des ménages, ne dépend pas de la conjoncture économique, mais de la Sécurité sociale et de l'évolution démographique. Celui des loisirs et du tourisme s'explique par l'allongement de la durée des congés payés annuels et par la modification des habitudes de vie. Celui des transports provient de l'extension de l'urbanisation. Celui du travail intérimaire, des conseils juridiques et fiscaux est plus important en période de difficultés qu'en temps normal.

Les services peuvent donc contribuer à la défense de l'emploi. Comme aux États-Unis depuis 1982, ils sont un remède contre le chômage. Leur rôle devient essentiel du fait même de leur importance numérique. Il y a aujourd'hui plus d'emplois dans le tourisme que dans la construction automobile, et le commerce de détail a presque autant de salariés que le bâtiment et les travaux publics. Or, depuis le début de la crise, les services continuent à créer des emplois, tandis que ceux de l'industrie s'effondrent. Sans les services, une étude estime en 1982 que le chômage aurait concerné 16 % et non 9 % des actifs.

Croissance globale des effectifs par secteurs (%)

	1960-70	1970-84	1985-90
Agriculture	− 34	− 40	− 16
Industrie au sens large (énergie et BTP inclus)	+ 12	− 13	− 3
Services	+ 20	+ 26	+ 9

Or, ce rôle des services ne provient plus comme autrefois d'un secteur incapable de gains de productivité. La vieille définition qui caractérisait le tertiaire, par opposition à l'industrie et à l'agriculture, comme rebelle au progrès technique est démentie par l'évolution contemporaine. Dans les services marchands, la productivité apparente du travail a triplé depuis 1979. Dans les transports, elle est depuis 1970 supérieure à la moyenne de l'économie. Même dans le commerce elle a augmenté d'un tiers en quinze ans. Il existe encore un décalage avec les performances des autres secteurs. Il est toutefois bien moins important qu'auparavant. La recherche très poussée d'économies de gestion, dans les grandes surfaces de vente notamment, devrait contribuer à le réduire encore. Grâce aux codes barres imprimés sur chaque article, lisibles aux caisses par lecture optique, les hypermarchés cherchent à supprimer les opérations d'étiquetage et de facturation, à simplifier la gestion des stocks

● *Pourtant, on reproche aussi aux services un rôle néfaste dans l'économie.* Ils entretiennent les pressions inflationnistes. Sur longue période, l'évolution des prix relatifs montre qu'à la différence des produits alimentaires et des articles manufacturés, qui s'alignent sur l'indice général ou augmentent moins vite que lui, les services, eux, devancent largement l'évolution, entraînant ainsi l'économie dans la spirale inflationniste. C'est qu'ils sont souvent abrités de la concurrence étrangère, à la différence de l'industrie qui y est exposée depuis 1959. De plus, jusqu'à une période récente, les gains de productivité y ont été modestes. Enfin, les entreprises publiques présentes dans le secteur, essentiellement dans les transports, ont souvent été autorisées à relever leurs tarifs au-delà du taux d'inflation pour mieux équilibrer leurs comptes.

Là encore, la modernisation des activités peut infléchir ce comportement. Dans la distribution, le commerce intégré pèse à la baisse des marges commerciales. Les groupes les plus dynamiques misent sur elle pour étendre leur chiffre d'affaires, de Carrefour, initiateur des « produits libres », aux centres Leclerc qui ont obtenu la déréglementation de la distribution de l'essence et des produits parapharmaceutiques. La remarque vaut aussi pour les transports, où les tours-opérateurs comme Nouvelles Frontières jouent la libre concurrence et l'ouverture des marchés dans le cadre européen pour imposer la baisse des tarifs aériens, au terme d'une bataille juridique victorieuse devant la Cour européenne de justice en 1986. L'évolution actuelle interdit donc d'assimiler tertiairisation et inflation.

● *Finalement, le rôle économique des services conduit à un bilan nuancé.* Il n'est ni entièrement positif, comme on l'a cru un peu vite au début des années quatre-vingts, ni entièrement négatif, comme le soulignaient les analyses traditionnelles. Ainsi, les créations d'emplois dans le secteur tertiaire ont été nombreuses depuis 1974. Elles sont aujourd'hui freinées par l'informatisation et les gains de productivité. Les banques n'embauchent plus depuis 1980 et connaissent des sureffectifs de l'ordre de 10 % à 15 % des emplois actuels. Le secteur tertiaire est donc loin de former contre le chômage un rempart aussi efficace qu'aux États-Unis. Par contre, sur le plan de la croissance et de l'inflation, ses performances sont devenues appréciables. Il soutient la demande intérieure dont il reflète la recomposition. Il freine la hausse des prix dans plusieurs de ses branches. Une économie tertiairisée, à condition de savoir s'adapter à l'évolution contemporaine, est autant susceptible de dynamisme qu'une économie dominée par les activités productives de biens matériels.

Le rôle dans les équilibres extérieurs

● Protégés de la concurrence étrangère, par nature ou grâce à une réglementation les encadrant, *les services sont des activités pourvoyeuses de devises* au rôle aujourd'hui essentiel pour l'équilibre de la balance des paiements courants. En 1990, à un solde commercial déficitaire de 74 milliards de francs s'oppose un solde excédentaire des services pour 33 milliards. Quatrième exportateur mondial de marchandises, la France arrive au deuxième rang pour les ventes de services, derrière les États-Unis.

Plusieurs activités tertiaires fonctionnent en grande partie pour la clientèle étrangère. C'est le cas du tourisme, qui, depuis 1969, dégage une balance positive, aujourd'hui la deuxième de l'OCDE. La France bénéficie ainsi paradoxalement de sa propre faiblesse, puisque le taux de change du franc rend son séjour de plus en plus attractif pour les ressortissants des pays à monnaie forte. En 1984, l'activité touristique a procuré davantage de devises que l'agro-alimentaire ou la construction automobile. Elle a ensuite temporairement fléchi, du fait de la faiblesse du dollar et de la vague d'attentats terroristes en France. Puis, poussée par les cérémonies du bicentenaire de la Révolution française en 1989, elle est remontée actuellement à un très haut niveau, en dépit des difficultés liées à la guerre du Golfe.

De même, les recettes du transport aérien compensent les sorties de devises dues au transport maritime, tant pour le fret commercial que pour les mouvements de passagers. Quelques entreprises françaises réalisent, sur le sol national, du travail à façon pour le compte de clients étrangers. C'est le cas de la COGEMA (Compagnie générale des matières atomiques) qui retraite à La Hague des combustibles irradiés d'origine allemande, suédoise, américaine et peut s'enorgueillir ainsi d'être le premier pourvoyeur de devises en provenance du Japon.

Certaines branches industrielles se sont spécialisées dans la vente de services à l'étranger : l'ingénierie pétrolière, dont la France possède, avec Technip, le leader mondial ; la prospection énergétique et minière, avec la Compagnie générale de géophysique ; le bâtiment et les travaux publics, dont les principaux groupes réalisent à l'étranger une part notable de leur chiffre d'affaires. De grands ensembles ont été construits par eux à l'étranger : plates-formes pétrolières et gazières en mer du Nord, au Brésil, au Nigeria, en URSS ; équipements portuaires en Arabie Saoudite ; stations de dessalement de l'eau de mer au Koweït et dans les Émirats arabes unis ; lignes de métropolitain au Caire, à Mexico, à Caracas, à Hong Kong ; grands barrages hydroélectriques au Brésil et en Afrique noire.

Enfin, les grandes entreprises tertiaires possèdent souvent des filiales à l'étranger. C'est le cas des sociétés de services urbains comme la Compagnie générale des eaux, des firmes d'import-export comme la CFAO. C'est, de plus en plus nettement à mesure que s'approche l'échéance du grand marché européen de 1993, le cas des grandes chaînes de distribution commerciale. Auchan, Carrefour, Promodès sont propriétaires d'une soixantaine de grandes surfaces de vente en Espagne et sont aussi implantées dans d'autres pays européens, aux États-Unis (11 unités), au Brésil (18), en Argentine. En passant récemment des accords de coopération avec d'autres distributeurs européens, Carrefour avec l'Allemand Metro-Kaufhof, Casino avec le Britannique Argyl et le Néerlandais Royal Ahold ont aussi montré leur volonté de participer à ce mouvement.

● *De nombreuses fragilités menacent pourtant cet acquis.* Les grands contrats d'équipement conclus à l'étranger par les firmes d'ingénierie et de travaux publics sont en chute libre depuis 1982. Exagérément concentrés sur un secteur, le pétrole, et sur un groupe de clients, les pays en développement, ils subissent le contrecoup du retournement à la baisse du marché pétrolier, qui freine la prospection, et de l'endettement du Tiers Monde, qui oblige les pays les plus menacés à assainir leur situation et à reporter leurs grands projets. Au bord de la faillite, Technip a dû être renflouée par ELF-Aquitaine. Une profonde restructuration s'avère indispensable pour l'ensemble du secteur parapétrolier, qui concerne 200 entreprises et 70 000 salariés. Dans le bâtiment et les travaux publics, la concurrence des nouveaux pays industrialisés aggrave encore la situation. L'Algérie, la Turquie, le Brésil remportent aujourd'hui des contrats qui échappent aux entreprises françaises. La Corée du Sud surclasse la France sur le marché mondial des chantiers de construction. Globalement, depuis 1985, l'excédent de devises au titre des grands contrats a reculé de l'ordre de 70 %.

Enfin, certains types de services tels que l'assurance sont très peu développés, obligeant les entreprises françaises à recourir à des compagnies étrangères pour l'assurance maritime (Lloyd's) ou pour l'assurance crédit (Winterthur). Les services de gestion comme la publicité, le conseil juridique, le service informatique, la communication font meilleure figure. Mais beaucoup ne se maintiennent qu'à l'abri d'une réglementation protectrice, dans le domaine des transports internationaux notamment. Or les États-Unis en revendiquent aujourd'hui le démantèlement, à travers les négociations commerciales multilatérales qui viennent de s'ouvrir au sein du GATT. Dans le cadre européen, le marché commun des services aura le même effet dès 1993. La balance des services est ainsi précaire. La France n'a pas encore poussé sa tertiairisation suffisamment loin pour pouvoir prétendre, comme les États-Unis, à une position dominante dans ce domaine.

LA SPÉCIFICITÉ DES INTERMÉDIAIRES FINANCIERS

La transformation des fonctions bancaires

Définis comme ceux qui mettent en rapport la capacité d'épargne de certains agents, les ménages essentiellement, et le besoin d'emprunt d'autres agents, principalement les entreprises, les intermédiaires financiers ont un rôle particulier au sein du secteur tertiaire.

● Il s'agit surtout des banques, dont, jusqu'en 1965 environ, *la permanence des fonctions traditionnelles* évoquait encore beaucoup celles du XIXᵉ siècle. Les banques demeuraient étroitement spécialisées en banques de dépôts d'une part, collectant par leurs guichets les disponibilités d'une vaste clientèle et les prêtant à court terme aux entreprises, et en banques d'affaires d'autre part, possédant seulement des capitaux propres et les immobilisant dans des prises de participation ou des prêts à long terme à l'industrie.

Ce cloisonnement s'était imposé par prudence dans les vingt dernières années du XIXe siècle. L'État l'avait institutionnalisé sous Vichy, interdisant aux banques de dépôts la collecte de ressources à terme et aux banques d'affaires la création de réseaux de guichets. La disposition qui paraissait un gage de solidité, donc une garantie pour les épargnants, avait été maintenue en 1945. Elle n'en avait pas moins de lourds inconvénients. Les banques restaient à l'écart de la croissance économique : banques de dépôts refusant les prêts à long terme aux entreprises et ne s'intéressant pas au crédit aux particuliers, banques d'affaires sans grande autonomie par rapport aux groupes industriels qui les avaient fondées et aux ressources étroitement limitées. Aussi la monnaie scripturale demeurait-elle sous-développée par rapport aux autres pays industrialisés. Les comptes courants à vue ne représentaient que 49 % de la masse monétaire en 1945, à peine plus qu'en 1913, et 62 % au début des années soixante, contre 80 % à 90 % ailleurs.

L'État avait dû pallier cette faiblesse, dont lui-même était partiellement responsable, par plusieurs moyens. Grâce à des établissements financiers publics non bancaires, il collectait les ressources indispensables au placement des bons du Trésor (Chèques postaux depuis 1919), et il finançait les besoins des secteurs n'intéressant pas les banques (logement grâce au Crédit foncier, développement industriel grâce au Crédit national, équipement des collectivités locales grâce à la Caisse des dépôts et consignations). En accordant un traitement de faveur aux caisses d'épargne et aux établissements mutualistes, il montrait sa sollicitude pour les petits épargnants, les agriculteurs, les PME. Mais l'insuffisant développement des banques commerciales pesait sur l'économie, obligeant les réseaux publics à prendre une part excessive dans la distribution du crédit, contraignant la Banque de France à fournir quasi automatiquement aux banques la totalité de leurs besoins de financement par le biais du réescompte, c'est-à-dire de la création monétaire, source d'inflation.

Les nationalisations bancaires de la Libération, limitées aux quatre plus grandes banques de dépôts, n'ont guère changé ce tableau, non seulement par suite du maintien des dirigeants en place, mais aussi parce qu'elles n'ont pas permis d'améliorer le financement de l'économie. La multiplication des contrôles, à travers le Conseil national du crédit, présidé par le ministre des Finances et dirigé de fait par le gouverneur de la Banque de France, ne faisait qu'alourdir la gestion bancaire, déterminant les types d'opérations autorisées, fixant les taux d'intérêt, qu'il s'agisse des taux prélevés par les banques sur leurs prêts aux entreprises (taux débiteurs) ou de ceux versés par elles sur les dépôts à terme des particuliers (taux créditeurs). Le métier de banquier prenait un caractère administratif ne permettant pas au goût du risque et au dynamisme de s'exprimer.

● *Une modernisation spectaculaire des opérations bancaires intervient à partir de 1966-67.* Le décloisonnement des activités bancaires, dû aux réformes Debré, abolit la distinction légale entre banques de dépôts et banques d'affaires. Les premières peuvent désormais recevoir des dépôts à terme et les secondes ouvrir des réseaux de guichets. Le progrès technique incite aussi les banques à plus de dynamisme dans la collecte de leurs ressources. Dès 1968, les cartes magnétiques permettent le retrait de fonds aux distributeurs automatiques de billets. Les grandes banques s'associent pour rendre compatible entre elles l'utilisation de ces cartes. A partir de 1979, la télématique autorise les véritables opérations bancaires aux guichets automatiques. Aujourd'hui, des cartes à processeur, évitant tout déplacement à l'agence, sont en cours d'expérimentation.

Les banques redécouvrent la clientèle des particuliers. Elles multiplient les guichets, dont le nombre augmente quatre fois plus vite au cours de la décennie 1965-75 que pendant les trente années précédentes. Elles lancent de grandes campagnes publicitaires. Elles proposent, à côté de la simple tenue de comptes courants, des placements diversifiés : comptes à terme ou sur livrets, bons de caisse, titres de SICAV (Sociétés d'investissement à capital variable, dont le portefeuille est composé de valeurs mobilières choisies par la banque). En quelques années, on assiste à la « bancarisation » de l'économie et de la société françaises. La part de la monnaie scripturale dans la masse monétaire est aujourd'hui de 80 %, analogue aux autres pays industrialisés. Les placements à terme fournissent aux banques la moitié de leurs ressources. Le compte en banque, possédé par 30 % seulement des ménages en 1960, est aujourd'hui d'usage quasi général (96 %) et 22 millions de Français, soit 53 % de la population âgée de plus de vingt ans, possèdent une carte bleue.

La distribution des crédits se modifie parallèlement. Les banques l'assurent en 1989 pour 70 % environ, contre moins de la moitié vingt-cinq ans plus tôt. Ce sont d'ailleurs pour l'essentiel des prêts à moyen (deux à cinq ans) et long terme (plus de cinq ans), non réescomptables auprès de la Banque de France, mais rendus désormais possibles grâce à l'augmentation des ressources stables dans les bilans bancaires. Les ménages en sont les destinataires dans une proportion de 40 % : crédit à la consommation, dans lequel certains établissements se spécialisent, comme la Compagnie bancaire ; crédit au logement, grâce aux formules mises au point avec l'aide des pouvoirs publics entre 1965 et 1969, les comptes et les prêts d'épargne-logement. Par contre, la forme traditionnelle du crédit aux entreprises, l'escompte des effets de commerce à soixante ou quatre-vingt-dix jours d'échéance, décline très nettement.

● *Pourtant certains traits du système antérieur à 1965 subsistent.* La concurrence entre les banques est loin d'être intégrale. Les taux d'intérêt demeurent réglementés par le Conseil national du crédit, surtout les taux créditeurs, puisque les banques n'ont pas le droit de rémunérer les dépôts à vue et ne peuvent franchir un niveau maximum pour la rémunération des dépôts à terme. Quant aux taux débiteurs, à condition de rester inférieurs aux taux de l'usure, ils sont libres depuis 1978. Les banques fixent elles-mêmes le taux de base à partir duquel elles déterminent les conditions applicables aux différentes catégories de prêts. Mais elles n'ont pas perdu l'habitude de s'aligner automatiquement les unes sur les autres, ce qui limite singulièrement la concurrence.

L'État n'a pas renoncé au traitement de faveur accordé aux établissements financiers publics, aux caisses d'épargne, aux Chèques postaux, aux banques non commerciales, telles que les banques coopératives (Crédit agricole) et les banques mutualistes. Il en résulte un cloisonnement persistant, fréquemment dénoncé par les représentants des banques commerciales qui accusent les autres réseaux de drainer à leur profit une part excessive des dépôts et voient dans leurs privilèges une rente de situation, en particulier pour le Crédit agricole qui possède encore le monopole des prêts bonifiés à l'agriculture, qui n'a été soumis à l'impôt sur les bénéfices que depuis 1982, en remplacement d'une imposition forfaitaire, et a pu ainsi devenir, selon les années, première ou deuxième banque française par le total de son actif, tout en ne consacrant plus à l'agriculture que 40 % de ses crédits. Pour les banques, ce cloisonnement est non seulement injuste, mais de plus préjudiciable à l'ensemble de l'économie, renchérissant artificiellement le coût des crédits non bonifiés, ceux qui sont destinés à la majorité des ménages et des entreprises commerciales et industrielles.

Mais, par ces critiques mêmes, les banques révèlent à quel point elles se sont transformées depuis vingt ans. Longtemps cantonnées à une gestion traditionnelle, elles sont aujourd'hui soucieuses d'innovation. Naguère simples auxiliaires de l'activité commerciale courante, elles retrouvent la volonté d'orienter les investissements et d'impulser la croissance. Indifférentes à la concurrence avant 1965, elles réclament à présent la déréglementation de leurs activités. Après avoir renoncé à l'expansion au-delà des frontières, elles renouent depuis 1974 avec une extraversion oubliée depuis 1914, sachant capter à leur profit les dépôts de pétro-dollars et participer au lancement de grands emprunts internationaux, pour leur propre compte ou pour celui de leurs clients. En 1990, quatre d'entre elles se classent par le total de leurs bilans en milliards de dollars parmi les vingt premières banques mondiales, loin derrière, il est vrai, les banques japonaises qui accaparent les premières places : Crédit agricole (6e), BNP (7e), Crédit Lyonnais (8e), Société Générale (19e). Expansion internationale, dynamisme commercial, exacerbation de la concurrence : incontestablement, le métier de banquier, au début des années quatre-vingt-dix, n'a plus que de lointains rapports avec ce qu'il était encore vers 1965.

Le contrôle des activités bancaires

● *Le poids des banques dans l'économie est, pour l'État, la justification d'une action suivie dans ce domaine.* Les banques sont devenues, en France comme ailleurs, le principal créateur de monnaie. Leurs crédits aux particuliers et aux entreprises provoquent le gonflement des comptes courants des bénéficiaires qui s'en servent eux-mêmes pour régler leurs créanciers, par chèque ou par virement, déclenchant ainsi de nouveaux dépôts qui alimenteront de nouveaux crédits. Selon l'adage célèbre, « les prêts font les dépôts ». La création de monnaie scripturale est, à côté du déficit budgétaire non couvert par des ressources d'épargne et des conversions de devises étrangères en francs, la cause essentielle de l'augmentation de la masse monétaire. Les billets et monnaies divisionnaires utilisés pour les paiements quotidiens ne forment qu'un complément des comptes courants.

Mais ce pouvoir de création monétaire est dangereux, car aucun mécanisme ne garantit qu'il n'aboutira pas à l'inflation. Si les ouvertures de crédit sont supérieures à l'offre disponible, la demande de consommation des ménages, les commandes d'investissement des entreprises ne pourront être satisfaites par la production nationale. La hausse des prix s'ensuivra. Une politique du crédit est donc indispensable, soit que l'État lui-même surveille la création monétaire, soit qu'il confie cette tâche à la banque centrale. Elle peut revêtir un aspect dirigiste si l'intervention porte sur le volume même des crédits consentis, non autorisé à franchir certaines limites : c'est l'encadrement du crédit. Elle peut être d'inspiration libérale si elle se limite au coût du crédit : en provoquant une hausse des taux d'intérêt, on cherche à freiner la demande de crédit. Mais cette politique est beaucoup plus délicate que la précédente, car tout dépend, non pas du niveau absolu des taux, mais de la comparaison entre ceux-ci et le taux d'inflation. De plus, des événements extérieurs peuvent perturber l'action, lorsque des taux supérieurs à ceux pratiqués sur les autres places financières mondiales attirent les capitaux flottants, d'où un afflux de devises convertibles générateur d'inflation importée.

La nécessité du contrôle du crédit n'est d'ailleurs pas la seule raison de l'intervention gouvernementale. L'activité bancaire obéit à des considérations de rentabilité, et non à l'orientation souhaitable de l'économie dans telle ou telle direction. Or elle est déterminante pour les différentes catégories d'agents et d'opérations, selon qu'elle s'oriente vers les ménages ou les entreprises, selon qu'elle privilégie le crédit à court, à moyen ou à long terme, qu'elle finance en priorité les besoins intérieurs ou les demandes présentées par des non-résidents. Les banques peuvent, à travers de grands groupes comme Indosuez ou Paribas, contrôler des pans entiers de l'économie par le jeu des prises de participation. Enfin, elles sont aussi de grandes entreprises employant, en 1991, 428 000 salariés, davantage que la construction mécanique ou l'industrie automobile. L'État a donc de multiples raisons d'intervenir sur elles, soit par sa politique du crédit, soit par une action directe sur les structures bancaires.

● *La politique du crédit est restée, jusqu'au milieu des années soixante, relativement simple,* voire rudimentaire par rapport aux méthodes raffinées employées dans les pays anglo-saxons. Elle se bornait pour l'essentiel aux manipulations du taux de réescompte. Comme les banques pratiquaient alors surtout l'escompte des effets de commerce, il suffisait, pour renchérir le crédit, d'augmenter les taux pratiqués par la Banque de France. En cas de trop forte poussée inflationniste, comme en 1958 et en 1963-65, le recours à l'encadrement du crédit venait brutalement interrompre l'expansion bancaire. Dans tout ceci, nulle tentative de « réglage fin » de l'activité bancaire, par lequel la Banque de France fournirait aux banques le montant exact de liquidités nécessaires par achat ou vente de bons du Trésor sur le marché monétaire : la technique de l'« open market », introduite en principe depuis 1938, n'est pas utilisée.

A partir de 1967, on introduit progressivement des mécanismes plus respectueux des lois du marché. Le coefficient de réserves obligatoires contraint les banques à geler une partie de leurs dépôts sous forme de réserves non rémunérées à la Banque de France. Pour freiner l'expansion du crédit, il suffit d'augmenter le coefficient, ce qui place les banques face à leurs responsabilités :

LES BANQUES AUJOURD'HUI

La place des banques dans le réseau des intermédiaires financiers en 1989

	Part dans la collecte des dépôts (%)	Part dans l'octroi des crédits (%)
Banques commerciales	51,2	50,2
Banques mutualistes et coopératives	27,8	21,6
Total secteur bancaire	79,0	71,8
Sociétés financières	3,8	7,3
Caisses d'épargne	15,6	4,2
Caisses de crédit municipal	0,2	0,3
Institutions financières spécialisées (1)	1,3	16,4
Maisons de titres	0,1	–
Total secteur non bancaire	21,0	28,2
Total	100	100

(1) Établissements publics et semi-publics de statut particulier, comme le Crédit foncier, le Crédit national, le CEPME, à l'exclusion du Trésor public, de la Banque de France et de la Caisse des dépôts et consignations.

Les vingt premières banques en 1990

	Statut	Total du bilan (milliards F)	Résultats (millions F)
1. Crédit agricole	Mu	1 554,0	+ 4 696
2. Banque nationale de Paris	Pu	1 486,1	+ 1 616
3. Crédit Lyonnais	Pu	1 463,0	+ 3 707
4. Société Générale	Pr	1 120,1	+ 2 678
5. Banque Paribas	Pr	568,2	+ 631
6. Banque de l'Union européenne (*)	Pu	457,7	+ 811
7. Groupe des banques populaires	Mu	399,7	+ 1 162
8. Banque Indosuez	Pr	346,2	+ 929
9. Crédit mutuel	Mu	345,8	+ 891
10. Crédit commercial de France	Pr	283,5	+ 813
11. Compagnie bancaire (**)	Pr	252,0	+ 998
12. Crédit du Nord (**)	Pr	135,4	+ 114
13. Fuji Bank Ltd	Et	103,2	– 77
14. Mitsubishi Bank	Et	92,8	+ 13
15. Société générale d'Alsace-Lorraine	Pr	89,6	+ 14
16. CIC-Paris (*)	Pu	89,0	+ 729
17. Crédisuez	Pr	88,1	+ 320
18. Sumitomo Bank Ltd	Et	82,3	–
19. Sanwa Bank	Et	72,4	+ 13
20. Banque Worms	Pu	71,8	+ 192

(*) Groupe CIC.   (**) Groupe Paribas.
PU = secteur public ; Pr = secteur privé ; Mu = secteur mutualiste ; Et = étranger.

soit des crédits supplémentaires, donc des dépôts accrus, mais moins de profits ; soit des crédits diminués, donc moins de dépôts, mais plus de profits. Parallèlement, la Banque de France intervient activement sur le marché monétaire, abandonnant peu à peu la manipulation des taux de réescompte. En 1971, en faisant passer les taux de ses adjudications de bons du Trésor en dessous des taux de réescompte, elle incite clairement les banques à se procurer leurs ressources de cette manière. Pourtant, les péripéties de l'inflation entraînent de fréquents retours en arrière. L'encadrement du crédit, rétabli pour deux ans en 1968-70, devient permanent à partir de décembre 1972.

Depuis 1976, la crise économique, la vogue du monétarisme, puis de la déréglementation provoquent une mutation sensible. Le gouvernement Barre fixe des objectifs de croissance annuelle de la masse monétaire et cherche à y conformer la politique du crédit. L'expérience déçoit : les taux de croissance de la masse monétaire, en France du moins, ne semblent pas en corrélation aussi étroite avec la hausse des prix que le suppose la théorie monétariste. Mais la régulation du crédit se fait désormais selon des techniques semblables à celles des autres pays industrialisés. Depuis 1978, les banques sont libres de fixer leurs taux de base. La Banque de France leur procure périodiquement les liquidités nécessaires grâce à des appels d'offre portant sur des quantités déterminées de bons du Trésor qu'elle achète à un taux d'intervention choisi en fonction de l'évolution du marché. Elle peut aussi prendre en pension à sept jours les effets bancaires, rémunérant ces dépôts à des taux attractifs ou dissuasifs selon qu'elle souhaite comprimer ou accroître les liquidités.

Quant à l'encadrement du crédit, en vigueur depuis décembre 1972, il a fait place en 1985 à un nouveau système perfectionnant le coefficient de réserves obligatoires. Désormais, pour toute augmentation de leurs crédits non financés par des ressources propres, les banques doivent augmenter leurs réserves non productives d'intérêts à la Banque de France. Le mécanisme est très contraignant, mais il devrait inciter les banques à renforcer leurs fonds propres en émettant des emprunts obligataires ou des certificats d'investissement. Globalement, l'esprit de toutes ces mesures tend au déclin des interventions directes et à la préférence pour des méthodes indirectes confiées à la Banque de France dont une loi devrait prochainement garantir l'indépendance face au gouvernement.

● *L'action sur les structures bancaires témoigne d'une évolution similaire,* quoique décalée dans le temps. En effet, même après le virage libéral de la politique du crédit, l'État a longtemps cherché à orienter le secteur selon ses préoccupations du moment. En 1967, la concentration entre la BNCI et le CNEP, nationalisés depuis 1945, en donnant naissance à la BNP, indiquait la voie au secteur privé. Tout au long des années soixante-dix, c'est avec l'approbation des pouvoirs publics que se sont renforcés deux grands ensembles financiers, industriels et bancaires : Paribas, qui rassemble, à côté de l'ancienne banque d'affaires, désormais dotée d'un réseau de guichets, le Crédit du Nord, la Banque de l'Union parisienne, la Compagnie bancaire et qui multiplie les prises de participation dans le secteur productif ; Indosuez, qui regroupe, autour de la Compagnie financière de Suez, la Banque de l'Indochine, la Banque La Hénin, spécialisée dans l'immobilier, et le réseau de banques provinciales du Crédit industriel et commercial. Là aussi, les liens avec l'industrie sont étroits, notamment avec un groupe comme Saint-Gobain-Pont-à-Mousson.

En 1982, c'est dans un état d'esprit différent, mais toujours pour transformer les structures bancaires, que le gouvernement Mauroy procède aux nationalisations. Il souhaite renouer avec l'esprit de la Libération, mettre les banques au service du développement intérieur, les détourner des marchés financiers internationaux, les orienter vers les PME créatrices d'emplois, en faire, grâce à des conventions collectives entre directions et syndicats, des modèles de progrès social. Déjà propriétaire de trois grandes banques de dépôts issues des nationalisations de 1945, l'État contrôle désormais deux groupes financiers et les 36 banques collectant plus d'un milliard de francs de dépôts, soit 91 % des dépôts bancaires, contre 60 % avant 1982. Seules lui échappent alors les banques locales et les filiales des banques étrangères installées en France

Or le résultat n'est pas convaincant. Les nationalisations coïncident malencontreusement avec une grave crise de croissance du système bancaire. Les bénéfices reculent de 40 % en 1982. Certains établissements renommés comme l'Européenne de banque (ex. Banque Rothschild) font de lourdes pertes. C'est que les charges nouvelles s'accumulent, notamment les prêts à bas taux aux entreprises publiques, au moment même où les profits se dégradent. La contraction des revenus pétroliers, la crise d'endettement du Tiers Monde obligent les banques à constituer des provisions pour risque. Le recul de l'inflation amenuise leurs marges, car les taux débiteurs diminuent plus vite que les taux créditeurs. Il faut stopper l'embauche, comprimer les frais d'exploitation, envisager même, malgré les protestations de la clientèle, la tarification de services gratuits comme la gestion des chèques et la tenue des comptes courants.

Aujourd'hui l'activité bancaire s'est redressée, même si les marges demeurent trop faibles. Les établissements les plus fragiles ont été renfloués par l'entrée dans leur capital de grands groupes d'assurances : la Banque Worms par l'Union des assurances de Paris, le CIC, désormais détaché de Suez, par le Groupe des assurances nationales. Le poids de l'État s'est allégé : les privatisations ont rendu au secteur privé les grands groupes financiers, Paribas et Indosuez, et quelques grandes banques de dépôts, le CCF et surtout la Société Générale, pourtant nationalisée depuis la Libération. Les privilèges des réseaux non commerciaux ont été révisés : le Crédit agricole, revendu par l'État aux banques mutuelles régionales, devra prochainement renoncer à son monopole sur la distribution des crédits bonifiés à l'agriculture.

Surtout, les impératifs de rentabilité imposent, dans le secteur bancaire autant qu'ailleurs, une course à la concentration. L'échéance européenne de 1993 conduit les grandes banques à se rapprocher de groupes étrangers leur donnant accès à leurs réseaux de guichets ou leur permettant de participer au marché national des capitaux : la BNP a conclu des accords avec le Banco Bilbao Vizcaya et la Dresdner Bank ; la Compagnie financière de Suez, après une bataille boursière mémorable avec Carlo De Benedetti, a pris le contrôle de la Société Générale de Belgique. De même, au niveau national comme européen, l'interpénétration s'accroît entre banques et compagnies d'assurances, donnant désormais naissance à un nouveau vocable, la « bancassurance » : tandis que la BNP et l'UAP se sont associées pour proposer ensemble à leur clientèle certains types de contrats, le groupe Suez a racheté le deuxième assureur français, Victoire, lui-même renforcé par l'acquisition de l'assureur allemand Colonia ; quant à Axa-Midi, il a pris une importante participation dans le groupe américain Equitable Life. Inversement, l'Allemand Allianz, numéro un de l'assurance en Europe, contrôle désormais Rhin et Moselle et la Banque Barclays a racheté l'Européenne de banque. Au-delà du débat nationalisations-privatisations, désormais bien désuet, l'enjeu européen semble être devenu, pour les dirigeants des grandes banques comme pour ceux des compagnies d'assurances, tout aussi fondamental que dans les grands secteurs productifs.

TROISIÈME PARTIE

Les problèmes

7 L'inflation

DE FRÉQUENTES APPARITIONS

La hausse des prix

● *L'inflation n'est pas la hausse des prix.* Celle-ci ne fait que traduire extérieurement un phénomène complexe dont la nature et l'origine sont l'objet de vives controverses entre économistes (cf. p. 151-152). Pourtant sa manifestation la plus communément ressentie, surtout pour le grand public, sensible à l'évolution du pouvoir d'achat, reste l'augmentation des prix de détail. La France l'a connue à de multiples reprises avec une intensité plus forte qu'ailleurs jusqu'à ces toutes dernières années.

Hausse annuelle des prix de détail (%)

	1955-59	1960-66	1967-72	1973-79	1980-85	1986-91
Japon	1,2	5,7	6,7	9,7	2,7	1,6
Allemagne fédérale	1,8	2,7	4,3	4,7	3,9	1,6
États-Unis	1,9	1,7	4,9	8,4	5,2	4,3
Italie	1,9	4,4	5,0	16,6	13,8	5,8
Royaume-Uni	2,9	3,4	7,0	15,5	7,0	6,0
France	5,5	3,5	5,9	10,5	9,6	2,8
Moyenne OCDE	2,5	2,7	5,4	9,6	7,0	3,9

Même si la progression des taux d'une période à l'autre est en général moins forte qu'ailleurs, leur niveau reste jusqu'en 1985 toujours plus élevé que la moyenne des pays de l'OCDE. Ainsi, à la fin des Trente Glorieuses, les taux de 1967-72 sont le triple de ceux de 1960-66 aux États-Unis, le double au Royaume-Uni, une fois et demi plus élevés seulement en France. Par contre, l'écart avec le reste des pays industrialisés est toujours important, surtout lors des périodes de relative stabilité au niveau mondial comme les années cinquante. Il en résulte un différentiel d'inflation souvent inquiétant. Cet indicateur mesure la différence entre les taux français et la moyenne pondérée des taux des principaux partenaires commerciaux : Allemagne fédérale, États-Unis, Royaume-Uni, Italie, Belgique et Pays-Bas. Le différentiel diminue lorsque la hausse des prix s'accélère au niveau mondial (1974-75, 1979-81). Il augmente lorsqu'elle se réduit (1976-78, 1982-83). Mais il ne disparaît jamais, sauf à l'extrême fin de la période. Les années 1987 et 1991, où le différentiel s'est annulé, d'abord avec l'ensemble des pays de l'OCDE, puis avec l'Allemagne fédérale, représentent à cet égard un tournant essentiel. Signifie-t-il la fin de la sensibilité inflationniste traditionnelle de la France ? Il est encore bien tôt pour pouvoir l'affirmer.

• Mais la hausse des prix n'est pas uniforme d'une catégorie de produits à l'autre. *Une extrême variété* la caractérise, comme le montre l'évolution des prix relatifs. Tandis que les biens matériels fournis par l'industrie et, dans une moindre mesure, par l'agriculture voient leurs pris relatifs baisser sur une longue période, ceux des services augmentent. De 1950 à 1978, les prix de détail ont connu une hausse d'ensemble de 420 %. Or, parmi eux, ceux des produits manufacturés ont progressé trois fois moins vite (+ 150 %), ceux des produits agricoles presque aussi vite (+ 410 %), ceux des services deux fois et demi plus vite (+ 1 000 %).

Comme l'ont montré les travaux de Jean Fourastié, la loi de l'offre et de la demande, la structure concurrentielle des branches n'expliquent pas cette évolution. Celle-ci est due aux gains de productivité. Le progrès technique permet sur certains articles de moindres hausses, et même des baisses spectaculaires. Un téléviseur couleur valait environ 6 000 F au milieu des années soixante. Il devrait s'acheter aujourd'hui près de 30 000 F, et non pas cinq fois moins, si son prix avait évolué comme la moyenne générale. Le phénomène est le même pour les calculatrices de poche, dont le prix a été divisé par quinze en vingt ans. Par contre, l'impossibilité du progrès technique dans la plupart des services explique la hausse de leurs prix relatifs ou, si l'on préfère, la stabilité de leurs prix réels rapportés au salaire moyen. La coupe de cheveux pour homme équivalait à une heure six minutes du salaire de base d'un manœuvre parisien en 1960. Elle en représente deux heures dix minutes en 1990.

L'évolution de l'offre et de la demande, il est vrai, intervient parfois dans l'explication. Les produits énergétiques subissent le contrecoup de raretés relatives ou de décisions unilatérales prises par les pays producteurs. Le litre de supercarburant représentait 45 minutes de travail rétribué au salaire ouvrier de base en 1955, 15 minutes seulement en 1973. Les chocs pétroliers ont bloqué cette évolution à la baisse, sans parvenir toutefois à l'inverser. En 1983, le prix réel, 13 minutes de travail, est à peine inférieur à celui d'il y a dix ans. Il est cependant plus bas, en dépit des augmentations nominales spectaculaires survenues pendant la période, ce qui contribue à relativiser beaucoup leur gravité.

Ainsi, pour la grande majorité des produits, la baisse des prix réels est indéniable sur une longue période. Pourtant l'inflation est bien une réalité. Les hausses nominales sont rapides, davantage en France qu'ailleurs, et ont de lourdes conséquences sur la position internationale du pays.

L'affaiblissement monétaire

• Supérieure à celle des partenaires commerciaux, *la hausse des prix condamne la France à la dépréciation monétaire* face au reste du monde. La situation n'est pas nouvelle. Depuis la fin de la Première Guerre mondiale, le franc n'a connu que de rares périodes d'accalmie, jamais supérieures à dix ans : franc Poincaré de 1926-28 à 1936, franc Pinay de 1958 à 1969. Quel que soit le régime des changes, fixe ou flottant, et le contrôle sur les mouvements de capitaux, rigoureux ou laxiste, le franc manifeste toujours une tendance à l'affaiblissement vis-à-vis des autres grandes monnaies. Onze dévaluations ont eu lieu depuis la Libération, les quatre dernières sous forme de réajustements de parités à l'intérieur du Système monétaire européen. Si l'on tient compte, en outre, des réévaluations faites par d'autres pays et des phases de flottement du franc hors du serpent européen, on obtient une quinzaine de valeurs successives, presque toujours de plus en plus faibles face aux autres monnaies.

Exprimée en nouveaux francs, la valeur du dollar était de 1,19 F en décembre 1945. Elle atteint 5,18 F en décembre 1991 et a même franchi la barre des 10 F en février 1985. La dépréciation est considérable, même si les périodes de faiblesse de la monnaie américaine, en 1973-79, 1985-87, 1990-91, ont contribué à en freiner l'ampleur.

Face au deutsche Mark, par contre, la dépréciation est continue. Lors de sa création en juin 1948, la monnaie allemande valait 0,78 F. Pendant une longue période franc et mark s'échangeaient à parité. Depuis le début des années soixante, l'écart s'est progressivement creusé. Aujourd'hui, le cours pivot du deutsche Mark au sein du Système monétaire européen est de 3,35 F, quatre fois sa valeur initiale. Si l'on examine l'évolution du franc face à des monnaies comme le florin néerlandais ou le franc suisse, la dépréciation peut être qualifiée de catastrophique. Ils valent aujourd'hui respectivement sept et quatorze fois leur valeur en francs d'après-guerre. Même la livre sterling, pourtant longtemps affaiblie, de 1967 à 1974 notamment, cote en décembre 1991 deux fois sa valeur en francs de 1945.

● *Mais le recul international du franc est sans doute plus profond encore* que ne l'indique l'évolution des parités monétaires. Malgré la survie de la zone franc qui regroupe encore, autour de la France métropolitaine et des départements et territoires d'Outre-mer, 14 États d'Afrique noire, le franc n'est plus aujourd'hui que la cinquième monnaie de réserve dans le monde (1,5 % des devises détenues par les banques centrales et les particuliers). Dans les émissions d'emprunts internationaux libellés en devises (euro-obligations), il est surclassé par le dollar, le deutsche Mark, le franc suisse, le yen, la livre sterling, l'écu, le florin néerlandais et même par le dollar du Canada et celui de l'Australie (1,2 % de l'encours total des emprunts). Quant aux créances internationales des banques, 2 % seulement sont libellées en notre monnaie, contre 52 % en dollars, 14 % en yens, 13 % en deutsche Marks, 5 % en francs suisses, 4 % en livres, 2,5 % en écus. Manifestement, pas plus que la puissance mondiale de la City n'a permis à la monnaie britannique de conserver son statut international, la percée des banques françaises sur les marchés financiers étrangers depuis 1970 n'a été bénéfique au franc.

Aussi la France manque-t-elle de moyens pour se faire entendre sur la scène monétaire internationale. Les thèses de ses gouvernements ne sont guère écoutées, pas plus le retour à l'étalon-or défendu en 1965-67 par le général de Gaulle que les zones de stabilité qui, selon Édouard Balladur, permettraient de sortir du flottement généralisé des monnaies. La même faiblesse se constate au niveau européen. Valéry Giscard d'Estaing a beaucoup fait pour convaincre ses partenaires de l'urgence d'une coopération monétaire dans la CEE, comme ministre des Finances lors des accords de Bâle en 1972, puis comme président de la République lors de la formation du Système monétaire européen en 1979. Mais la poussée inflationniste a provoqué deux sorties du franc hors du serpent européen, en 1974-75, puis en 1976-79. De même, à trois reprises en moins de dix-huit mois, en 1981-83, des réajustements de parités ont affaibli la situation du franc au sein du SME. Du printemps 1985 à la fin 1987, le nouveau recul du dollar sur les marchés des changes a reporté la spéculation sur le deutsche Mark, d'où un regain de tension entre les monnaies européennes et deux nouveaux réajustements, en avril 1986 et en janvier 1987, ce dernier prenant la forme d'une réévaluation du deutsche Mark. Depuis cette date, la progressive résorption du différentiel d'inflation avec l'Allemagne fédérale, puis son inversion aux dépens de notre voisin, pour la première fois depuis 1973, ont permis de maintenir la parité du franc. C'est la conséquence bénéfique, tant de la politique de désinflation mise en œuvre par les gouvernements français que de la poussée de la demande suscitée outre Rhin par la réunification. Le phénomène sera-t-il durable ?

La longue impuissance gouvernementale

La lutte contre l'inflation représente en France un impératif auquel n'échappe aucun gouvernement. Aucun non plus ne peut se targuer d'avoir obtenu contre elle un succès décisif, tant le phénomène paraît profondément ancré. Pourtant toutes les techniques possibles ont été employées.

● *La compression autoritaire est fréquente.* Utilisant les pouvoirs conférés à eux par l'ordonnance de 1945, beaucoup de gouvernements ont recouru au blocage des prix, partiel ou total, en 1945-48, 1956-57, 1963-65, 1969, 1974, 1976, 1982. De même, beaucoup ont refusé aux entreprises publiques le relèvement de leurs tarifs, au nom de la tutelle exercée sur elles par l'État, et cela en dépit de l'autonomie tarifaire de principe parfois accordée.

En matière de salaires, depuis 1950 les conventions collectives sont librement conclues entre partenaires sociaux. Pourtant les gouvernements ne manquent pas de moyens d'action. Par la fixation du salaire minimum et par les rémunérations de la fonction publique, eux-mêmes déterminent en grande partie l'évolution globale des salaires. Ils peuvent aussi, en une action indirecte fortement teintée de dirigisme, recommander au secteur privé de ne pas dépasser un certain pourcentage de hausse au cours de l'année. C'est le but de la lettre qu'adressa en 1961 le Premier ministre Michel Debré au président du Conseil national du patronat français. Par la mise en place d'une politique des revenus, en 1963-66, puis d'une politique contractuelle sous le gouvernement Chaban-Delmas, de 1969 à 1972, ils s'efforcent de concilier stabilité des prix, gains de productivité et progrès social. Enfin, certains n'hésitent pas à intervenir très autoritairement dans la détermination des revenus. Raymond Barre en 1976 casse les hausses excessives bénéficiant aux titulaires de hauts revenus. Pierre Mauroy en 1982 bloque pour cinq mois tous les salaires, les marges commerciales, honoraires, dividendes et, d'une manière générale, toutes les catégories de revenus distribués.

Quant au crédit bancaire, dont le gonflement excessif paraît responsable de l'inflation, les gouvernements en freinent autoritairement la progression par des mesures d'encadrement. D'abord appliquées ponctuellement, lors des périodes de surchauffe (1958, 1963-65, 1968-70), elles deviennent permanentes, pour douze années, à partir de décembre 1972.

Or, qu'il s'agisse de prix, de salaires ou de crédit, de telles mesures ne conduisent qu'à des résultats décevants. L'échec est parfois immédiat, tel celui de l'« expérience 5 % » par laquelle le gouvernement Léon Blum avait cru pouvoir, en décembre 1946, décréter une baisse des prix. Il est souvent différé : après avoir été un instant calmée, l'inflation repart. C'est que ces techniques ne permettent aucunement de l'éliminer. La hausse des prix en est la traduction extérieure, sans doute la plus superficielle. Celle des salaires l'alimente, mais n'est pas forcément son élément moteur, même si elle l'entretient en pesant sur les prix de revient des entreprises et en gonflant la demande des particuliers. Quant au crédit, en dépit des responsabilités évidentes des banques dans le processus, elles ne font que répondre à la demande des autres agents économiques qui anticipent la hausse des prix et la montée des taux d'intérêt. Aussi une progressive prise de conscience des limites des techniques autoritaires a-t-elle conduit à renoncer à la plupart d'entre elles. L'ordonnance de 1945 a été abrogée en 1986 et l'encadrement du crédit a fait place en 1985 à un nouveau système de contrôle plus respectueux de la liberté de gestion des banques.

• *La stabilisation conjoncturelle tente de lutter contre l'inflation, soit par la compression de la demande globale, soit par le renchérissement du crédit.* Ce n'est pas que les gouvernements cherchent à s'inspirer du keynésianisme dans le premier cas, du libéralisme dans l'autre. Depuis 1945, aucun en France n'a vraiment cherché à appliquer un schéma théorique. Tous ont eu recours, alternativement ou simultanément, à des mesures agissant à la fois sur les aspects réels et sur les aspects monétaires de l'inflation.

La compression de la demande est surtout confiée à *la politique budgétaire*. La recherche d'excédents, par lesquels l'État absorbe une partie des revenus disponibles, soustraits à la demande globale, est très exceptionnelle et ne s'observe qu'en 1970-74. Par contre, la réduction du déficit est fréquente, parfois brutale, comme en 1949-50, 1958-60,1963-65, 1976-77, années où le solde d'exécution du budget a diminué de moitié en proportion du PIB, parfois lente, comme de 1983 à 1991, ramenant le déficit de 3,3 à 1,2 % seulement du PIB. Au moins aussi important que le solde, son mode de couverture peut freiner l'expansion des liquidités. Les grands emprunts publics ont été employés à cette fin : emprunt Pinay de 1952-58, emprunt Giscard de 1973, emprunt Barre de 1977, auxquels s'ajoutent, de 1982 à 1985, les trois ou quatre émissions annuelles faites par le Trésor public, complétées par les formules d'obligations renouvelables qui remplacent peu à peu les bons du Trésor à court terme.

Mais la rigueur budgétaire n'a pas la même signification selon qu'elle passe par la compression des dépenses ou par l'augmentation des impôts. Depuis 1945, le freinage des dépenses s'efforce en général de préserver les investissements. Les gouvernements qui ont fait le choix inverse, tel celui d'Antoine Pinay en 1952, sont relativement rares. L'augmentation des impôts, elle, est moins soucieuse de l'avenir. Par recherche de l'efficacité maximale, elle n'hésite pas à peser davantage sur les entreprises que sur les ménages. Certains épisodes l'illustrent de manière caractéristique, comme le « prélèvement conjoncturel » sur la trésorerie des entreprises en 1975, justifié par l'analyse assez contestable selon laquelle la pression inflationniste était alors imputable au surinvestissement.

Le renchérissement du crédit est le fait de *la politique monétaire*. En fixant à un niveau élevé les taux pratiqués par la Banque de France pour le réescompte des effets de commerce ou pour les interventions sur le marché monétaire, elle décourage les banques dans l'octroi de nouveaux crédits, dont le prix devient dissuasif pour les particuliers et les entreprises. C'est notamment la politique suivie lors des périodes de forte tension inflationniste, comme en 1969-74 et en 1979-82.

Pourtant, que l'on agisse par la compression de la demande ou par le renchérissement du crédit, ou des deux manières à la fois, la stabilisation conjoncturelle n'élimine pas l'inflation, sauf lorsqu'elle coïncide avec un mouvement mondial de même sens, en 1952-53, 1958-59 et depuis 1985. Beaucoup des moyens employés sont, en effet, d'efficacité contestable. Peu importe, par exemple, que les taux d'intérêt nominaux s'élèvent si, parallèlement, les prix progressent plus vite encore. Le gouvernement n'y a pris garde que depuis 1976, s'étant refusé jusqu'à cette date à freiner la croissance par des taux réels élevés. De même, les grands emprunts publics qui pompent les liquidités excédentaires assèchent les disponibilités du marché boursier. Ils gênent ainsi les entreprises dans leurs émissions d'emprunts obligataires ou dans leurs augmentations de capital et les contraignent indirectement à recourir davantage au crédit bancaire, ce qui relance l'inflation que l'on prétend combattre. Enfin, certains prélèvements obligatoires sont inclus dans les prix de vente ou de revient des entreprises. Relever les taux de TVA par souci de rigueur budgétaire aboutit aussitôt à la hausse des prix de détail. Augmenter les cotisations patronales à la Sécurité sociale pour en équilibrer les comptes se répercute sur les prix de revient des entreprises, qui, pour conserver leurs marges, aligneront à la hausse leurs prix de vente. Sauf s'ils cassent la croissance et gonflent le chômage, les instruments classiques de la politique conjoncturelle semblent souvent incapables de contrecarrer véritablement les tensions inflationnistes.

● *La réanimation de la concurrence paraît un remède plus approprié à la nature du mal combattu.* Ce n'est pas un hasard si le pays qui a le mieux réussi à éviter l'inflation depuis l'après-guerre, l'Allemagne fédérale, est en même temps celui qui a fondé sa politique économique sur la préservation systématique de la libre concurrence. En France, seuls quelques rares épisodes vont dans ce sens : les opérations « vérité des prix » de René Mayer en 1948 et de Félix Gaillard en 1957 ; l'interdiction des clauses d'indexation faites par le Plan Pinay-Rueff en 1958 ; la lutte contre les ententes et les abus de position dominante initiée par Edgar Faure en 1953, poursuivie par Joseph Fontanet, secrétaire d'État au Commerce, en 1960, puis par Raymond Barre créant en 1977 la Commission de la concurrence, enfin par Jacques Chirac et Édouard Balladur en 1986, à travers le Conseil de la concurrence qui doit permettre, malgré l'abolition du contrôle des prix, d'éviter un dérapage inflationniste.

Dans tous ces cas, l'élimination des rigidités de l'économie tend à extirper l'inflation à sa racine même. Est-ce parce que de telles orientations, du moins jusqu'à la récente déréglementation, n'ont été qu'épisodiques que la France s'est vue condamnée à une inflation supérieure à la moyenne des autres pays industrialisés ? On constate, en effet, que ces quelques mesures n'ont jamais été intégrées à une véritable perspective d'ensemble. Par exemple, le Comité Armand-Rueff, réuni en 1959, qui devait parachever l'œuvre du Plan de redressement de décembre 1958, n'a eu qu'un rôle consultatif. La plupart de ses recommandations n'ont pas été suivies. Au même moment, il est vrai, l'ouverture européenne contraignait l'économie française à davantage de concurrence. Mais elle ne concernait alors que les secteurs productifs, puisqu'il a fallu attendre la réalisation du grand marché européen pour 1993 pour voir s'esquisser la libération des échanges de services et de capitaux. L'action gouvernementale, souvent mal orientée, est ainsi restée partiellement inefficace.

DES CAUSES MIEUX ENRACINÉES QU'AILLEURS ?

Les causes communes à la France et aux autres pays industrialisés

L'inflation est un phénomène mondial, caractéristique de l'économie des pays capitalistes industrialisés au XXe siècle. A maints égards, ses mécanismes sont les mêmes en France que dans le reste du monde.

● *Les facteurs internationaux y ont une lourde part.* Le renchérissement des produits de base, comme partout, déclenche l'inflation par les coûts : flambée du prix des matières premières au début de la guerre de Corée, brutale tension sur les prix agricoles en 1972-73, enfin, bien entendu, hausse des prix du pétrole, une première fois de manière passagère, à l'automne 1956, par suite de la fermeture pour six mois du canal de Suez, puis à trois reprises lors des chocs pétroliers de 1973-74, 1979-80 et 1990. Ceux-ci cependant, selon l'INSEE, n'expliqueraient tout au plus que trois ou quatre points de taux d'inflation nettement supérieurs à 10 %.

Le désordre monétaire international est lui aussi un puissant facteur d'inflation. En effet, le franc fait figure de monnaie forte face au dollar à plusieurs reprises entre 1969 et 1974, ce qui attire à Paris des capitaux flottants qui, convertis en francs, gonflent inopportunément les disponibilités monétaires. De même, de 1981 à 1985, la montée du dollar se répercute sur les prix de revient des entreprises à travers le coût croissant des importations. Enfin, la montée des opérations en euro-monnaies a souvent permis aux banques d'échapper aux rigueurs de l'encadrement du crédit. Il leur suffisait d'emprunter pour elles-mêmes ou pour le compte de leurs clients les devises nécessaires au développement de leurs crédits qui, n'étant pas libellés en francs, n'étaient pas soumis à encadrement. Ces mécanismes d'inflation importée ont contribué à entretenir la hausse des prix intérieurs.

● Comme partout aussi, *l'inflation résulte de la compétition entre les groupes sociaux,* et notamment d'une volonté de rattrapage ou de maintien des revenus d'autant plus exacerbée que les inégalités sont plus fortes. Or on estime généralement, même s'il convient de manier avec prudence les comparaisons internationales dans ce domaine, que la société française est restée plus inégalitaire que celle des pays anglo-saxons, scandinaves ou germaniques. Elle est donc davantage exposée à ce mécanisme d'inflation. Pendant la période de forte croissance, du milieu des années cinquante à la fin des années soixante, les écarts salariaux n'ont cessé de se creuser, accumulant dans toute une partie de la population des sentiments de frustration qui ont contribué à l'explosion de mai 1968. Le rapport entre le salaire moyen d'un cadre supérieur et celui d'un ouvrier passe de 3,33 en 1950 à 4,29 en 1962 et même à 4,54 en 1967. Il décline ensuite pour retrouver un niveau peu différent du point de départ (3,12 en 1990).

● Enfin, *l'inflation est tout à la fois une conséquence et un facteur de l'endettement accru qui caractérise toutes les économies occidentales contemporaines.* En France, les particuliers et les entreprises s'y sont lancés avec d'autant plus d'ardeur qu'ils comblaient un retard sensible sur les autres pays industrialisés. En une décennie, de 1965 à 1975, le crédit aux entreprises a progressé en moyenne de 20 % chaque année et celui des particuliers, notamment pour l'acquisition d'un logement, de 30 %. Ces chiffres, nettement supérieurs aux taux de croissance, ont nourri les reproches fréquemment adressés aux banques d'avoir ainsi entretenu l'inflation.

L'endettement est aussi le fait de l'État. Le déficit budgétaire y contribue. La France paraît à cet égard plus sage que d'autres pays. Aux États-Unis, depuis 1960, le budget fédéral n'a été présenté en équilibre qu'une seule fois. En Allemagne fédérale, le déficit est permanent depuis 1965 et représente souvent une fraction non négligeable du PIB. En France, par contre, le budget de l'État est équilibré en 1964-65, excédentaire en 1970-74. Aussi la dette publique, malgré un gonflement très rapide en 1981-83, reste-t-elle encore aujourd'hui proportionnellement moins importante qu'ailleurs : 26 % du PIB en 1989, contre 42 % en Allemagne fédérale, 50 % aux États-Unis, 54 % au Royaume-Uni, 69 % au Japon et même 102 % en Italie. Ainsi, depuis 1945, les attitudes sociales et les comportements économiques sont, en France comme partout, générateurs d'inflation.

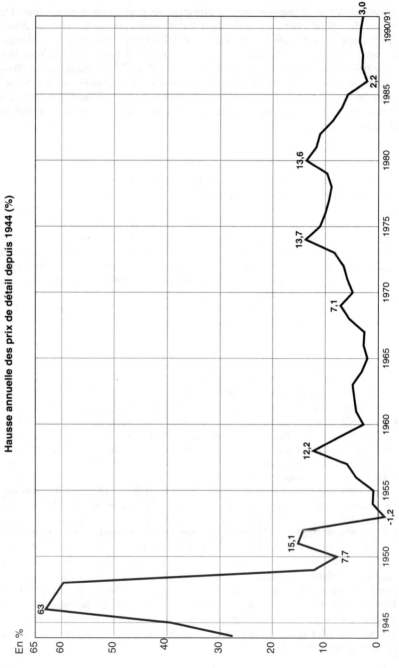

Hausse annuelle des prix de détail depuis 1944 (%)

QUELQUES MANIFESTATIONS DE L'INFLATION

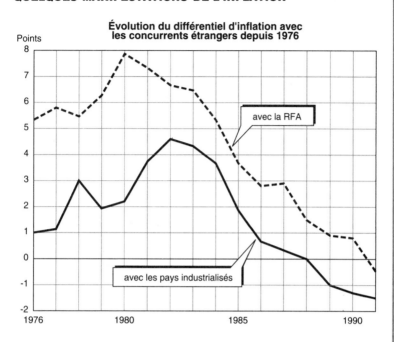

Évolution du différentiel d'inflation avec
les concurrents étrangers depuis 1976

avec la RFA

avec les pays industrialisés

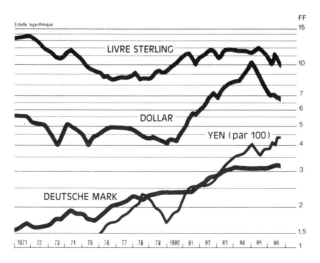

Évolution des monnaies contre le franc français
de 1971 à 1986

Echelle logarithmique

LIVRE STERLING

DOLLAR

YEN (par 100)

DEUTSCHE MARK

Les causes spécifiques à la France

On ne saurait comprendre la gravité du processus inflationniste en France sans tenir compte de certains traits qui l'ont longtemps entretenu.

● *Le cadre de la croissance y a été favorable pendant plus d'un quart de siècle.* D'abord, l'isolement face au reste du monde, maintenu jusqu'en 1959, a permis aux entreprises de pratiquer des prix de vente élevés. Il a empêché les exportations de servir de moteur à la croissance, ne contraignant donc pas à comprimer la demande intérieure et à freiner la hausse des prix destructrice de la compétitivité. Il a privé les entreprises des ressources financières à bas taux nécessaires à leurs investissements, non seulement à cause du contrôle des changes, mais aussi parce qu'il a contribué au cloisonnement des marchés de capitaux, d'où des taux d'intérêt élevés, facteurs d'inflation par les coûts.

A partir de 1959, un nouveau cadre est apparu, desserrant les barrières douanières, puis, au milieu des années soixante, modérant les hausses salariales grâce au gonflement de la population active. Cependant, les pressions inflationnistes sont demeurées vives. Elles représentaient la rançon de taux de croissance supérieurs à la moyenne des pays industrialisés, alimentés par les progrès de la consommation des ménages et de l'investissement des entreprises. Toutes les composantes de la demande globale progressant à vive allure, les anticipations à la hausse des prix se sont multipliées et le risque de surchauffe est devenu manifeste, en particulier de 1968 à 1973. L'inflation française était donc le prix à payer pour une modernisation, puis une croissance économique particulièrement rapides.

● *Elle fut aussi longtemps alimentée par la rigidité des salaires à la baisse.* Tout se passait en effet en France comme si les salaires ne pouvaient connaître qu'une évolution toujours dans le même sens : à la hausse, tant nominale que réelle. Le mimétisme salarial alignait les unes sur les autres les augmentations dans les différentes branches, ruinant les efforts gouvernementaux, tels ceux de Jacques Chaban-Delmas de 1969 à 1972, pour limiter les hausses aux gains de productivité, entretenant l'inflation par les coûts. Jusqu'en 1982, à la différence des autres pays industrialisés, la part des salaires dans le revenu national n'a cessé d'augmenter. De plus, les cotisations salariales ont fortement renchéri le coût de la main-d'œuvre. Le mode de financement de la Sécurité sociale, reposant sur elles et non sur l'impôt, rendait inéluctable leur progression à mesure que la crise multipliait les dépenses de transfert.

● *Le poids de l'État,* vieille spécificité d'un pays qui a bâti son histoire autour de la centralisation, n'est pas sans rapport avec la fréquence des poussées inflationnistes depuis 1945. De nouvelles tâches n'ont cessé de le solliciter : politiques, telles que les guerres coloniales jusqu'en 1962 ; sociales et démographiques, telles que l'effort en faveur du logement, de la santé, de l'éducation, trois domaines qui absorbent aujourd'hui la moitié des dépenses budgétaires ; économiques enfin, telles que la nécessité de stimuler la croissance, puis de lutter contre la crise depuis 1974. Or le mode de financement des dépenses publiques en France est davantage inflationniste qu'ailleurs, non qu'il repose sur l'emprunt, car celui-ci, tout au moins sous la Ve République, est moins développé qu'à l'étranger, mais plutôt par suite de la structure très particulière du système fiscal et parafiscal.

Structure des prélèvements obligatoires en 1988 (%)

	France	Italie	Allemagne fédérale	Royaume-Uni	Japon	États-Unis
Impôts sur les revenus et les bénéfices	17,3	36,2	34,2	37,4	47,3	43,1
Impôts sur le patrimoine	4,8	2,5	3,1	12,7	10,9	10,3
Impôts sur les biens et services	29,4	28,0	25,2	31,2	12,6	16,9
Cotisations sociales	43,3	33,3	37,4	18,5	29,0	29,7
Impôts divers	5,2	–	0,1	0,2	0,2	–
Total	100	100	100	100	100	100
Part des impôts et taxes répercutables	72,7	61,3	62,6	49,7	41,6	46,6

Les impôts directs pesant sur le revenu des particuliers et des entreprises et contribuant donc, lorsqu'ils augmentent, à freiner l'inflation, sont apparus tardivement. L'impôt progressif sur le revenu n'a été créé qu'en 1917, avec près d'un quart de siècle de retard sur la Prusse, dix ans de décalage avec le Royaume-Uni. Sous sa forme moderne, il ne remonte en fait qu'à 1959. L'impôt sur le bénéfice des sociétés n'a été créé qu'en 1949. Il a fallu attendre 1982 et l'arrivée de la gauche au pouvoir pour assister à la création en France d'un impôt sur les grandes fortunes, d'ailleurs temporairement supprimé par la droite en 1986-1987, puis rétabli par le gouvernement Rocard, mais d'un montant fort léger. Par contre, de tous temps, les impôts indirects ont été très développés. En ce domaine, la France fait figure de modèle en Europe, par exemple avec la création de la TVA en 1954, appliquée progressivement à toutes les activités. Mais ces impôts, inclus dans les prix de vente, ont une incidence inflationniste, tout comme les cotisations sociales assises sur les salaires bruts et incluses dans les prix de revient.

La France est ainsi, de loin, le seul grand pays industriel qui fasse reposer son prélèvement obligatoire pour près des trois-quarts sur des impôts et taxes indirectes et des cotisations sociales répercutables, immédiatement ou non, sur les prix. Seule la Grèce la devance encore sur ce point parmi les pays de l'OCDE. Il ne faut certes pas voir dans cette composition très déséquilibrée du prélèvement la seule explication de la longue persistance des tensions inflationnistes : la France a réussi sa désinflation depuis 1985 sans réformer en profondeur son système fiscal et para-fiscal. Inversement les États-Unis et le Royaume-Uni, où pourtant moins de la moitié du prélèvement repose sur des charges répercutables, sont devenus davantage que la France sensibles aux hausses de prix. L'Allemagne fédérale et l'Italie qui composent de manière peu différente leur prélèvement n'en ont pas moins des performances diamétralement opposées en matière d'inflation. Toujours est-il que cette particularité française n'a pu que contribuer à y enraciner les comportements inflationnistes.

● Enfin, la France se caractérise par *un certain retard des structures économiques et sociales* sur celles des autres pays industrialisés. Peut-être faut-il y voir la préférence pour un mode de développement original, toujours décalé, qui est parvenu, mieux que d'autres, à conserver l'héritage du passé. Les entreprises, longtemps abritées de l'étranger, ont cherché à freiner entre elles l'impact de la concurrence, d'ailleurs encouragées dans cette voie par l'État qui y voyait le meilleur moyen d'éviter faillites et baisses de prix, lors de la crise des années trente notamment. D'où, dans de multiples branches, des ententes, occultes ou ouvertes, sous forme de barèmes syndicaux, de quotas de production, que les gouvernements ne combattent que trop mollement. Parfois même, aujourd'hui encore, ils freinent la concurrence dans certains domaines au nom de la défense des plus faibles : c'est le cas de la distribution, avec la loi Royer sur les grandes surfaces en 1973 ou la loi Lang sur le prix unique du livre en 1982.

De même, dans la société, de multiples particularismes entretiennent l'inflation : poids élevé des petits commerçants, hostiles à toute stabilisation des prix ; permanence d'une agriculture de subsistance ne pouvant se maintenir qu'à l'abri de prix garantis élevés ; professions fermées dont l'accès est subordonné à des règles particulières. La modernisation des activités, la libéralisation des services, ne serait-ce que dans le cadre du grand marché européen prévu pour 1993, entraînent leur progressive marginalisation. Elles n'en ont pas moins longtemps alimenté les pressions inflationnistes.

Depuis la Libération, la France accumule ainsi causes et types d'inflation. Tous les agents économiques y ont leur part de responsabilité : entreprises, ménages, État, intermédiaires financiers. Les processus de la hausse des prix offrent un champ d'observation particulièrement riche, de la classique inflation par la demande ou par les coûts à l'inflation importée dûe à l'afflux de devises, en 1969-74 par exemple, et à l'inflation par les structures.

L'universalité du phénomène rend sceptique face aux succès remportés sur lui, même si les gouvernements, depuis la fin des années soixante-dix, ont la volonté d'extirper l'inflation par une action à long terme, et non plus seulement de la masquer par des interdictions passagères. Il serait surprenant qu'un problème aussi profondément ancré dans la réalité nationale ne débouche pas sur des conséquences majeures.

LES MULTIPLES RÉPERCUSSIONS DU PHÉNOMÈNE

Les conséquences sur l'épargne

L'inflation a sur l'épargne des effets ambivalents. Si elle est en même temps décourageante et stimulante pour sa formation, elle provoque aussi sa recomposition par ses incidences sur les différents types de placements.

● *La formation de l'épargne est à première vue découragée par l'inflation.* En cas de hausse des prix, différer une consommation pour mettre de côté une partie du revenu vouée à perdre son pouvoir d'achat serait un comportement peu rationnel. Depuis 1918, les malheurs des petits rentiers qui avaient placé leur fortune en titres d'emprunts à revenu fixe sont là pour le prouver. Cette catégorie sociale, nombreuse au XIXᵉ siècle, a disparu dès l'entre-deux guerres. Pourtant, l'inflation oblige aussi à défendre son pouvoir d'achat. Si l'épargne est placée et garantit à son titulaire un rendement au moins égal à la dépréciation monétaire, ou bien si elle est affectée à l'achat d'un bien qui, en cas de besoin, peut se revendre moyennant une plus-value supérieure au taux d'inflation, le but est atteint. L'épargne est alors stimulée par l'inflation. Ce n'est en effet que dans des situations extrêmes d'hyperinflation qu'elle disparaît totalement en un phénomène de fuite devant la monnaie. La France a failli la connaître lors de l'immédiat après-guerre. Par contre, durant les années soixante-dix, l'inflation, quoique forte, n'a pas eu de semblables conséquences. Le taux d'épargne des ménages, mesuré en proportion de leur revenu disponible, s'est au contraire maintenu à un niveau à peu près constant : 18,8 % en 1970, 18,0 % en 1981. En 1975, première année de recul de la production industrielle depuis la guerre, la double crainte du chômage et de l'inflation a même provoqué un gonflement à 20,2 % du revenu disponible, suivi, trois ans plus tard, du maximum historique (20,4 % en 1978), dû aux mesures favorables aux placements collectifs en Bourse prises par le ministre des Finances René Monory. Paradoxalement, depuis 1982, c'est la désinflation qui provoque l'effondrement du taux d'épargne : 10,8 % en 1987, à peine mieux en 1990 (12 %), soit un niveau équivalent à celui du début des années cinquante. La constitution d'une épargne de précaution devient en effet de moins en moins nécessaire contre la hausse des prix, et les ménages français modèlent ainsi leur comportement sur celui des pays anglo-saxons où les taux d'épargne sont extrêmement faibles.

Ce schéma global est, à vrai dire, trop simple. Le comportement d'épargne des ménages ne dépend pas seulement du rythme de hausse des prix. Il obéit aussi à de multiples paramètres démographiques, économiques, sociaux : taille du ménage, âge de son chef, montant et régularité des revenus, volonté d'imitation ou, au contraire, de distinction vis-à-vis des autres ménages... En ce domaine, la stricte logique financière n'explique qu'une partie des évolutions constatées qui demeurent souvent mal comprises des spécialistes eux-mêmes.

● *La composition de l'épargne semble, pour sa part, plus directement commandée par le rythme de l'inflation.* Depuis une quinzaine d'années, l'évolution des différents types de placements en France le montre avec netteté. Observables sur les deux périodes 1977-81 et 1982-85, les rendements annuels en termes réels, c'est-à-dire déduction faite de la hausse des prix, sont très contrastés.

Performances annuelles réelles de plusieurs types de placements (%)

	1977-81	1982-85
Actions	+ 2,2	+ 28,5
Obligations du secteur privé	− 1,0	+ 11,3
Emprunt Giscard 1973	+ 24,0	+ 4,2
Lingot d'or	+ 16,5	− 6,0
Logement	+ 1,5	+ 2,2
Livret A de caisse d'épargne	− 4,0	− 0,2
Terres agricoles	− 2,0	− 7,0

De 1977 à 1981, l'inflation progresse. L'épargne s'oriente vers les placements non financiers qui préservent le patrimoine de l'érosion monétaire. L'acquisition d'un logement est alors très attirante malgré son médiocre rapport, d'autant plus qu'elle permet de satisfaire l'aspiration à la propriété immobilière ou d'accéder à la société de loisirs grâce à l'achat d'une résidence secondaire. D'ailleurs les banques, aidées par l'État, y poussent fortement grâce aux formules d'épargne-logement. Aussi la part de l'immobilier dans le patrimoine des ménages s'accroît-elle : 46 % en 1962, à peine plus qu'en 1949 (41 %), mais 62 % en 1981.

Pendant toute la période, l'or est aussi très recherché, soit pour l'achat de lingots, soit pour la souscription d'emprunts indexés sur lui : emprunt Pinay 1952-58, emprunt Giscard 1973. La crise du dollar, l'aggravation des tensions politiques et économiques internationales expliquent la montée incessante de son cours sur toutes les places mondiales.

Par contre, les placements financiers sont dévalorisés : dépôts en caisses d'épargne, qui n'offrent qu'une rémunération négative, les pouvoirs publics se refusant à relever les taux au-delà de l'inflation ; achats de valeurs mobilières, découragés par de médiocres dividendes et par la hausse des taux d'intérêt qui déprécie le cours des obligations.

Tout change à partir de 1982. Les performances comparées des différents types de placements se recomposent en profondeur. La désinflation favorise désormais les placements financiers et, d'abord, les valeurs mobilières. Après le minimum historique de 1982, les perspectives de croissance des entreprises s'améliorent et leurs distributions de dividendes attirent de nouveaux actionnaires. La baisse des taux d'intérêt revalorise les placements obligataires. Au contraire, les placements non financiers ne procurent plus que des revenus médiocres, voire négatifs comme les terres agricoles qui subissent l'instabilité des revenus d'exploitation. Le placement en or est concurrencé par une autre valeur refuge, le dollar, dont les cours ne cessent de progresser jusqu'en 1985. Ceux du lingot reculent, le rendement des emprunts indexés sur l'or devient inférieur à celui des obligations du secteur privé. Quant aux livrets de caisses d'épargne, le redressement de leur rendement ne parvient pas à freiner la désaffection croissante des ménages pour ce type de placement. Globalement, la recomposition du patrimoine financier est spectaculaire : en 1977, les liquidités en représentaient encore 82 %, contre 18 % pour les placements ; en 1988, les proportions sont inversées : 34 % pour les liquidités, mais 66 % pour les placements.

● *La montée de la Bourse de 1982 à 1987 est dans une large mesure une conséquence de la désinflation.* D'autres causes ont joué un rôle non négligeable dans le processus. Les pouvoirs publics n'ont pas ménagé leurs efforts. Ils ont rendu le placement boursier moins risqué en créant les SICAV (Sociétés d'investissement à capital variable) dès 1963. Ce sont des sociétés de portefeuille gérées par des banques, des compagnies d'assurances, des caisses d'épargne. Leur actif se compose de valeurs mobilières sélectionnées pour assurer aux détenteurs d'une part de la SICAV un rendement à la fois le plus élevé et le plus régulier possible. L'État a aussi rendu le placement boursier plus rentable, en multipliant les déductions fiscales, de l'avoir fiscal créé en 1965 au compte d'épargne en actions lancé en 1983, en passant par les SICAV Monory en 1978. Enfin, l'État a protégé les intérêts des épargnants, en chargeant la COB (Commission des opérations de Bourse), depuis 1967, de « moraliser le marché ».

De plus, l'État a modernisé la Bourse par toute une série de réformes survenues au cours des années quatre-vingts, tentant d'aligner Paris sur les grands marchés anglo-saxons : création du second marché en 1983, destiné aux entreprises désireuses de n'introduire dans le public qu'une partie de leur capital, les PME essentiellement ; ouverture du MATIF (Marché à terme d'instruments financiers) en 1986, permettant les opérations à terme sur les titres d'emprunts publics ; disparition de la criée et cotation « en continu » grâce à l'informatique ; transformation des charges d'agents de change en sociétés de Bourse ouvertes aux participations bancaires en 1988 et, à l'horizon 1993, suppression totale du monopole qui faisait des agents de change les intermédiaires obligés pour toute transaction.

La politique économique générale a aussi contribué indirectement à la montée des cours. Les nationalisations, par l'annonce des fortes indemnités versées aux anciens actionnaires, ont paradoxalement déclenché une ruée spéculative sur les titres des sociétés concernées à l'automne 1982. Les privatisations, en proposant aux épargnants des titres à des conditions très avantageuses, ont attiré de très nombreux souscripteurs (1,5 million pour Saint-Gobain, 3,8 millions pour Paribas). Et l'évolution économique internationale elle-même a tenu sa place : les capitaux étrangers ont été attirés par la relative sous-évaluation des cours à Paris, compte tenu des médiocres performances des années antérieures.

Mais tous ces facteurs n'auraient vraisemblablement pas suffi à expliquer une telle envolée si, parallèlement, la désinflation n'avait rendu subitement les placements financiers très attractifs, de préférence aux placements non financiers traditionnels. Ainsi, durant cinq ans, la progression des cours a été quasi ininterrompue, pendant la plus longue période de hausse connue à la Bourse depuis 1954-57, où la découverte du pétrole de Parentis, puis des hydrocarbures sahariens avait provoqué une vive poussée spéculative. Pourtant le retournement a eu lieu, brutalement, comme sur les autres places financières, en octobre 1987. Montée des taux d'intérêt, incertitudes conjoncturelles, interdépendance excessive entre les marchés liée à l'usage des programmes informatiques : tout s'est conjugué pour produire une grave crise. La correction à la baisse, très sévère (− 27 % en dix jours), suivie d'un « mini-krach » en octobre 1989 (− 7 % en trois jours) a découragé beaucoup de spéculateurs. Mais, même si le marché est désormais peu animé et les perspectives d'évolution des cours fort incertaines, les difficultés boursières ne sont pas à l'origine de l'affaiblissement économique de 1989-1990.

Cette évolution mouvementée souligne, une fois de plus, le décalage persistant entre Bourse et réalités économiques. Médiocre baromètre conjoncturel, la Bourse stagnait en 1962-1967, en pleine prospérité. Elle s'envole en 1982-1986, en pleine stagnation. Elle s'effondre en 1987, en pleine reprise. Tout n'est pourtant pas qu'illusion dans la montée des années 80. Elle a permis à Paris de devenir la cinquième place financière mondiale, juste derrière Francfort, alors qu'elle était naguère devancée par Zurich et Toronto. Les placements en valeurs mobilières se sont démocratisés : ils concernent 9 millions de personnes, dont 4,5 à 5 millions d'actionnaires directs, et représentent 34 % du patrimoine de rapport des ménages en 1988, près de dix fois plus qu'en 1977 (18 %), au détriment de la part de l'immobilier. Mais cette démocratisation ne s'accompagne pas d'une diminution des inégalités, aujourd'hui plus creusées que jamais, tant en ce qui concerne les revenus que les patrimoines. Tout suggère que ce sont d'abord les ménages les plus riches qui ont bénéficié de la montée des cours, ne laissant finalement aux petits porteurs que la portion congrue.

Les conséquences sur les équilibres économiques et sociaux

L'inflation a été souvent considérée comme un phénomène au moins autant utile que néfaste. A plusieurs reprises, tant sous la IVe République qu'à la fin des années soixante, elle est apparue indispensable à la croissance, non seulement parce qu'elle en est la conséquence inévitable, mais aussi parce qu'elle en permet l'entretien.

● *Des apparences bénéfiques justifient cette appréciation.* L'inflation stimule la croissance à travers les diverses composantes de la demande globale. La consommation des ménages est gonflée par les anticipations à la hausse des prix, l'investissement des entreprises est facilité, la charge d'endettement s'allégeant avec l'inflation. Les exportations elles-mêmes bénéficient de la dépréciation monétaire si les pouvoirs publics laissent la monnaie s'affaiblir sur le marché des changes au-delà de sa dépréciation interne. Les prix à l'exportation, exprimés en monnaie étrangère, sont alors très avantageux pour les clients étrangers qui accroissent leurs commandes, sauf s'ils sont insensibles aux variations de prix. Pour peu que les entreprises disposent de réserves suffisantes pour répondre à la demande étrangère supplémentaire, les exportations augmentent. Un raisonnement symétrique montre que les importations se réduisent. Le solde commercial doit donc s'améliorer. Une telle attitude gouvernementale, recherchant dans l'inflation la stimulation du commerce extérieur, est rare. L'attachement au prestige monétaire, le simple souci de maintenir les taux de change les plus stables possible expliquent qu'on ne la trouve que très exceptionnellement en France. C'est cependant elle qui a conduit, à deux reprises (1974-75 et 1976-79), les gouvernements à exploiter les sorties forcées du franc hors du Serpent monétaire européen pour desserrer la contrainte extérieure. En 1982-83 encore, les partisans d'une politique conjoncturelle autonome des autres pays industrialisés ont prôné – infructueusement – un nouveau détachement de la monnaie dont les fluctuations à la baisse auraient permis, selon eux, une sortie de crise moins douloureuse.

Sur le plan social, les avantages de l'inflation sont indéniables. Tracée à partir des constatations empiriques faites dans l'économie britannique de 1861 à 1957, la célèbre courbe de Phillips semble garantir l'exclusion réciproque du chômage et de l'inflation. Tout gonflement du chômage permet aux chefs d'entreprise de résister efficacement aux revendications salariales. Le freinage des salaires ralentit l'inflation, à la fois parce qu'ils sont une composante des prix de revient et parce qu'ils forment la principale catégorie de revenus, donc de demande de biens de consommation. Inversement, à mesure que l'on se rapproche du plein emploi, les entrepreneurs doivent augmenter les salaires pour se procurer la main-d'œuvre dont ils ont besoin, ce qui entretient l'inflation. On peut en tirer la conclusion pratique qu'une légère surchauffe inflationniste est le meilleur garant du plein emploi. C'est bien d'une telle logique que se sont inspirés les gouvernements à partir de la fin des années soixante, lorsque l'apparition d'un chômage structurel les a incités à la recherche d'une croissance rapide et lorsque la fuite en avant inflationniste leur a paru le seul moyen d'éviter l'explosion des mécontentements.

D'autres retombées sociales bénéfiques de l'inflation s'observent aussi. La diffusion rapide de la propriété immobilière depuis vingt ans n'aurait jamais pu avoir lieu sans l'inflation qui a allégé les charges de remboursement des emprunts. Pendant cette période, le nombre de propriétaires a augmenté des deux tiers. Un ménage sur deux est aujourd'hui propriétaire de sa résidence principale, un sur cinq possède un autre logement, sous forme de résidence secondaire ou d'immeuble de rapport. Si l'aspiration à la propriété individuelle a pu ainsi être satisfaite, c'est grâce à la dépréciation monétaire.

● *Pourtant, des réalités pernicieuses permettent de ranger l'inflation parmi les maux qu'aucun gouvernement ne peut se permettre d'ignorer.* Économiquement, elle dégrade la situation financière des entreprises. Certes, celles-ci peuvent, dans l'immédiat, répercuter sur leurs prix de vente l'augmentation de leurs charges au titre des salaires, des matières premières, de l'énergie ou des frais financiers. Mais le processus trouve bientôt ses limites. En recourant à l'endettement extérieur, les entreprises affaiblissent leurs fonds propres. Elles doivent consacrer au remboursement de leurs emprunts une part croissante de leur valeur ajoutée, ce qui diminue à nouveau leurs marges bénéficiaires disponibles pour l'autofinancement. Le processus est cumulatif et difficile à inverser. Les entreprises françaises n'ont pas encore vraiment surmonté les conséquences nuisibles de l'inflation du début des années quatre-vingts, malgré la vigueur récente de leur redressement.

De même, le solde commercial, un moment stimulé par la dépréciation monétaire, en subit vite les effets négatifs. Sauf à tolérer une dégradation profonde des taux de change, génératrice d'affaiblissement national, les pouvoirs publics sont rapidement conduits à prendre des mesures pour stabiliser la monnaie face aux autres devises. Dès lors, toute hausse des prix intérieurs supérieure à celle des partenaires commerciaux dégrade immédiatement le solde extérieur.

Quant aux avantages sociaux de l'inflation, ils paraissent, eux aussi, très discutables. La courbe de Phillips, qui ne s'appuie d'ailleurs que sur des constatations de fait, a été démentie, en France comme ailleurs, depuis le début de la crise actuelle. Pendant dix ans au moins, la stagflation a fait coexister inflation et chômage qui devraient théoriquement s'exclure. Depuis 1983, il est vrai, le recul de l'inflation s'accompagne à nouveau d'un gonflement du chômage. Mais les relations entre les deux termes semblent plus complexes que celles schématisées par la courbe. En outre, le renforcement de la propriété immobilière, encouragé par l'inflation, a longtemps détourné les ménages français d'autres formes de placement plus utiles à l'économie. D'ailleurs, l'inflation est toujours synonyme de creusement des inégalités, les capacités d'adaptation à la hausse des prix variant d'une catégorie sociale à l'autre.

Ainsi, plus qu'une source de bienfaits, l'inflation est à l'origine de problèmes permanents pour le pays qui la subit. La France, qui n'y a échappé qu'exceptionnellement depuis 1945, a vu l'évolution de son économie, le patrimoine de ses ménages, la valeur de sa monnaie, les structures de sa société en être profondément affectés. Sans l'inflation, phénomène fondamental de l'après-guerre, on ne pourrait guère comprendre le visage de la France d'aujourd'hui.

QU'EST-CE QUE L'INFLATION ?

● *Deux écoles de pensée.* L'inflation est un déséquilibre. Comme tout phéno-mène économique, il peut s'analyser de deux manières, monétaire ou réelle. Pour les économistes néo-classiques, adeptes de la pensée de Milton Fried-man, c'est l'explication monétaire qui prévaut, d'où le nom d'*école monétariste*. Les prix montent parce que les banques, profitant de la tolérance coupable des pouvoirs publics, émettent trop de monnaie scripturale par le biais du multipli-cateur de crédit. Elles gonflent alors les disponibilités monétaires au-delà des besoins de la production.

Au contraire, pour l'*école keynésienne*, l'inflation est d'abord un phéno-mène réel, c'est-à-dire non monétaire. Elle résulte d'un décalage entre les anticipations des producteurs et des consommateurs d'une part et la production disponible d'autre part. Si la demande globale, somme de la consommation et de l'investissement, excède l'offre globale, la hausse des prix est inéluctable.

Les deux approches semblent plus complémentaires qu'antagonistes. Cependant elles s'opposent vivement sur les thérapeutiques recommandées face à l'inflation :

– *pour les monétaristes :* priorité à la politique monétaire qui doit, quelles qu'en soient les conséquences économiques, limiter quantitativement l'émis-sion de monnaie au niveau compatible avec la croissance ;

– *pour les keynésiens :* mise en œuvre d'une politique conjoncturelle d'ensemble, augmentant rapidement l'offre (importations de choc) et compri-mant la demande (diminution du déficit budgétaire, surveillance de l'évolution des revenus).

● *Les types d'inflation.* Plusieurs processus conduisent à l'inflation qui, une fois lancée, tend à s'entretenir d'elle-même de façon cumulative.

L'inflation par la demande résulte parfois d'une offre temporairement insuffisante (guerre, grève, accident climatique). Plus souvent, elle provient d'une demande excessive par rapport au niveau normal de l'offre : consom-mation gonflée par des revenus supplémentaires ou par le recours à l'endet-tement ; investissement excessif, dû à l'anticipation d'une poursuite indéfinie de l'expansion ; déficit budgétaire financé par des moyens monétaires (bons du Trésor ou avances de la banque centrale), et non par emprunt à long terme qui absorberait une partie des liquidités.

L'inflation par les coûts provient de l'augmentation des prix de revient des entreprises :

– *charges salariales* accrues au-delà des gains de productivité, soit par pression syndicale, soit par obligation d'augmenter les cotisations patronales pour financer la protection sociale ;

– *coûts d'approvisionnement* élevés : par exemple, hausse du prix des matières premières au début de la guerre de Corée, chocs pétroliers de 1973-74 et 1979-80, hausse du dollar de 1980 à 1985 ;

– *charges financières* croissantes par suite de la montée des taux d'in-térêt, ce qui pénalise les entreprises recourant au crédit bancaire.

● *L'inflation par les structures* ne se réfère à aucun mécanisme économique précis, mais à un « climat » favorable à l'inflation. Lorsque la concurrence est insuffisante, les grandes entreprises pratiquent des « prix administrés » de leur choix. Lorsque certaines professions sont protégées par une réglementation ou par le retard d'évolution sur les autres pays industrialisés, elles imposent des tarifs, des honoraires, des marges commerciales qui contribuent à l'inflation. Enfin, la tertiairisation de l'économie peut l'entretenir aussi, car le secteur tertiaire, rebelle au progrès technique, jusqu'à une date récente tout au moins, est incapable de gains de productivité abaissant le prix relatif de ses prestations.

Tous ces processus sont évidemment liés les uns aux autres. Il est pratiquement impossible, dans un cas concret, de savoir si ce sont les hausses de salaires qui ont déclenché l'inflation ou si elles n'ont fait que répondre à des hausses de prix préexistantes, lançant ainsi la « spirale inflationniste ».

● *Inflation et société.* Les sociétés industrielles du xxᵉ siècle sont propices à l'inflation. Celle-ci est devenue un moyen de règlement des conflits dont on a dit qu'il tendait à se substituer à la lutte des classes du siècle dernier. Chaque groupe social veut accroître sa part du revenu national en revendiquant ou en imposant une progression de ses propres revenus supérieure à celle des groupes concurrents. La volonté de participer au mieux-être général, de progresser dans l'échelle sociale, de rattraper un retard ou de maintenir un acquis entretient les hausses de prix et de revenus. Tout se passe comme si les différentes catégories sociales se débarrassaient de leurs mauvaises cartes aux dépens des plus défavorisés : c'est le « jeu de mistigri » de l'inflation, dans lequel l'endettement tient une place de choix. C'est pour chaque ménage le moyen de vivre au-dessus de ses moyens, d'acquérir un patrimoine, immobilier notamment, d'autant plus facilement que le remboursement se fera en monnaie dépréciée. Les banques ne font alors que répondre à une demande d'endettement des particuliers, des entreprises, des collectivités publiques. A cet égard, il y a, face à l'inflation, complicité objective entre les différentes catégories d'agents économiques.

● *Quelle mesure ?* L'intensité de l'inflation s'apprécie par la hausse des prix de détail. On parle alors d'inflation :
    – *rampante* aux alentours de 5 % de hausse annuelle ;
    – *rapide* autour de 10 à 15 % ;
    – *galopante* au-delà de 50 ou de 100 % (hyperinflation).
    Mais la hausse des prix est délicate à mesurer :
    – les indices de prix ne sont pas toujours exempts de critiques. En modifiant les parts respectives attribuées aux différentes catégories de produits, il est possible de masquer l'ampleur de l'inflation. C'est la « politique de l'indice », habile à court terme, dangereuse à longue échéance, car elle fausse l'instrument de mesure ;
    – l'évolution annuelle peut se calculer en *moyenne annuelle* (de janvier à décembre) ou en *glissement* (d'un mois de l'année antérieure au même mois de l'année suivante). La première méthode est plus significative des performances globales de l'économie, la seconde de l'évolution instantanée du phénomène.

8 Le chômage

UNE TRIPLE ORIGINE

Les mutations structurelles

Pendant deux décennies, de l'après-guerre au début des années soixante, le chômage est resté pratiquement inconnu en France. A la veille du premier choc pétrolier, il ne concernait encore que moins de 3 % de la population active. Fin 1991, on recense 2 772 000 demandeurs d'emploi, soit 9,6 % des actifs : trois fois plus qu'avant la crise si l'on raisonne en taux relatifs, cinq fois plus si l'on se réfère au nombre total des chômeurs.

La montée du chômage est un phénomène complexe qui met en cause, dans des proportions controversées, trois séries d'explications : des mutations structurelles, d'ordre démographique, social, technologique ; un affaiblissement conjoncturel qui déprime la demande ; un renchérissement du coût de la main-d'œuvre qui décourage l'embauche. Ces trois facteurs ne sont pas apparus en même temps. Loin de s'exclure mutuellement, ils se renforcent, rendant ainsi par leur cumul la recherche de solutions singulièrement difficiles.

● Les mutations structurelles ont commencé dès le milieu des années soixante. *L'évolution démographique* avait pendant longtemps conduit à la stagnation de la population active. Or celle-ci se gonfle rapidement du recensement de 1962 à celui de 1982. Entre ces deux dates, en effet, les entrées sur le marché du travail se multiplient par l'arrivée à l'âge actif des générations du « baby boom » (en 1962, les jeunes nés en 1944 ont 18 ans), alors que les sorties se raréfient, car les départs en retraite sont le fait des « classes creuses » nées autour de la Première Guerre mondiale (en 1982, les adultes ayant 65 ans sont nés en 1917). De plus, jusqu'en 1975, l'immigration étrangère est massive. S'y ajoute, en 1962, le retour des Français d'Algérie en métropole. La population active ne cesse donc de croître sous l'impulsion des facteurs démographiques. Malgré la fin du baby-boom depuis 1965 environ, le nombre des actifs atteint 24,3 millions de personnes en 1990, soit 623 000 de plus en huit ans, en ralentissement, il est vrai, par rapport aux fortes progressions constatées lors des périodes intercensitaires précédentes : 2,3 millions de 1962 à 1975, 1,7 million encore de 1975 à 1982.

Faudra-t-il attendre le départ en retraite des classes pleines actuelles, vers l'an 2005, pour assister à une stabilisation de la population active, et donc à une décrue du chômage ? Le raisonnement est simpliste. La montée du chômage ne reproduit pas nécessairement celle de la population active. Tout dépend des emplois créés et une population active abondante peut les stimuler en diminuant le coût relatif de la main-d'œuvre. Surtout, la population active fluctue aussi en fonction des taux d'activité de chaque classe d'âge et de chaque catégorie de la population. Le facteur déterminant, dans ce cas, n'est plus démographique, mais social.

● *Les transformations sociales ont, en effet, fortement accru le nombre des actifs depuis une vingtaine d'années.* Pourtant, l'âge de la retraite a été abaissé depuis 1982 et la durée de la scolarité obligatoire augmentée dès 1959. Mais la généralisation du travail des femmes a joué en sens inverse.

Partie d'un haut niveau dans la France rurale et agricole du début du siècle, l'activité féminine avait progressivement fléchi jusqu'au début des années soixante, à mesure des progrès de l'urbanisation, du souci de mieux-être, de la priorité accordée à l'éducation des enfants. Or, en vingt ans, de 1962 à 1982, le taux d'activité des femmes de plus de quinze ans passe de 36 % à 43 %, essentiellement du fait des mères d'un ou deux enfants âgées de 25 à 44 ans, naguère encore peu nombreuses à exercer une activité professionnelle. Aujourd'hui, la baisse de la natalité, l'allégement des horaires de travail, la possibilité d'emplois à temps partiel, la montée du secteur tertiaire sont autant de facteurs qui incitent les femmes à aligner leur vie professionnelle sur celle des hommes : avec 46 % des femmes de plus de quinze ans, le taux d'activité féminine situe la France à l'un des plus hauts niveaux parmi les pays industrialisés, même si les chiffres encore plus importants du Danemark, de la Grande-Bretagne, et des États-Unis incitent à penser que le mouvement de féminisation de l'emploi n'a peut-être pas encore atteint son extension maximale.

A défaut des classes pleines du « baby boom », les femmes seraient-elles donc responsables du chômage ? Là encore, une telle explication est trop élémentaire. Les femmes au travail rapportent au ménage un revenu supplémentaire qui permet des possibilités accrues de consommation. Elles soutiennent donc l'activité économique. De plus, leur mode de vie les incite à des types de dépenses, de l'achat de produits surgelés aux frais de garde des enfants, qui aboutissent, directement ou non, à créer ou à maintenir des emplois. Il reste que la coïncidence chronologique entre activité professionnelle féminine et gonflement du chômage est particulièrement nette.

D'autres transformations sociales survenues vers la fin des années soixante ont, elles aussi, contribué à entretenir le chômage. Les jeunes salariés sont moins attachés que leurs aînés à une vie professionnelle stable, se déroulant dans un même cadre, garantissant aux meilleurs une promotion interne dans l'entreprise. Certains n'hésitent pas à démissionner d'un emploi jugé trop peu valorisant, d'autres recourent dès leur entrée dans la vie active aux contrats à durée déterminée, voire aux emplois temporaires proposés par les agences de travail intérimaire. Faut-il y voir « la crise du fordisme », entendu comme la combinaison d'une organisation du travail rigide, d'emplois stables et de hauts salaires entretenant la croissance économique ? Peut-être, en effet, en France comme ailleurs, les vieilles valeurs du monde industriel se sont-elles transformées irréversiblement autour de la crise sociale et culturelle de mai 1968. Du moins, cette mutation s'est-elle retournée cruellement contre les intéressés, contraints aujourd'hui, pour échapper au chômage, d'accepter des emplois de plus en plus précaires qui, eux-mêmes, par leur forte instabilité, entretiennent la croissance du phénomène.

● *Le progrès technique est lui aussi fréquemment accusé d'être responsable du chômage.* Dès le début des années soixante, il manifeste ses effets sur l'emploi à travers les difficultés des industries traditionnelles et le gonflement de l'exode agricole. Certes, d'autres emplois apparaissent ailleurs, dans les industries de pointe notamment, mais rien ne garantit que ce soit dans les mêmes proportions. De plus, l'accélération des mutations sectorielles augmente le chômage frictionnel, allongeant le temps nécessaire aux travailleurs qui ont perdu leur emploi pour en trouver un nouveau. Elle provoque la segmentation croissante du marché du travail, multipliant les situations particulières selon les branches, les qualifications, les régions. Tous ces déséquilibres ne sont résorbables que par d'énormes efforts de formation professionnelle, des aides coûteuses à la mobilité géographique de la main-d'œuvre. Dans l'immédiat, on doit constater, comme en France à partir de 1967, que la correspondance entre offres et demandes d'emplois devient de moins en moins assurée. Beaucoup d'employeurs se plaignent de ne pas trouver de travailleurs de telle ou telle qualification. Le chômage est alors structurel. Qu'il soit lié aux facteurs démographiques, sociaux ou technologiques, son apparition en France est donc bien antérieure à la crise économique actuelle.

L'évolution conjoncturelle

Pour Keynes, raisonnant sur la crise des années trente, le chômage s'explique par l'insuffisance de la demande globale, installant l'économie dans le sous-emploi durable des capacités de production. Par analogie, certains analystes contemporains, et notamment Edmond Malinvaud, ancien directeur de l'INSEE, ont proposé d'appeler keynésien le chômage provoqué aujourd'hui par la crise dans les pays industrialisés développés.

● *La demande antérieure s'est affaiblie,* en France comme partout, de manière sensible depuis 1974. Si la consommation des ménages croît encore globalement, quoique à un rythme ralenti, elle stagne ou régresse dans des domaines essentiels pour l'emploi, en particulier les biens de consommation durables. Elle précipite ainsi dans la crise des branches comme la construction automobile, longtemps considérée comme activité motrice par le nombre d'emplois qu'elle commande, à l'amont et à l'aval, dans d'autres branches industrielles comme la sidérurgie, le textile, le pneumatique, les équipements spécialisés, mais aussi dans des activités de services comme les garages et stations-essence, les assurances, les auto-écoles. D'ailleurs, sous l'effet de la politique de rigueur postérieure à 1982, le revenu disponible des ménages a reculé en francs constants pendant deux années consécutives, 1983 et 1984, pour la première fois depuis 1950, car on n'avait connu jusque-là, en 1958 et en 1980, que des baisses isolées et de très faible ampleur.

L'affaiblissement de la deuxième grande composante de la demande intérieure, l'investissement, est bien plus grave encore. La formation brute de capital fixe progresse deux fois moins vite de 1974 à 1979 que lors des quinze années précédentes. Elle recule même durant quatre ans, de 1981 à 1984 inclus. Là encore, les répercussions sur l'emploi sont désastreuses, affectant des branches comme le bâtiment et les travaux publics, la machine-outil, le gros matériel d'équipement, se répercutant indirectement sur les industries intermédiaires.

Enfin, le déficit budgétaire, à de rares exceptions près (1975, 1981-83), ne débouche pas sur une création d'emplois, car il est accaparé par des dépenses improductives comme le remboursement de la dette publique ou par d'autres tâches comme la restructuration des entreprises publiques en difficulté qui, loin de créer de nouveaux emplois, en suppriment massivement.

• *La demande étrangère aurait pu, comme dans certains pays industrialisés, se substituer à la demande intérieure déficiente* pour soutenir l'activité et maintenir l'emploi. Or les exportations françaises ne croissent plus, de 1979 à 1984, que deux fois et demi moins rapidement que de 1970 à 1973. Au contraire, le gonflement des importations entretient les difficultés de très nombreuses branches industrielles, qui ne peuvent conserver leur rentabilité qu'en se repliant sur une activité réduite. A plusieurs reprises (1975-76, 1981-82, 1985-86), il empêche toute embauche supplémentaire, malgré une demande intérieure soutenue. Enfin, en se délocalisant à l'étranger, les entreprises ont pu, dans certaines branches, supprimer des emplois en France. Globalement, cependant, il semble plutôt qu'elles en aient créé davantage, grâce à l'extension possible de leurs activités en France dans d'autres domaines.

L'affaiblissement de la demande globale est ainsi, pour beaucoup d'analystes, la cause majeure de la montée d'un chômage qui, en France depuis 1975, serait donc davantage keynésien que structurel. On constate que les rares épisodes de ralentissement conjoncturel antérieurs au premier choc pétrolier n'ont jamais d'effet majeur sur l'emploi. Inversement, depuis 1974, les étapes successives de sa dégradation sont toutes liées aux rebondissements de la crise : 1974-75, 1979-81, 1984-85, 1990-91. Même si l'opinion publique, lors du Plan de stabilisation, s'alarma de constater que le nombre de chômeurs avait progressé de 100 000 personnes en quelques années, cette poussée semble dérisoire face à l'explosion ultérieure : 900 000 chômeurs en 1975, 1 500 000 en 1980, 2 500 000 en 1986, 3 000 000 attendus en 1992... Le chômage évolue bien, dans son rythme, parallèlement à la crise actuelle.

Pourtant, il ne correspond pas véritablement à un sous-emploi des capacités productives conforme au schéma keynésien. Mise à part l'année 1975, le taux d'utilisation des capacités productives ne s'est pas effondré durant la crise : 83 % en moyenne de 1965 à 1968, 82 % de 1980 à 1983, pour se limiter à deux périodes situées, l'une au début, l'autre à la fin des difficultés actuelles du marché du travail. Le chômage des hommes n'a pas cessé de se creuser, mais le sous-emploi des machines est resté constant. C'est dire que la nature du phénomène n'est pas seulement conjoncturelle. Il faut aussi, dans l'explication, faire intervenir le coût relatif de la main-d'œuvre.

Le renchérissement des coûts salariaux

Pour les auteurs classiques et pour leurs émules contemporains, le chômage est d'abord une question de coûts salariaux. Si le niveau des salaires est trop élevé par rapport au coût des équipements, les entrepreneurs chercheront à substituer le capital au travail dans les fabrications. Seule une baisse des salaires, que l'État ne doit pas chercher à freiner en instituant un salaire minimum ou des allocations chômage, peut permettre de retrouver une situation de plein emploi. Cette analyse qui décrit le « chômage classique » par opposition au « chômage keynésien », selon la terminologie d'Edmond Malinvaud, semble bien adaptée au cas français.

• *Les données objectives* montrent, en effet, que, depuis 1949, le coût relatif des équipements n'a pas cessé d'évoluer à la baisse par rapport à celui de la main-d'œuvre. De 1956 à 1966, en francs constants, le premier a augmenté de 14 %, le second de 60 %. Or cette tendance de fond a été considérablement aggravée à partir de 1968, sous l'effet des accords de Grenelle, puis après 1974, du fait de la nécessité de financer les dépenses croissantes de protection sociale. En dix ans (1972-83), les salaires directs ont été multipliés par 3,7, mais les cotisations patronales de Sécurité sociale par 5. Il faut attendre 1983, avec la désindexation des salaires et la recherche d'une compression des prélèvements obligatoires, pour voir s'esquisser un renversement de tendance. Jusqu'à cette date, les gains horaires dans l'industrie ont en une décennie augmenté de 14 % par an, soit presque autant qu'au Royaume-Uni (15 %), nettement plus qu'en Allemagne fédérale (6 %), aux États-Unis (8 %) ou au Japon (9 %).

Ainsi, malgré la montée du chômage, le coût du travail ne s'est pas réduit relativement à celui des équipements. Cette évolution explique les réticences des chefs d'entreprise à embaucher et leur préférence pour des investissements de productivité non créateurs d'emplois. De 1968 à 1973, le chômage classique s'est élevé régulièrement, bien au-delà du niveau qu'expliqueraient les mutations structurelles analysées plus haut. Puis, depuis 1974, les trois types de chômage, structurel, classique et keynésien, ont additionné leurs effets pour aboutir à l'explosion dramatique actuelle.

• De plus, certaines *données subjectives* freinent encore l'embauche de nouveaux salariés. Pour beaucoup d'employeurs, toute augmentation des effectifs accroît la rigidité de gestion de l'entreprise : difficultés à licencier en cas de besoin, compte tenu de la législation protectrice ; obligation, en cas de franchissement du seuil de cinquante salariés, de constituer un comité d'entreprise et de devoir tolérer une section syndicale. Les organisations patronales se sont fait l'écho de ces plaintes, reprenant ainsi l'argument classique qui voit dans la protection des salariés un frein à l'embauche se retournant, en définitive, contre les intérêts des travailleurs.

Dans ce domaine très controversé, il semble en première analyse que l'on puisse conclure à une rigidité excessive de l'organisation du travail en France. Non seulement le niveau des salaires, jusqu'en 1983, a incité les entrepreneurs

LE CHÔMAGE

● *Les taux de chômage*

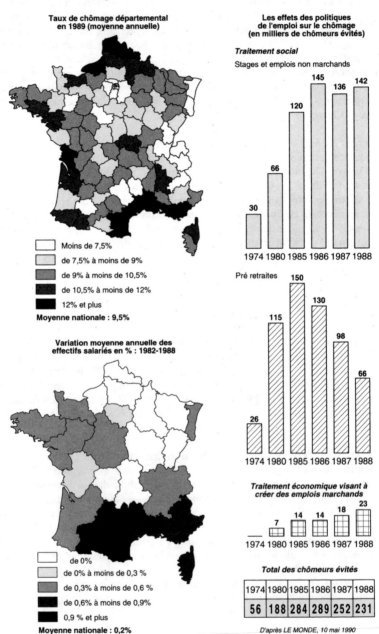

**Taux de chômage départemental
en 1989 (moyenne annuelle)**

Moins de 7,5%
de 7,5% à moins de 9%
de 9% à moins de 10,5%
de 10,5% à moins de 12%
12% et plus

Moyenne nationale : 9,5%

**Variation moyenne annuelle des
effectifs salariés en % : 1982-1988**

de 0%
de 0% à moins de 0,3 %
de 0,3% à moins de 0,6 %
de 0,6% à moins de 0,9%
0,9 % et plus

Moyenne nationale : 0,2%

**Les effets des politiques
de l'emploi sur le chômage
(en milliers de chômeurs évités)**

Traitement social

Stages et emplois non marchands

30 — 1974
66 — 1980
120 — 1985
145 — 1986
136 — 1987
142 — 1988

Pré retraites

26 — 1974
115 — 1980
150 — 1985
130 — 1986
98 — 1987
66 — 1988

*Traitement économique visant à
créer des emplois marchands*

— 1974
7 — 1980
14 — 1985
14 — 1986
18 — 1987
23 — 1988

Total des chômeurs évités

1974	1980	1985	1986	1987	1988
56	188	284	289	252	231

D'après LE MONDE, 10 mai 1990

158

● *Les inégalités du chômage*

Taux de chômage par niveau de formation (1989)

Diplôme non déclaré	12,3
Sans diplôme ou certificat d'études	12,6
BEPC	8,7
CAP, BEP	7,9
Baccalauréat ou brevet professionnel	6,0
Diplôme universitaire de 1er cycle	3,5
Diplôme universitaire de 2e ou 3e cycle, diplôme d'ingénieur	2,5
Ensemble (population à la recherche d'un emploi)	8,7

Taux de chômage par sexe et par âge en 1990

	Hommes	Femmes
15 - 24 ans	15,4	24,0
25 - 49 ans	6,0	11,0
50 ans et plus	5,4	7,9
Ensemble	7,0	12,1

Taux de chômage par profession en 1990

Agriculteurs exploitants	0,5
Artisans, commerçants, chefs d'entreprise	5,0
Cadres et professions intellectuelles supérieures	2,6
Professions intermédiaires.................	4,0
Employés	11,7
Ouvriers	12,0
Ensemble	9,2

● *L'ancienneté du chômage en 1990*

En % de la population à la recherche d'un emploi

	Hommes	Femmes	Ensemble
Moins d'un mois	5,6	5,0	5,2
1 mois à moins de 3 mois	19,0	15,5	17,0
3 mois à moins de 6 mois	17,7	18,2	18,0
6 mois à moins d'un an	17,0	16,6	16,8
1 an à moins de 2 ans	15,7	18,4	17,2
2 ans et plus	20,0	21,1	20,7
Ancienneté non déclarée	5,0	5,2	5,1
	100	100	100
Ancienneté moyenne (en mois)	14,3	14,9	14,7

à substituer le capital au travail, mais, de plus, la gestion de la main-d'œuvre est ressentie par eux comme une contrainte supplémentaire. Il reste à prouver qu'un assouplissement du système permettrait de créer davantage d'emplois. Tout dépend en effet des proportions respectives attribuables, dans le phénomène global du chômage, aux trois grandes séries de facteurs recensés. Le chômage actuel est-il dû davantage aux structures démographiques, sociales, techniques ? ou plutôt à la faiblesse de la demande ? ou encore au coût relatif de la main-d'œuvre ? Les réponses des spécialistes divergent trop pour que l'on puisse se permettre une quelconque appréciation.

L'ÉTAT FACE AU CHÔMAGE

La prévention

Les efforts pour prévenir le chômage avant qu'il n'apparaisse ont devancé historiquement ceux entrepris pour le réduire par une action directe sur ses composantes. Dans un premier temps, la prévention du chômage avait en fait des objectifs davantage économiques que sociaux.

● *Par une meilleure adaptation des offres et des demandes d'emploi,* il s'agissait d'éviter aux entreprises des coûts supplémentaires nuisibles à leur compétitivité. En 1967, l'ANPE (Agence nationale pour l'emploi) est créée à un moment où le chômage peut encore être interprété comme de nature structurelle et où le Vᵉ Plan accorde à l'industrialisation une priorité impliquant une plus grande fluidité du marché du travail. L'ANPE doit précisément y contribuer en centralisant offres et demandes d'emploi, en multipliant les initiatives de prospection, d'orientation et de conseil aux différents intervenants sur le marché du travail. Parallèlement, pour mieux faire correspondre les niveaux de qualification aux besoins de l'économie, l'AFPA (Association pour la formation professionnelle des adultes) organise, à partir de 1971, des stages au profit des différentes catégories de personnel, salariés ou non, jeunes ou adultes. La multiplication des filières technologiques dans l'enseignement secondaire et supérieur poursuit le même objectif.

● De telles actions ne sont efficaces qu'à long terme ; dans l'immédiat, *le freinage des licenciements* cherche à éviter le chômage, dès le début des années soixante, dans les branches menacées par l'évolution économique. De multiples mesures, étudiées plus haut (p. 160), y maintiennent en survie les entreprises et évitent la compression des effectifs. Aides à la reconversion, subventions couvrant une partie des prix de revient, prêts à bas taux d'intérêt, primes spéciales distribuées par le Fonds d'adaptation industrielle depuis 1978, plans sectoriels destinés à la sidérurgie, à l'industrie textile ou à la machine-outil, les dispositions ont été nombreuses qui, toutes, ont un aspect social important, parfois même exclusif.

Sur un plan général, la récession industrielle, alors considérée comme accidentelle, entraîne en 1975 un contrôle administratif renforcé des licenciements. Dès la Libération, le droit social avait renforcé la protection individuelle des travailleurs contre les renvois abusifs. Mais il s'agit désormais des licenciements collectifs. Le gouvernement Chirac les soumet à autorisation administrative. Tout projet de licenciement de plus de dix salariés donne lieu, après consultation des organisations représentatives du personnel, à une demande transmise par le chef d'entreprise à la Direction départementale du travail et de l'emploi, qui dispose de trente jours pour statuer.

Renforcé en 1982 par les lois Auroux, ce dispositif a été abrogé en 1986 par un gouvernement dirigé par celui même qui, onze ans plus tôt, l'avait institué. Il s'agit encore, pourtant, de lutter contre le chômage, mais en créant des emplois, car, en supprimant l'autorisation administrative de licenciement, on espère introduire plus de souplesse dans la gestion du personnel des entreprises, donc les inciter à une meilleure compétitivité, gage d'une croissance retrouvée et de futures embauches.

La réduction

Pour diminuer le chômage, il est tentant d'agir simultanément sur ses deux composantes en comprimant le nombre des actifs et en augmentant celui des emplois.

● *L'action sur la population active est parfois brutale.* Elle dépend du degré d'urgence de la situation, mais aussi des capacités de réaction des intéressés. Le blocage de l'immigration a été décidé en 1974 à l'encontre des travailleurs non ressortissants d'un État membre de la CEE. Puis le mécanisme des aides au retour, en 1977 et en 1984, s'est efforcé de réduire le poids des étrangers dans la population active, sans aller cependant jusqu'à organiser leur renvoi pur et simple. Dans ce domaine sensible, l'appartenance politique des gouvernements a infléchi l'action, tantôt vers plus de tolérance, tantôt vers plus de rigueur. La continuité domine cependant : les encouragements à l'immigration antérieurs à la crise ont fait place à une politique de plus en plus restrictive.

Face aux travailleurs âgés, l'action a pris une ampleur considérable. Les pouvoirs publics ont profité de l'aspiration à la baisse de l'âge de la retraite, plus supposée d'ailleurs que réellement prouvée, et de l'appui des syndicats. Ils ont ainsi multiplié les mesures par voie réglementaire ou par convention collective entre partenaires sociaux, pour inciter les entreprises à faire porter en priorité les réductions d'effectifs sur cette catégorie de travailleurs. On a accordé le maintien du salaire antérieur, dans une proportion de 70 %, aux victimes d'un licenciement économique de plus de soixante ans (1972), puis de plus de cinquante-cinq ans (1977), puis aux contrats de solidarité permettant en compensation l'embauche de jeunes travailleurs (1982). Des régimes particuliers ont été mis en place dans les branches les plus menacées, la sidérurgie notamment, où la cessation d'activité peut intervenir dès l'âge de cinquante ans. Enfin, en 1982, a été instituée, pour tous les travailleurs, la possibilité de bénéficier, cinq ans avant l'âge légal de soixante-cinq ans, de pensions de retraite au titre du régime général de la Sécurité sociale.

Bien entendu, toutes ces dispositions sont subordonnées à une condition : le préretraité s'engage à ne plus se présenter sur le marché du travail. Il ne fait donc plus partie de la population active. Mais n'est-il pas pour autant, dans beaucoup de cas, un chômeur forcé ? Du moins, le résultat numérique est-il spectaculaire. En vingt ans, de 1968 à 1988, le taux d'activité des hommes âgés de soixante à soixante-cinq ans a été divisé par 3, passant de 66 % à 22 %.

Aucune tentative n'a été faite pour freiner l'accès des femmes au marché du travail, par exemple en pénalisant fiscalement les ménages possédant une double source de revenus. La loi ne garantit-elle pas d'ailleurs l'égalité professionnelle entre hommes et femmes ?

De même, à l'égard des jeunes, il serait tout à fait abusif de voir dans les mesures de prolongation de la scolarité obligatoire, d'ailleurs bien antérieures à la crise, des arrière-pensées visant à comprimer le chômage. La scolarisation est d'abord le moyen de renforcer les chances d'insertion professionnelle des jeunes. Pourtant, tant les femmes que les jeunes sont indirectement concernés par la volonté de réduction du chômage. Ce sont les catégories qui subissent aujourd'hui le plus nettement la précarisation des emplois, moyen de plus en plus répandu d'en augmenter le nombre total. Dans cette politique, l'ouvrière contrainte au travail à temps partiel, le jeune de moins de vingt-cinq ans embauché pour un travail d'utilité collective sont des « bénéficiaires » de l'action gouvernementale au moins aussi ambigus que le salarié de cinquante-cinq ans obligé de rentrer en préretraite.

● *L'action sur l'emploi se montre, en effet, de moins en moins exigeante sur le contenu des emplois offerts.* Pour paraphraser la formule célèbre du VIIIe Plan à propos de la croissance, la création d'emplois « ne se décrète pas ». Les pouvoirs publics en ont fait l'amère expérience. La tentative du gouvernement Mauroy, en 1981-82, pour diminuer le chômage grâce à la création de nombreux postes de fonctionnaires, s'est rapidement heurtée aux contraintes du déficit budgétaire et de l'inflation. De même, il a dû renoncer à imposer aux entreprises publiques non concurrentielles, tels la SNCF et Charbonnages de France, le maintien de sureffectifs creusant leur déficit d'exploitation.

Une autre possibilité séduisante consiste à rechercher le partage du temps de travail. En réduisant sa durée hebdomadaire, on peut espérer dégager de nouveaux postes de travail. En 1982, le gouvernement Mauroy, renouant avec la tradition du Front populaire, avait décidé l'abaissement à 39 heures de la durée hebdomadaire du travail avec maintien du salaire antérieur. De multiples précautions ont été prises pour éviter, comme en 1936, une rigidité excessive dans l'application entraînant une diminution de la production, donc un ralentissement de l'embauche. Les efforts de formation professionnelle ont été accentués pour que les postes de travail dégagés trouvent des preneurs de qualification correspondante. Pourtant, la mesure n'a pas eu l'effet stimulateur espéré. On en attendait 50 à 100 000 emplois nouveaux. Les estimations les plus répandues font état seulement de 14 à 28 000 créations. Sans doute aurait-il fallu que les entreprises puissent compenser la perte de compétitivité résultant de l'augmentation de leurs coûts salariaux horaires. Peut-être aussi le moment était-il mal choisi, coïncidant avec l'aggravation des difficultés économiques internationales. Quelle que soit l'explication, l'échec des 39 heures a conduit à renoncer à poursuivre la tentative par un nouvel abaissement de la durée du travail.

La seule action vraiment efficace, tout au moins à court terme, consiste à multiplier les programmes gouvernementaux en direction de telle ou telle catégorie. On a pensé, en 1980 notamment, à inciter les chômeurs à devenir créateurs d'entreprises par des aides particulières, des exonérations fiscales et sociales notamment. Mais l'essentiel de l'effort porte évidemment sur l'emploi des jeunes. Depuis 1977, date du premier Pacte pour l'emploi, les formules se sont succédées pratiquement chaque année : exonération partielle ou totale des charges sociales pour les entreprises qui acceptent d'embaucher des jeunes travailleurs, création de stages de formation, en alternance avec le système scolaire depuis 1984, aménagement de l'insertion, même à titre provisoire, dans la vie active. Toutes ces mesures possèdent la même caractéristique : un coût très élevé pour les finances publiques qui conduit, tôt ou tard, à les délaisser pour des procédures moins onéreuses.

Aussi assiste-t-on depuis quelques années à la recherche de nouvelles formes d'emplois, davantage substituts que véritable solution au chômage. Le travail à temps partiel est de droit pour tous ceux qui le demandent dans la fonction publique, les collectivités locales, les établissements hospitaliers. Il a doublé sa part relative dans la population active de 1975 à 1990, passant de 6 % à 12 %, et même à 23 % chez les femmes. Or, s'il répond bien au désir d'activité professionnelle de certaines femmes mariées mères de plusieurs enfants, il ne saurait constituer un remède au problème d'ensemble représenté par le chômage. De même, le travail intérimaire, que le gouvernement Mauroy avait cherché à freiner en 1981-82, est aujourd'hui en plein développement. Il a été récemment encouragé par une mesure portant à deux ans la durée maximale des contrats d'intérim. Enfin, les travaux d'utilité collective (TUC) ont été imaginés en 1984. Ce sont des tâches confiées aux jeunes de 16 à 25 ans, pendant vingt heures par semaine au minimum, dans des établissements publics, des collectivités locales ou des associations sans but lucratif. La rémunération est fixée à un niveau inférieur au salaire minimum. Le succès remporté par les TUC a incité à les étendre sous forme de programmes d'insertion locale (PIL) en 1987. Mais ces « petits boulots » sont l'objet de fréquentes polémiques : pour les syndicats, ils forment un moyen trop facile de tourner l'obligation du salaire minimum ; pour le patronat, au contraire, ils représentent une étape souhaitable vers la flexibilité de l'emploi et un gage de plus grande efficacité économique.

L'indemnisation

Seul moyen de rendre supportable à la société et à l'économie le poids grandissant du chômage, l'indemnisation représente en France une innovation tardive, apparue seulement à la fin des années cinquante. Contrairement à beaucoup d'autres pays industrialisés, il n'existait encore à cette date d'assurance chômage que pour certaines professions possédant des caisses financées par les employeurs et les salariés ou que dans le cadre de fonds de secours municipaux éventuellement subventionnés par l'État. Le maintien du plein emploi durant les années cinquante n'avait pas incité à substituer au système en vigueur, fondé sur une base socioprofessionnelle, de nouveaux mécanismes exprimant, face au risque de chômage, la solidarité nationale.

● *De 1959 à 1979, l'indemnisation se met en place* et devient de plus en plus complète. Les premières difficultés de reconversion dans les branches héritées de la première révolution industrielle provoquent en 1959 la création d'un système conventionnel d'assurance chômage. Dans toutes les professions, employeurs et salariés cotisent obligatoirement à des caisses départementales, les ASSEDIC (Associations pour l'emploi dans l'industrie et le commerce), regroupées en UNEDIC (Union nationale pour l'emploi dans l'industrie et le commerce). Elles sont gérées conjointement par les organisations patronales et ouvrières. Leurs prestations sont proportionnelles au salaire antérieur quelles que soient les causes du chômage et la profession exercée. D'abord limitées en montant et en durée, elles sont progressivement augmentées, passant de 35 % du salaire antérieur pendant neuf mois à 70 % pendant deux ans et même, pour les victimes de licenciements économiques, à 90 % pendant un an à partir de 1974. Les mêmes dispositions couvrent les préretraités dans le cadre de la garantie de ressources mise en place en 1972. Quant à l'État, son intervention est nulle dans le financement, entièrement couvert par les cotisations des intéressés. Il continue cependant, au titre de l'assistance, à verser des aides forfaitaires aux chômeurs financés par l'impôt. Mais celles-ci, non proportionnelles aux salaires, sont plus un complément de l'assurance chômage qu'une source de revenus indispensable pour leurs bénéficiaires.

● *De 1979 à 1984, le système se dérègle.* Sa charge financière devient écrasante. Elle provoque des distorsions économiques, par la montée des coûts salariaux qui en résulte. Elle est un facteur de désaccords entre les partenaires sociaux lors des discussions sur les réformes envisageables. L'UNEDIC, qui a repris en outre l'ancienne aide publique en 1979, croule sous le poids des préretraites, qui représentent la moitié de ses dépenses. Il faut réaliser des économies, soit par accord interprofessionnel, soit par décret lorsque les gestionnaires du système sont incapables de s'entendre. Les formes d'indemnisation les plus généreuses, notamment le « 90 % économique » créé en 1974, sont supprimées. Elles sont remplacées par des « allocations spéciales » dégressives avec le temps, pour inciter les licenciés à retrouver du travail. Progressivement, l'indemnisation du chômage devient sélective. Avantageuse pour les chômeurs ayant une longue vie professionnelle, elle ne l'est plus pour ceux qui n'ont guère ou jamais cotisé, c'est-à-dire essentiellement pour les jeunes. Elle est encore plus large que dans la moyenne des pays industrialisés, peut-être par volonté de rattrapage des carences antérieures, plus sûrement par suite de la faiblesse du chômage jusqu'à la fin des années soixante. Mais l'indemnisation est menacée de ruine par la crise.

• *Depuis 1984, une refonte totale est intervenue* par l'intermédiaire d'une nouvelle convention entre partenaires sociaux passée sous l'égide des pouvoirs publics. On distingue désormais deux catégories d'aides, revenant ainsi à la dualité antérieure à 1979. Les allocations de l'UNEDIC sont réservées aux chômeurs ayant déjà travaillé, selon des tarifs fortement dégressifs en fonction de leurs cotisations antérieures. Elles ne peuvent être versées au-delà d'une durée totale de dix-huit mois. Les allocations d'État sont versées aux exclus de l'assurance chômage : jeunes à la recherche de leur premier emploi, femmes désireuses de reprendre une activité professionnelle après une interruption prolongée, chômeurs de longue durée. C'est également l'État qui prend en charge les préretraites, dans des conditions d'ailleurs moins favorables aux intéressés que le système antérieur confié à l'UNEDIC. Il faut, en effet, pour en bénéficier, avoir cotisé pendant 37 ans et demi, et non plus seulement 10 ans. Mais les allocations d'État, dites « d'insertion » ou « de solidarité », ne sont attribuées aux chômeurs qu'à certaines conditions : possession d'un diplôme ou de références professionnelles pour les jeunes à la recherche d'un premier emploi, isolement dans le ménage pour les femmes reprenant leur activité professionnelle. En aucun cas, elles ne sont versées au-delà de trois ans et neuf mois, période qui marque l'entrée en « fin de droits ».

Le système actuel est triple : assurance chômage pour les uns, solidarité nationale pour les autres, exclusion totale pour tous ceux qui ne peuvent prétendre ni aux allocations de l'UNEDIC, ni à celles de l'État. Or, ces derniers représentent environ 40 % des demandeurs d'emploi inscrits à l'ANPE qui, eux-mêmes, ne regroupent pas tous les chômeurs, puisqu'on évalue à 15 % la proportion des chômeurs effectifs négligeant de s'inscrire. Si l'on ajoute qu'en 1991 les prestations, bien entendu non cumulables, n'équivalent au mieux qu'à 75 % du salaire antérieur pour les allocataires de l'UNEDIC et que l'État limite son aide à une somme forfaitaire comprise entre 41 F (jeunes de moins de 25 ans) et 99 F (travailleurs de plus de 55 ans) par jour, on mesure mieux l'ampleur du recul provoqué par la crise dans la couverture du risque de chômage.

UNE EFFICACITÉ LIMITÉE

Une brève amélioration de 1987 à 1989

Après avoir culminé en 1986, la détérioration du marché du travail a fait place durant 3 années à une *timide amélioration*. Pour la première fois en quinze ans, le nombre total des chômeurs estimé par l'INSEE a reculé à partir de mars 1987. On assistait alors en effet à la conjonction d'un double phénomène. D'une part, après avoir supprimé de nombreux emplois jusqu'en 1983-84, l'industrie en créait alors de nouveaux. D'autre part, la croissance de la population active, tout en se poursuivant, s'infléchissait légèrement, sous l'effet notamment du plafonnement du taux d'activité des femmes autour de 46 %.

Mais s'agissait-il bien d'une amélioration ? L'hésitation croissante des femmes à exercer une activité professionnelle traduisait les difficultés rencontrées par elles sur le marché du travail. Les créations d'emplois, nombreuses, surtout dans le secteur tertiaire, portaient pour l'essentiel sur des « formes particulières d'emploi », telles que le travail à temps partiel, l'intérim, les contrats à durée déterminée, les stages d'insertion professionnelle. Leur caractéristique commune était de multiplier les situations intermédiaires entre plein emploi et chômage, d'offrir une sorte de substitut aux emplois stables et bien rémunérés. Conduisant à une rotation plus rapide des effectifs dans les entreprises, elles signifiaient une segmentation nouvelle du marché du travail et un risque de marginalisation pour toute une partie de la population.

Tirant les conclusions de cette situation, le gouvernement Rocard a créé, en décembre 1988, une nouvelle forme de protection sociale : le revenu minimal d'insertion (RMI). Garantissant à son bénéficiaire 2 163 F par mois au 1er juillet 1991 (3 244 F pour un couple, plus 692 F par personne à charge supplémentaire), il met en œuvre une protection sociale reposant sur la solidarité nationale, et non plus sur l'emploi antérieurement occupé. La mesure est financée sur crédits budgétaires, et non sur les cotisations des partenaires sociaux. Pour bénéficier de cette allocation, les intéressés doivent s'efforcer de trouver ou de retrouver une activité professionnelle. Ils sont aidés dans cette voie par des commissions d'insertion à rayon d'action local. Ce dispositif, qui combine lutte contre le chômage et action contre la pauvreté, bénéficie à 700 000 foyers fin 1991, la majeure partie (500 000) étant située dans les départements d'outre-mer des Antilles, de la Guyane et de la Réunion.

Une montée irrésistible ?

● Dès l'automne 1990, la faible décrue du chômage connue depuis trois ans a fait place à *une brutale remontée*. Aujourd'hui, sur le front de l'emploi, les mauvaises nouvelles se succèdent pratiquement chaque mois : les effectifs au chômage franchiront à coup sûr la barre des 3 millions dans le courant de l'année 1992. L'augmentation la plus rapide se constate désormais chez les catégories jusque-là relativement épargnées, tels les cadres masculins âgés de 25 à 50 ans. Cette rechute inopportune est évidemment liée aux restructurations massives décidées par plusieurs grandes entreprises et aux multiples incertitudes conjoncturelles. Elle ne semble guère pouvoir être enrayée par les efforts gouvernementaux.

● Faut-il s'en étonner ? Le chômage étant lui-même le résultat de très nombreux facteurs économiques, techniques, sociaux, démographiques, les uns structurels, les autres conjoncturels, il est inévitable que la lutte engagée contre lui conduise à *de multiples déconvenues*. Faut-il d'abord diminuer le nombre des actifs ou accorder la priorité à l'augmentation des emplois ? Veut-on réduire un chômage conjoncturel, structurel, frictionnel ? Faut-il croire les keynésiens ou les néo-classiques quant à l'origine du phénomène ? Le débat est loin d'être seulement académique. Il a des conséquences sur les mesures adoptées qui risquent fort, si l'on n'y prend garde, de rentrer en contradiction les unes avec les autres. Ainsi, s'il paraît souhaitable, pour favoriser l'emploi, de promouvoir le travail temporaire ou à temps partiel, cela risque aussi d'inciter à se présenter sur le marché du travail de nouveaux arrivants qui gonfleront les effectifs au chômage. De même, si l'on s'attaque au chômage frictionnel et si l'on accroît la mobilité des travailleurs en permettant aux chefs d'entreprises des licenciements plus faciles, on aboutit, dans une situation économique déprimée, à une extension difficilement maîtrisable du chômage conjoncturel. Enfin, accorder la priorité à la relance économique par le déficit budgétaire et l'augmentation de la demande intérieure conduit à l'inflation, source de renchérissement des coûts salariaux, donc d'aggravation du chômage.

Si l'on ajoute à ces causes de difficultés l'incertitude des prévisions à long terme dans des domaines comme la formation des travailleurs, l'avenir du système éducatif ou l'activité professionnelle des femmes, on comprend que, face au chômage, les gouvernements aient pu longtemps sembler débordés.

Leur parade a longtemps consisté à multiplier les actions sur le marché du travail, pour y freiner les nouvelles arrivées et en accélérer les départs. Mais ce « traitement social », à coup de mises à la retraite anticipées, d'allongement de la durée des études, de création de stages et d'emplois non marchands, épuise progressivement ses effets. Les statistiques le montrent bien depuis une dizaine d'années : seul le « traitement économique », c'est-à-dire la création d'emplois marchands véritables, permet d'obtenir des résultats régulièrement croissants. Ce ne peut être malheureusement que pour des effectifs limités, et seulement lors des périodes de reprise conjoncturelle. La création d'emplois, en économie ouverte, reste subordonnée à une évolution d'ensemble à la fois fragile et toujours imprévisible.

9 Le déficit extérieur

UNE BALANCE DES PAIEMENTS FRAGILE

La balance commerciale

Premier mouvement enregistré dans la balance des paiements, les exportations et importations de marchandises ont une importance économique essentielle, d'autant plus grande qu'elles sont immédiatement perceptibles, à la différence des opérations immatérielles, sur services ou sur capitaux. D'ailleurs, de la théorie mercantiliste du XVIIe siècle aux descriptions contemporaines des « miracles » allemand ou japonais, l'habitude s'est prise d'assimiler dynamisme commercial et puissance économique.

● *Vivre avec un déficit commercial ?* Or, du dernier tiers du XIXe siècle à nos jours, le déficit commercial est de tradition en France. Sa signification diffère cependant d'une période à l'autre. Avant 1914, il était un symptôme de maturité économique car la France, à l'instar du Royaume-Uni, vivait des ressources de son Empire colonial et des revenus de ses placements extérieurs. Il devint ensuite facteur d'affaiblissement lorsque son financement fut rendu difficile par l'amenuisement du revenu des placements à l'étranger et la faiblesse des rentrées de devises au titre du commerce maritime ou du tourisme. Surtout, le déficit commercial témoignait de l'incapacité d'adaptation des entreprises industrielles à la compétition internationale, de l'insuffisante valorisation du potentiel agricole, malgré les barrières douanières héritées de Méline.

En décembre 1958, en ouvrant l'économie sur le reste du monde, les dirigeants ont manifesté qu'à leurs yeux le déficit n'était pas une fatalité. Leur pari sembla d'abord près d'être gagné. En quinze ans, de 1959 à 1973, la balance commerciale fut excédentaire onze fois. Pourtant, depuis 1974, le déficit s'est installé de nouveau. Seules trois années, 1975, 1978 et 1986, y ont échappé, la première d'ailleurs uniquement grâce à la contraction automatique des importations induite par la récession industrielle et la troisième par suite de l'allègement de moitié de la facture énergétique, qui a permis de tout juste équilibrer la balance commerciale.

● *Bornée aux quinze dernières années, l'analyse des résultats par produits* (cf. tableaux p. 177) *révèle pourtant de nombreux symptômes encourageants,* dans un contexte difficile. L'effort à l'exportation a progressé : 14,5 % du PIB en 1973, 22,6 % en 1990. La prépondérance des produits industriels dans les échanges s'est renforcée. Comme tous les autres grands pays développés, la France a réduit la part des produits bruts dans son commerce extérieur, qu'il s'agisse de matières premières, d'énergie ou de produits agricoles. La décennie 1974-85, marquée par les chocs pétroliers et la hausse du prix des importations énergétiques libellées en dollars, semble davantage une parenthèse qu'une rupture. Après avoir doublé en neuf ans, la part de l'énergie dans les importations est aujourd'hui inférieure à son niveau de 1973. Quant au commerce agro-alimentaire, malgré son importance pour un pays qui est deuxième exportateur et septième importateur mondial dans ce domaine, sa part relative s'effrite progressivement. En revanche la part des biens d'équipement professionnel dans les exportations se consolide, passant en quinze ans d'un cinquième à un quart. Les succès remportés par les firmes françaises dans la construction aéronautique civile, les équipements pour centrales nucléaires, le matériel de forage pétrolier, les équipements téléphoniques montrent que les progrès de ce secteur ne sont pas uniquement attribuables aux ventes d'armes, qui ne représentent d'ailleurs en 1990 que 13 % des exportations totales de biens d'équipement.

Les six premiers exportateurs de produits manufacturés

En % du total mondial	1970	1975	1980	1986
Allemagne fédérale	17,4	17,6	16,6	17,1
États-Unis	17,2	16,1	14,6	12,2
Japon	10,2	11,7	12,3	15,9
Royaume-Uni	9,5	8,1	8,6	6,4
France	7,6	8,7	8,2	7,1
Italie	6,2	6,4	6,5	6,7

Pourtant, les symptômes de faiblesse sont évidents. Le solde agro-alimentaire, positif depuis le début des années soixante-dix, n'est pas à l'abri de retournements, comme l'ont montré les conséquences de la sécheresse de 1976. Il repose à 67 % en 1990 sur les exportations de produits bruts, contrairement à la plupart des pays européens.

Le solde industriel, fluctuant jusqu'en 1987, est devenu depuis cette date lourdement déficitaire. Ce retournement subit a été interprété comme un symptôme de déclin national. En fait, il provient d'une évolution amorcée de longue date qui tend à ne plus faire reposer les succès à l'exportation que sur un tout petit nombre de produits. Si l'on excepte le matériel militaire, on constate que l'excédent des produits manufacturés ne couvrait dès avant 1987 qu'une part anormalement faible des importations énergétiques. Même les ventes de matériel de transport terrestre ont vu leur excédent traditionnel fléchir dangereusement : la contraction atteint 40 % depuis 1973. Les ventes de biens d'équipement professionnel, qui dégageaient naguère un excédent, sont aujourd'hui les principales responsables de la dégradation globale. Quant aux biens de consommation, devenus déficitaires dès 1979, ils ne parviennent pas à résister à la concurrence d'articles à bas prix fabriqués dans les nouveaux pays industriels, contrairement à d'autres pays européens comme l'Italie. La France a ainsi grand'peine à conserver le rang de quatrième exportateur mondial de produits manufacturés acquis au détriment du Royaume-Uni depuis 1974.

Toutefois il ne faut pas exagérer l'importance des difficultés. En 1991, grâce au dynamisme exceptionnel des exportations, le déficit des échanges industriels s'est fortement réduit : passant de 54 à 35 milliards de francs seulement en une année, il a même totalement disparu certains mois. Pour la première fois depuis longtemps, la balance commerciale avec la CEE a dégagé un solde légèrement positif et celle avec l'Allemagne fédérale un quasi équilibre. Est-ce l'annonce d'un prochain retour à l'équilibre ? Ou la traduction de phénomènes exceptionnels et passagers, tels que les conséquences de la réunification allemande ?

● *Les résultats par zones géographiques révèlent depuis le début des années soixante-dix un indéniable redéploiement des échanges extérieurs français.* Le défi des chocs pétroliers a été relevé. La part de l'OPEP dans les exportations françaises a été multipliée par près de 2,5 entre 1975 et 1982, et le taux de couverture avec cette zone est devenu positif. Parallèlement, la France a valorisé les atouts de sa zone d'influence privilégiée, en Afrique noire notamment, en s'assurant des excédents massifs dans cette partie du monde. Là aussi, cependant, il faut bien constater d'inquiétantes carences. A partir de 1982, l'économie française a durement subi l'érosion des achats de ses clients non industrialisés. Le retournement à la baisse du marché du pétrole freine ses exportations vers l'OPEP. La crise d'endettement du Tiers Monde rend ses ventes aléatoires. La concurrence étrangère, japonaise notamment, l'évince de marchés naguère considérés comme captifs, même dans les pays africains francophones. Quant aux pays socialistes, les quelques succès remportés au milieu des années soixante, d'origine souvent politique, n'ont pu être consolidés. L'endettement où s'enfoncent certains partenaires, par exemple la Roumanie dont la France est le premier créancier occidental, n'incite guère à intensifier les relations.

L'essentiel dépend donc nécessairement des échanges avec les autres pays industrialisés, et d'abord avec cux de la CEE. Or, à de rares exceptions près, leur évolution n'est pas favorable à la France. En 1990, elle est déficitaire avec 7 partenaires sur 11. La balance avec l'Italie, traditionnellement positive, s'est retournée depuis six ans. Le déficit avec l'Allemagne fédérale ne cesse de croître, alors que pourtant l'amoindrissement du différentiel d'inflation devrait permettre de le stabiliser. Mis à part les cas, peu significatifs, des petits pays méditerranéens comme la Grèce et le Portugal, les seuls excédents notables sont réalisés avec l'Espagne et le Royaume-Uni. Encore sont-ils liés à des circonstances particulières dans lesquelles le dynamisme des exportateurs français n'a guère de part : baisse des prix du pétrole importé depuis le Royaume-Uni, permettant le retournement du solde en faveur de la France, après quatre années de déficit ; flambée des importations consécutive à l'adhésion récente à la CEE, d'où un excédent à l'égard de l'Espagne, là aussi après plusieurs années de déficit. De même, face aux autres pays de l'OCDE, la France est généralement déficitaire, à de rares exceptions près (en 1988, la Suisse, le Canada, la Turquie). Après l'éphémère excédent de 1985, dû à la montée du dollar, le déficit traditionnel avec les Etats-Unis est reparu. Quant au Japon, huitième fournisseur seulement, il est responsable en 1990 du troisième déficit bilatéral du commerce extérieur français, derrière l'Allemagne fédérale et les États-Unis.

Après avoir réagi de façon relativement satisfaisante face aux difficultés du début des années soixante-dix, le commerce extérieur français donne des signes de profonde dégradation en cette fin des années quatre-vingts. Contrairement aux présentations complaisantes parfois faites par les responsables il y a encore dix ans, les principales faiblesses se trouvent, non dans les rapports avec les pays producteurs de pétrole, mais dans ceux avec les autres pays industrialisés. Les échanges sont redevenus excédentaires avec des pays pétroliers comme l'Algérie ; ils sont pratiquement équilibrés avec le Mexique et le Nigéria et le déficit avec l'Arabie saoudite ne représente que le huitième déficit bilatéral. Les vrais problèmes, les difficultés les plus inquiétantes sont localisés dans des zones géographiques beaucoup moins lointaines.

Soldes commerciaux CAF-FAB avec les principaux pays de l'OCDE
(en milliards de F)

	1973	1980	1986	1990
Allemagne fédérale	− 6,7	− 16,8	− 39,2	− 41,8
Belgique-Luxembourg	− 0,6	− 3,7	− 9,0	− 4,5
Espagne	+ 1,2	− 3,3	− 3,2	+ 12,8
États-Unis	− 6,2	− 24,5	− 5,9	− 33,6
Italie	+ 4,1	+ 5,2	− 6,2	− 16,6
Japon	− 0,5	− 7,0	− 21,1	− 28,9
Pays-Bas	− 1,1	− 7,9	− 10,3	− 0,4
Royaume-Uni	+ 2,5	+ 2,0	+ 14,9	+ 16,2

Les autres composantes de la balance des paiements

La balance commerciale n'est qu'un élément de la balance des paiements, de moins en moins significatif des performances économiques d'un pays à mesure qu'y progressent les activités tertiaires.

● *Les échanges de services sont depuis une quinzaine d'années un élément dynamique* des échanges extérieurs français. Par leur excédent, ils allègent le poids du déficit commercial. Depuis 1973, la balance des biens et services n'a été déficitaire que cinq fois, contre quatorze fois pour la balance commerciale. Les ventes de services sont un facteur de puissance (cf. p. 120-122). Elles confèrent à la France le deuxième rang mondial dans ce domaine. Brillantes dans des branches comme la prospection pétrolière, les travaux publics, les transports aériens, elles sont cependant déficitaires ailleurs (transport maritime, brevets et redevances, assurances). Leur orientation trop exclusive vers les pays producteurs de pétrole contribue aujourd'hui à les affaiblir et les perspectives d'avenir sont incertaines, du fait de la déréglementation, promise dans le cadre européen pour 1993, envisagée dans le cadre mondial par les négociations multilatérales engagées au sein du GATT. Il serait dangereux de leur confier la charge d'équilibrer la balance des paiements, d'autant plus qu'elles sont souvent, non pas autonomes, mais liées aux échanges de marchandises.

• *Les transferts unilatéraux connaissent une évolution contrastée.* Tandis que les transferts d'économies de travailleurs s'amenuisent, à mesure que le blocage de l'immigration, le creusement du chômage, la compression des salaires restreignent les disponibilités, les versements gouvernementaux s'accroissent, non par suite d'une aide plus généreuse aux pays en développement, mais à cause des difficultés budgétaires de la CEE qui obligent la France à augmenter sa contribution. Aussi le solde négatif des transferts annule-t-il parfois l'excédent des services, comme en 1984 et en 1987-1988.

La somme algébrique de la balance commerciale, de celle des services et de celle des transferts détermine, après ajustement statistique, la balance des paiements courants. Fréquemment déficitaire avant 1959, notamment en 1945-48, 1951-52, 1956-58, elle avait retrouvé un excédent quasi permanent de 1959 à 1973, sauf en 1964, lors de la surchauffe combattue sur le Plan de stabilisation, et en 1968-69, en conséquence de la crise de mai 1968. Or, depuis 1973, l'évolution redevient moins favorable. La balance courante avait mis quatre ans pour retrouver l'équilibre après le premier choc pétrolier. Sept ans après le deuxième, elle parvenait enfin à dégager un solde positif, en 1986, lorsque le creusement du déficit commercial l'a aussitôt fait replonger dans le déficit pour les années suivantes.

• *Les mouvements de capitaux ont connu une situation profondément dégradée* durant certaines années récentes. Traditionnellement, la France, comme tout grand pays industrialisé, est exportatrice nette de capitaux. Pendant longtemps, en effet, les sorties de capitaux se sont développées : crédits commerciaux accordés par les banques pour soutenir les exportations, investissements directs des entreprises à l'étranger pour mieux pénétrer les marchés locaux ou fabriquer à moindre coût qu'en France, achats de valeurs mobilières étrangères par les particuliers, notamment lors des périodes de fortes tensions économiques intérieures et d'appréhensions politiques de la part des possédants.

Or, les années récentes font apparaître une tendance inverse. La France a été importatrice nette de capitaux à long terme en 1982-84, puis de nouveau en 1987-90. Les explications ne sont pas identiques dans les deux cas. Au début des années 80, le manque de disponibilités, de la part des banques comme des entreprises, en était le principale responsable. De plus, la montée du dollar renchérissait considérablement le coût de toute opération aux États-Unis pour les investisseurs français. Aujourd'hui, les banques et les entreprises ont retrouvé l'aisance financière, le dollar est revenu à des niveaux plus raisonnables et, stimulés par l'échéance de 1993, les grands groupes industriels multiplient les rachats à l'étranger, dans le reste de la CEE notamment. Mais l'énormité de leurs besoins les conduit, face à une épargne intérieure affaiblie, à rechercher sur le marché mondial des capitaux les sommes nécessaires. Ce sont les « emprunts autorisés », ceux pour lesquels il faut disposer de l'agrément du Trésor, lequel, d'ailleurs, le donne quasi-automatiquement depuis la disparition du contrôle des changes. Parallèlement, les opérateurs étrangers multiplient leurs acquisitions en France, tant placements financiers que prises de contrôle d'entreprises françaises. La libération des mouvements de capitaux dans le cadre européen ne peut qu'accélérer cette tendance.

Il en résulte, pour une économie emprunteuse comme l'est devenue certaines années la France, des entrées de devises dans la balance des capitaux à long terme. Celles-ci provoquent d'ailleurs aussitôt de nouvelles sorties au titre des intérêts versés aux créanciers étrangers. Le poste « intérêts et dividendes » de la balance des services a été ainsi déficitaire depuis 1983 (sauf en 1988), pour la première fois depuis... 1830 ! Le tournant a une dimension historique. Il signifie que la France, naguère pays rentier, verse alors davantage au reste du monde qu'elle n'en reçoit sur ses propres placements extérieurs. Même si le fait que, depuis 1985, les investissements français à l'étranger dépassent largement ceux faits par l'étranger en France laisse espérer, pour l'avenir, un rétablissement, on n'en doit pas moins constater, dans l'immédiat, un sérieux affaiblissement de la situation financière extérieure du pays.

● *Le règlement du solde global de la balance des paiements se fait souvent à travers un accroissement de la position monétaire extérieure,* donc un affaiblissement de la situation française face au reste du monde. Les banques commerciales doivent alors emprunter sur le marché des changes les devises nécessaires. Le Trésor public conclut au nom de l'État des emprunts internationaux. La Banque de France mobilise ses réserves de change et emprunte éventuellement des devises, par accords de swap avec des banques étrangères notamment.

De tous ces moyens, c'est le recours à l'emprunt d'État qui, par son aspect spectaculaire, par la menace de dépendance qui en résulte, représente pour l'opinion publique le signe éclatant des difficultés extérieures, la sanction d'une gestion réputée ruineuse des richesses nationales. Il est d'ailleurs difficile pour l'État d'y recourir systématiquement, car les prêteurs éventuels peuvent s'alarmer de la dette déjà contractée et hésiter à apporter leur concours ou y poser des conditions trop onéreuses. Pour toutes ces raisons, où les considérations politiques intérieures rencontrent la prudence financière, l'endettement extérieur est en France assimilé au secret d'État. Seules des informations partielles communiquées par le ministère de l'Économie et des Finances, en révèlent le montant à des dates plus ou moins régulières.

Une telle attitude n'est pas forcément la mieux adaptée au problème à résoudre. L'emprunteur qui cherche à dissimuler ses difficultés n'est-il pas plus suspect aux yeux des prêteurs que celui qui avoue sans fard la gravité de sa situation ? Du moins, la tendance au secret prévaut-elle en France. D'après les chiffres disponibles, le montant global de la dette extérieure était encore négligeable en 1973, à la veille du premier choc pétrolier, équivalent alors à 4 milliards de dollars seulement. Il est passé à 27 milliards en décembre 1980, par suite notamment d'un grand emprunt contracté auprès du FMI en 1974, pour fournir les devises nécessaires à une éventuelle défense du franc lors de sa sortie du Serpent monétaire européen. Puis le montant de la dette extérieure s'est enflé très rapidement jusqu'en 1985 (62 millions de dollars), plus modérément ensuite. En décembre 1988, des remboursements anticipés ont permis de stabiliser cette dette extérieure autour de 67 milliards de dollars.

L'endettement international de la France doit donc être relativisé. Son montant, rapporté au PIB (7 % en 1989), est modeste par rapport à celui de nombreux pays européens, dont la Belgique, l'Italie, la Suède. L'État n'y a plus aucune part, ayant remboursé les emprunts contractés en 1974 et en 1982-1983. La dette extérieure provient donc uniquement des banques et des entreprises, souvent publiques, qui, telles EDF ou la SNCF, se procurent ainsi une partie des capitaux nécessaires à leur programmes d'investissement. De plus, la dette a pour contrepartie les créances possédées à l'étranger par la France. Trop souvent, il est vrai, localisées dans le Tiers Monde ou parmi les pays socialistes, elle ramènent l'endettement net à un niveau négligeable, de l'ordre de 1 % du PIB aujourd'hui. Enfin, le service annuel de la dette extérieure, au titre des intérêts et du capital échu, ne met en jeu que des sommes très réduites : 7 % seulement des recettes de devises procurées par les exportations de marchandises en 1985.

Malgré les difficultés qu'elle a connues depuis quinze ans, la France a donc pu échapper à l'engrenage de l'endettement extérieur. Sa situation est incomparablement plus solide qu'à la fin de IVe République, lorsqu'elle devait promettre à ses créanciers étrangers un prompt retour à l'équilibre de ses comptes pour obtenir les nouveaux crédits nécessaires au paiement de ses échéances. Il reste qu'elle n'a pas aujourd'hui une position extérieure aussi forte que d'autres grands pays industrialisés et qu'elle a perdu l'avantage acquis durant les années 1959-67, lorsque ses relations économiques extérieures, loin d'être une cause de fragilité, formaient le gage de son influence sur la scène internationale.

LES CONDITIONS DU RETOUR A L'ÉQUILIBRE

Des interventions gouvernementales décevantes

● *La politique du commerce extérieur est, pour les gouvernements, à la fois indispensable et difficile,* comme le suggèrent les fréquents changements de titulaires du ministère du Commerce extérieur, institué depuis 1974. Les réussites y sont éclatantes, celle de Raymond Barre par exemple, avant son accession au poste de Premier ministre, mais les déconvenues plus fréquentes encore. La panoplie utilisable pour promouvoir les exportations de biens et services est d'utilisation délicate. On l'a vu s'agissant des ventes de produits industriels (cf. p. 97-98). Le crédit à l'exportation est freiné par les ressources limitées des banques, même aidées par la Banque française pour le commerce extérieur. Il ne peut enfreindre les règles fixées chaque année depuis 1976, dans le cadre de l'OCDE, par l'accord de « consensus » sur le taux minimal des crédits accordés aux différentes catégories d'acheteurs étrangers. Les subventions budgétaires, directes ou indirectes, contraires à la libre concurrence, sont passibles de condamnation par les juridictions européennes. Sur les marchés extra-communautaires, elles subissent une étroite surveillance de la part des pays concurrents, et notamment des États-Unis, prompts à dénoncer le dumping, en matière de ventes d'acier, de matériel de transport, de produits agro-alimentaires. Quant aux moyens institutionnels de promotion des exportations, malgré une multiplicité d'organismes, de la SOPEXA (Société pour l'expansion des ventes de produits agricoles et alimentaires) au CFCE (Centre français pour le commerce extérieur) en passant par les conseillers commerciaux à l'étranger, ils ne sauraient suppléer au manque de dynamisme des exportateurs et à leur tendance fâcheuse à la prospection isolée des marchés étrangers. Les sociétés spécialisées dans le commerce extérieur, souvent fondées par des fédérations professionnelles ou des banques, ne contrôlent en effet que le tiers du commerce extérieur français, contre la moitié pour l'Allemagne fédérale et les trois quarts pour le Japon.

Il reste que l'intervention gouvernementale est fondamentale dans certaines relations commerciales. Avec les pays socialistes et avec le Tiers Monde, les échanges sont soumis à compensation ou dépendent étroitement de l'état des relations politiques bilatérales. Avec les pays industrialisés occidentaux, les pratiques contraires au libre-échange se multiplient depuis le début des années soixante-dix. Un exemple récent est fourni par les échanges franco-norvégiens. Inquiet du déséquilibre aux dépens de la France, encore creusé par un contrat de fourniture de gaz naturel signé en 1986, le gouvernement français a obtenu la promesse de compensations sous forme d'achats supplémentaires de marchandises françaises ou d'octroi de concessions pétrolières en mer du Nord, accordées aux grandes compagnies nationales, ELF-Aquitaine et la CFP. Ainsi la stimulation directe des exportations est-elle difficile, mais leur promotion indirecte nécessaire, voire indispensable, depuis les débuts de la crise actuelle du commerce international.

● *Le protectionnisme serait-il plus efficace pour freiner les importations et pour empêcher les sorties de capitaux ?* En matière douanière, la France y a renoncé depuis 1959, transférant au niveau européen la charge de défendre les secteurs menacés. Certes, la compétition internationale semble aujourd'hui souvent déloyale avec des partenaires qui n'hésitent pas à s'entourer d'obstacles non tarifaires ou qui bénéficient d'un avantage décisif par le bas coût de leur main-d'œuvre. Pourtant, un recours au protectionnisme serait non seulement contraire aux engagements internationaux de la France, mais dangereux pour son économie. Elle ne peut plus aujourd'hui se passer des importations, sauf à accepter une baisse considérable du niveau de vie de sa population, d'énormes difficultés de restructuration de son appareil productif, un gonflement rapide du chômage dans des branches comme l'automobile ou la construction aérospatiale qui exportent plus de la moitié de leur production et qui subiraient d'inévitables rétorsions de la part des pays atteints par les mesures protectrices françaises.

A la différence des importations, les mouvements de capitaux restent soumis à la législation nationale, jusqu'en juillet 1990 du moins. A part quelques brèves périodes traversées d'ailleurs par de multiples exceptions (1959-68, 1985-87), la liberté des transferts de devises n'a pour ainsi dire jamais existé en France depuis 1945. Au contraire, tous les types d'opérations ont été réglementés : les investissements directs à l'étranger et étrangers en France, soumis jusqu'en 1986 à autorisation du Trésor public ; l'achat de valeurs mobilières étrangères, freiné à plusieurs reprises (1945-58, 1968-71, 1981-86) par le mécanisme de la devisetitre, obligeant les acheteurs à se procurer les devises nécessaires sur un marché restreint, alimenté seulement par les ventes de valeurs mobilières étrangères effectuées par d'autres résidents ; les dépenses touristiques à l'étranger, limitées par des allocations souvent diminuées ; l'acquisition de résidences secondaires en Europe, soumise à contrôle de 1982 à 1986 ; l'octroi de crédits libellés en francs à des non-résidents, interdit jusqu'en mars 1989 pour éviter que leurs destinataires ne s'en servent pour spéculer contre notre monnaie. On a même limité les délais de conservation de devises étrangères par les particuliers et par les entreprises, pour empêcher le termaillage, c'est-à-dire le retard excessif mis à en demander la conversion en francs, dans l'attente d'une éventuelle dévaluation.

Toutes ces mesures n'ont jamais réussi à éviter longtemps la dépréciation monétaire en cas de déficit de la balance des paiements courants. Elles présentent plusieurs inconvénients. Elles limitent la puissance internationale du franc, en interdisant par exemple les prêts en monnaie nationale à des non-résidents, ce qui empêche la création d'eurofrancs. Elles isolent le marché boursier des grandes places financières internationales. Aussi, en 1986, le gouvernement a-t-il autorisé les opérations à terme sur devises pour capter une partie des transactions effectuées à Londres dans ce domaine. Enfin, ces mesures rentrent souvent en contradiction avec la stimulation du commerce extérieur. Les postes de la balance des paiements ne sont pas indépendants les uns des autres. Freiner les investissements à l'étranger pour empêcher dans l'immédiat une sortie de devises, c'est gêner à l'avenir les exportations qui sont souvent stimulées par la fondation de réseaux de vente à l'étranger et qui ne pâtissent pas, bien au contraire, de la naissance de filiales étrangères permettant aux groupes industriels français de renforcer leur puissance mondiale. On comprend donc que les gouvernements aient peu à peu pris conscience de la nocivité du contrôle des changes et qu'ils en aient, depuis 1984, à peu près totalement démantelé le dispositif. La seule interdiction qui subsiste encore concerne les particuliers qui, s'ils peuvent librement détenir à l'étranger des biens mobiliers et immobiliers, n'ont toujours pas le droit d'ouvrir des comptes dans une banque étrangère ou des comptes en devises dans une banque française. Par contre, les entreprises sont désormais libres de leurs mouvements, depuis qu'elles peuvent sans limite gérer des avoirs en devises, en France et à l'étranger, et bénéficier d'ouvertures de crédits, en francs comme en devises, de la part des banques, quel qu'en soit l'usage.

Les ambiguïtés de la dépréciation monétaire

Subie lorsque la monnaie nationale s'affaiblit sur le marché des changes, la dépréciation peut aussi être recherchée pour stimuler les exportations et freiner les importations.

● *Les effets théoriques* sont les mêmes, que les autorités monétaires décident de dévaluer en fixant une nouvelle parité par rapport aux autres monnaies ou qu'elles laissent la monnaie flotter à la baisse sur le marché des changes,

LES ÉCHANGES EXTÉRIEURS

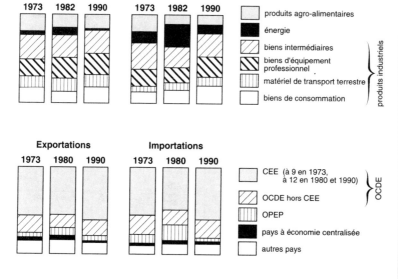

Taux de couverture (chiffres CAF-FAB)

Par groupes de produits	1973	1982	1990
Produits agro-alimentaires	108	116	137
Énergie	15	12	22
Produits industriels	106	102	91
Biens intermédiaires	86	101	88
Biens d'équipement	98	109	92
Matériel de transport terrestre	198	140	119
Biens de consommation	120	80	80
Total	96	83	90

Par zones géographiques	1973	1982	1990
OCDE	97	79	90
CEE (1)	97	82	95
OCDE hors CEE	96	73	76
OPEP	45	55	80
Pays socialistes	125	68	60
Autres pays	112	125	121
Total	96	83	90

(1) CEE à 10 en 1973 et 1982, à 12 en 1990.

Les soldes de la balance des paiements (en milliards de F)

	1974	1976	1978	1980	1982
Balance commerciale	− 23,2	− 24,2	+ 0,3	− 56,6	− 103,8
Balance des biens et services	− 7,9	− 4,6	+ 46,4	0	− 49,0
Balance des transactions courantes	− 18,8	− 16,4	+ 31,6	− 7,6	− 79,3
Balance des capitaux à long terme	− 2,3	− 8,4	− 14,9	− 6,0	+ 24,7
Balance des capitaux à court terme	+ 2,2	+ 5,0	+ 5,7	+ 11,8	+ 13,9
Variation de la position monétaire extérieure	+ 0,2	+ 19,1	− 26,8	+ 2,1	+ 46,1

	1984	1986	1988	1990 (1)
Balance commerciale	− 39,7	− 15,0	− 48,0	− 74,0
Balance des biens et services	+ 18,6	+ 52,2	+ 19,2	+ 3,4
Balance des transactions courantes	− 6,6	+ 20,6	− 21,3	− 40,9
Balance des capitaux à long terme	+ 12,4	− 51,7	+ 3,6	+ 59,7
Balance des capitaux à court terme	− 13,3	+ 17,7	− 5,9	− 112,5
Variation de la position monétaire extérieure	+ 1,7	+ 9,0	+ 19,4	+ 90,8

Principaux postes d'opérations non commerciales (en milliards de F)

	1983	1986	1988	1990 (1)
Services				
Services de nature commerciale	− 7,7	− 4,9	+ 0,4	− 6,9
Services liés aux échanges de technologie	+ 31,0	+ 27,5	+ 18,5	+ 16,0
Intérêts et dividendes	− 7,3	− 3,4	+ 0,6	− 12,0
Voyages	+ 22,4	+ 22,2	+ 24,2	+ 42,2
Transferts unilatéraux				
Transferts d'économies de travailleurs ..	− 14,1	− 13,3	− 11,6	− 10,8
Transferts publics	− 16,0	− 19,7	− 26,1	− 29,2
Capitaux à long terme				
Crédits commerciaux	− 26,0	+ 1,7	+ 13,7	nd.
Emprunts autorisés	+ 88,0	− 46,3	− 19,7	nd.
Investissements directs	− 3,6	− 19,6	− 35,5	− 98,7

(1) Chiffres provisoires.

pratiquant une attitude de « négligence bienveillante », comme les États-Unis de 1973 à 1978. Dans les deux cas, les prix exprimés en monnaie nationale augmentent pour tous les produits importés ou incorporant des fournitures étrangères dans leur fabrication, d'où une tendance à la hausse des prix intérieurs. Réciproquement, les prix des exportations libellés en monnaie nationale n'augmentent pas aussi rapidement, car les exportateurs réajustent leurs tarifs exprimés en monnaie étrangère en les abaissant à proportion du taux de dépréciation. Dans un premier temps, l'affaiblissement monétaire a un effet prix qui se traduit par l'aggravation du déficit extérieur, la valeur globale des exportations augmentant moins vite que celle des importations, et par la manifestation de tensions inflationnistes internes.

A moyen terme, cependant, les effets bénéfiques l'emportent sur les effets pervers. Le renchérissement des importations provoque leur diminution en volume, pourvu que les producteurs nationaux soient capables de se substituer aux fournisseurs étrangers, donc qu'il existe des réserves de production. Les exportateurs bénéficient de commandes accrues, puisque leurs prix, pour les clients étrangers, se sont abaissés. Encore faut-il que les exportateurs aient revu leurs tarifs et que la demande étrangère soit sensible aux variations de prix. A ces conditions, la valeur globale des exportations augmente, celle des importations diminue, le déficit commercial se résorbe. D'autre part, les pressions inflationnistes internes s'apaisent, surtout si une politique de rigueur est mise en place, car la demande intérieure est comprimée pour dégager les ressources nécessaires aux exportations. Sinon, la hausse des prix intérieurs ruinerait rapidement la compétitivité retrouvée des exportations. Elle empêcherait la dépréciation monétaire de produire les conséquences commerciales espérées. L'opération serait alors nulle ou manquée.

Le raisonnement économique promet donc, après un creusement initial du déficit commercial, un retour plus ou moins rapide à l'équilibre, puis un excédent. C'est la fameuse « courbe en J » qui montre, en fonction du temps, l'évolution d'abord négative, puis positive du solde commercial. Pourtant, depuis le début des années soixante-dix, les dévaluations opérées en France, auxquelles on peut joindre les deux expériences de flottement à la baisse du franc sur le marché des changes, n'ont donné que des résultats médiocres. Les dévaluations Pinay de décembre 1958 et Giscard d'août 1969 avaient été suivies respectivement chacune de cinq et quatre ans d'excédents commerciaux. Or, la première sortie du franc du Serpent monétaire européen (janvier 1974-juillet 1975) débouche sur le déficit commercial record de 1976 ; la deuxième (mars 1976-mars 1979) ne procure qu'un excédent éphémère en 1978, vite évanoui face au second choc pétrolier. Quant aux quatre réaménagements de parités à l'intérieur du SME où, par rapport au deutsche Mark, le franc a perdu successivement 8,5 % (octobre 1981), 10 % (juin 1982), 8 % (mars 1983) et enfin 6 % (avril 1986) de sa valeur, ils n'ont pas eu d'effets sensibles sur les échanges franco-allemands, toujours déficitaires, pour ne pas parler de l'ensemble du commerce extérieur français, incapable de retrouver son équilibre. Comment expliquer ces déconvenues ?

● *Les effets réels* de la dépréciation monétaire semblent aujourd'hui en France résulter de toutes sortes de facteurs qui contrecarrent les effets théoriques, à tel point que tout affaiblissement du franc paraît désormais davantage nuisible qu'utile aux échanges extérieurs comme à l'ensemble de l'économie. Depuis 1972, les taux de dévaluation ne sont plus libres. Ils ne peuvent plus être calculés par le gouvernement français de manière à donner aux exportations une marge supérieure à la dépréciation réelle du franc. Les accords de Bâle, puis la création du Système monétaire européen, tous deux décidés d'ailleurs à l'initiative de la France, ont limité l'indépendance nationale dans ce domaine. Sauf à quitter la fluctuation monétaire commune, la France doit tenir compte du point de vue de ses partenaires pour la détermination des parités monétaires. Peu soucieux d'accorder un avantage gratuit à l'un quelconque d'entre eux, ils fixent les nouvelles parités au plus juste, se bornant à constater les tendances manifestées spontanément sur le marché des changes.

De plus, la structure du commerce extérieur français rend inefficace la dépréciation monétaire. Du fait des lacunes de la production nationale, plusieurs catégories d'importations sont devenues inévitables, quel qu'en soit le prix, aucune offre intérieure ne pouvant les remplacer. Peu importe, par exemple, que les machines-outils allemandes, les ordinateurs américains, les magnétoscopes japonais soient plus chers. Les entreprises qui produisent ces articles sont incapables, à court et à long terme, de subvenir aux besoins nationaux dans ces domaines. Quant aux exportations, elles servent souvent aux entreprises concernées à reconstituer leurs marges bénéficiaires en cas de dépréciation monétaire. Maintenant leurs tarifs en monnaie étrangère inchangés, elles se contentent d'encaisser des recettes unitaires accrues en monnaie nationale, mais elles ne cherchent pas, par des baisses de prix appropriées, à augmenter le volume de leurs ventes sur les marchés étrangers. La dépréciation monétaire devient alors une rente de situation temporaire, elle ne stimule pas efficacement les exportations.

Enfin, les mécanismes inflationnistes liés à la dépréciation monétaire se sont renforcés tout au long des années récentes. Le renchérissement des prix de revient est plus immédiat à mesure que l'ouverture de l'économie conduit à incorporer davantage de produits importés dans les fabrications. Les hausses subies dans certaines branches se diffusent plus facilement grâce à la généralisation de fait des indexations, tout au moins jusqu'à la politique de rigueur mise en place à partir de juin 1982. Ces effets pervers ne sont pas toujours contrecarrés par une action conjoncturelle appropriée. Souvent trop molle, celle-ci est même parfois totalement absente : en 1975 comme en 1981, une relance interne a été décidée au moment précis où l'on cherchait, par l'affaiblissement du franc, à rétablir l'équilibre du commerce extérieur.

Au demeurant, la compétition internationale, aujourd'hui, passe-t-elle par les prix ? Même si les firmes françaises se montraient plus dynamiques dans leurs tarifs à l'exportation, vendraient-elles davantage à l'étranger ? On peut en douter. Des éléments qualitatifs, tels que la maîtrise des techniques, l'adaptation aux besoins de la clientèle, la prospection systématique des marchés sont au moins aussi importants. L'exemple du commerce extérieur allemand, longtemps insensible aux réévaluations successives du deutsche Mark qui auraient dû ruiner son excédent, est probant à cet égard. Si l'on ajoute que toute dépréciation de la monnaie, en renchérissant automatiquement le poids de la dette extérieure et en amputant symétriquement la valeur des créances détenues sur le reste du monde, est un amoindrissement de la puissance financière nationale, on en arrive à la conclusion que le recours à cette technique, en France aujourd'hui, n'est plus un moyen efficace de restaurer l'équilibre extérieur.

La soumission à la contrainte extérieure

Il est vain d'attendre de réaménagements monétaires ou d'interventions gouvernementales directes sur les échanges extérieurs une solution au problème du déficit. Même si, dans l'immédiat, des résultats peuvent être ainsi obtenus, à plus long terme les tendances fondamentales réapparaissent. Pour que l'économie française s'adapte aux exigences de la compétition internationale, il est nécessaire de l'y soumettre. La contrainte extérieure désigne l'ensemble des conditions, souvent très contraignantes, que l'économie doit remplir pour réussir face à ses concurrentes, soit spontanément, soit à l'aide d'une politique gouvernementale appropriée.

● *La maîtrise de l'inflation est une composante essentielle des succès extérieurs.* Toute hausse des prix intérieurs durablement supérieure à celle des pays concurrents dégrade la compétitivité, entraîne des sorties spéculatives de capitaux, incite les détenteurs de devises à ne plus les convertir en francs dans l'attente du réaménagement monétaire. Ainsi, la persistance en France, jusqu'à une date récente, d'un différentiel d'inflation très défavorable avec les principaux partenaires commerciaux, et notamment avec l'Allemagne fédérale, est en grande partie responsable des difficultés extérieures. Les périodes de poussée inflationniste sont aussi celles de pénétration croissante des importations, de recul relatif des parts de marché dans le monde, de creusement du déficit de la balance des paiements courants.

A cet égard, la soumission à la contrainte extérieure a des implications pour l'ensemble de la politique économique, tant l'inflation met en jeu de multiples mécanismes. Les résultats acquis contre elle sont toujours précaires et la politique économique doit rester vigilante face à toute relance. Ainsi, à trois reprises, en 1976, 1982, 1986, la croissance de la demande, plus vive que dans le reste des pays industrialisés, a provoqué la dégradation des soldes extérieurs ou empêché leur rétablissement. Le décalage de demande a une part essentielle dans l'explication du déficit, en particulier face à l'Allemagne fédérale. Quand la demande intérieure progresse plus vite outre-Rhin qu'en France, la balance commerciale s'améliore. En 1979, à la suite de la relance opérée par le chancelier Schmidt, la demande intérieure allemande croît de 5,4 %, contre 4,2 % en France : le taux de couverture des échanges franco-allemands atteint son meilleur niveau des vingt dernières années avec 87 %. En 1991, dopée par la réunification, la croissance allemande se fait à un rythme deux fois et demi supérieur à celui de la France (3,2 % contre 1,4 %) : les échanges franco-allemands sont pratiquement équilibrés. Réciproquement, quand la consommation des ménages continue à progresser en France, alors qu'elle diminue en Allemagne fédérale, comme de 1980 à 1982 (+ 5,2 % contre − 2,1 %), le taux de converture se dégrade au détriment de la France : 65 % seulement en 1982. La leçon est claire. La France ne peut se permettre une politique conjoncturelle déphasée par rapport à celle des autres pays industrialisés, sauf à connaître un nouvel et grave affaiblissement de ses équilibres extérieurs.

Pourtant, la maîtrise de l'inflation, condition nécessaire à l'équilibre extérieur, ne suffit pas à résoudre tous les problèmes : la persistance du déficit commercial malgré la désinflation présente en est la preuve manifeste.

● *La recherche de la compétitivité passe aussi par la surveillance des prix à l'exportation,* moins dans leur progression annuelle que dans leur niveau absolu. Celui-ci dépend du coût des facteurs de production : charges salariales, prix des matières premières et de l'énergie, coût des équipements, taux d'intérêt. Les charges salariales sont dans la moyenne des principaux pays concurrents, car, si le montant des cotisations sociales est proportionnellement plus lourd qu'ailleurs, le coût horaire de la main-d'œuvre est souvent plus bas. Les véritables problèmes se situent ailleurs. Les entreprises françaises sont handicapées par des charges financières trop élevées, conséquence de taux d'intérêt réels plus importants qu'ailleurs depuis la fin des années soixante-dix. Elles ne bénéficient d'aucun avantage spécifique quant au coût de l'énergie, puisque le principal succès de la politique énergétique nationale, le programme électronucléaire, n'a pu, pour l'instant du moins, conduire à une baisse significative du prix relatif du courant électrique, et puisque les autres sources d'énergie sont pour l'essentiel importées aux conditions du marché mondial.

Dans l'ensemble, donc, les coûts de production sont relativement élevés. Il est vrai que les gains de productivité, encore importants malgré la crise, permettent en principe de les compenser. Mais la faiblesse des marges bénéficiaires a interdit aux entreprises pendant longtemps d'aller trop loin dans cette voie. Au contraire, trop souvent elles ont intégralement répercuté sur leurs prix de vente l'augmentation des coûts de production. La volonté de reconstituer les fonds propres, la nécessité d'un désendettement expliquent en partie ce comportement. D'autres facteurs entrent aussi en jeu. On l'a souvent reproché aux chefs d'entreprise français : pour eux, l'exportation n'est qu'une façon d'écouler leur production, importante quand le marché intérieur se contracte, délaissée en cas inverse. Elle n'est pas le résultat d'une volonté dynamique et d'une prospection systématique de la clientèle étrangère. On parle de « comportement résiduel à l'exportation ». Certes, toute généralisation est caricaturale. Il est néanmoins inconstestable que l'héritage du passé se fait encore sentir lourdement dans ce domaine. Habitués aux marchés protégés, les industriels français ne cherchent pas à comprimer leurs marges à un degré suffisant pour gagner de nouveaux acheteurs.

Certains incriminent encore la trop faible dimension du marché national, les entreprises françaises ne disposant pas, à la différence des entreprises américaines, de larges gammes de fabrication permettant des économies d'échelle.

Peut-être le grand marché européen conduira-t-il à une sensible amélioration, tant par l'élargissement des débouchés que par la baisse du coût des facteurs qui en résulteront. Enfin la taille des entreprises serait encore insuffisante, handicapant les producteurs français par rapport à leurs concurrents mondiaux. L'argument, il est vrai, date plus des années soixante que de la période actuelle : parmi les vingt entreprises qui réalisent les plus gros chiffres d'affaires à l'exportation, on ne trouve que de grands groupes, à la taille tout-à-fait comparable à celle de leurs partenaires européens, voire mondiaux.

• *La spécialisation internationale* est une troisième condition à remplir pour une économie qui veut s'adapter à la contrainte extérieure et en retirer des avantages accrus. Mais cette spécialisation ne doit pas être entendue de façon trop étroite. Or tel semble être souvent le cas en France. A l'intérieur de chaque grande branche industrielle, coexistent points forts et points faibles, produits pour lesquels le taux de couverture est largement positif et produits pour lesquels il est nettement négatif. Dans le matériel électrique et électronique professionnel, les bons résultats des équipements téléphoniques et des appareils de détection voisinent avec l'insuffisance du matériel de traitement de l'information. Dans le textile et l'habillement, la confection féminine et la filature se portent bien, la confection masculine et la bonneterie résistent mal à la pénétration étrangère.

On peut ainsi parler d'une spécialisation internationale trop fine, à la différence des grands exportateurs mondiaux. Elle empêche une relance efficace des exportations françaises. Dès qu'on les stimule, en effet, les interdépendances à l'intérieur de chaque branche induisent de nouvelles importations.

Mais la politique industrielle n'a-t-elle pas contribué à cette situation ? Pendant plusieurs années, la recherche du « créneau porteur » sur lequel les entreprises pourraient s'installer en position incontestée a formé son inspiration majeure. De même, dans l'agriculture, le gouvernement français a pressé ses partenaires européens de mettre en place une politique agricole commune couvrant d'abord les grands produits de base et a longtemps négligé la valorisation des productions par les industries agro-alimentaires. De tels choix, sans doute justifiés par les faiblesses préexistantes, ont peut-être été trop indifférents aux perspectives d'ensemble qui auraient été fondamentales pour la maîtrise du déficit extérieur. Dans ce domaine comme dans d'autres, les interdépendances sont complexes. Les exportations françaises, parce que structurellement mal composées, rencontrent des difficultés de compétitivité. La politique économique, parce qu'exagérément sélective, a contribué à rendre plus fragiles les résultats, pourtant fort appréciables, des grands secteurs productifs.

QU'EST-CE QUE LA BALANCE DES PAIEMENTS ?

La balance des paiements est un compte qui enregistre chaque année, dans leur équivalent en monnaie nationale, toutes les entrées et sorties de devises entre un pays et l'étranger, quel qu'en soit le motif, commercial, financier ou monétaire. Elle se décompose en trois balances partielles.

● *La balance commerciale* est la différence entre la valeur des exportations et celle des importations. En France, on évalue les flux commerciaux de deux manières :

– *pour les statistiques douanières,* les importations sont comptabilisées au moment où elles franchissent la frontière, en valeur CAF (coût, assurance, fret), incluant les frais d'acheminement vers le territoire national supportés par l'acheteur français. Les exportations sont recensées au départ du territoire national, en valeur FAB (franco à bord), excluant les frais d'acheminement vers l'étranger supportés par le client. Les importations sont donc surévaluées par rapport aux exportations.

– *pour la balance des paiements,* les frais d'acheminement sont des services. La balance des invisibles (cf. plus loin) les recense lorsque les importateurs font transporter ou assurer leurs cargaisons par des compagnies étrangères ou lorsque les compagnies françaises de transport et d'assurances travaillent pour le compte de l'étranger. Importations et exportations sont donc évaluées FAB, en diminuant les importations d'un coefficient forfaitaire de 5 %. De plus, il faut corriger les statistiques douanières, notamment pour les mouvements commerciaux entre la métropole et les départements et territoires d'outre-mer. Inclus dans le commerce extérieur par l'administration des Douanes, ils en sont exclus pour l'établissement de la balance des paiements, puisqu'ils ne donnent pas lieu à règlement en devises. Au contraire, il faut réintégrer à la balance douanière les mouvements commerciaux entre les départements et territoires d'outre-mer et l'étranger, puisque la France en supporte la charge financière.

Ces différences d'évaluation expliquent qu'en 1988 la balance commerciale, en milliards de francs, soit massivement déficitaire en valeurs CAF-FAB (– 65, et même – 90 milliards l'on exclut le matériel militaire), moins gravement déficitaire en valeurs FAB-FAB (– 28), alors que la balance des paiements comptabilise le déficit commercial pour 52 milliards de F.

● *La balance des invisibles* comprend...

– *les échanges de services,* c'est-à-dire les achats et ventes de biens immatériels, par exemple :

— le fret commercial (transport et assurance)

— les grands travaux et la coopération technique (contrats conclus par des firmes de BTP, d'ingénierie, de prospection)

— les services de gestion des entreprises (conseils juridiques, publicité, programmes informatiques)

— les dépenses touristiques

— les revenus de la propriété intellectuelle (achat et vente de licences d'exploitation, redevances sur brevets)

— les revenus du capital : intérêts procurés par les prêts à l'étranger, diminués des intérêts versés sur les emprunts auprès de l'étranger ; revenus du portefeuille de valeurs mobilières détenues à l'étranger, diminués de ceux versés aux propriétaires étrangers de valeurs mobilières nationales.

– *les transferts unilatéraux :* sommes versées à l'étranger ou reçues de lui sans contrepartie directe d'un bien matériel, d'un service ou d'un octroi de crédit. On y trouve notamment les envois de fonds faits par les travailleurs étrangers vers leur pays d'origine et les sommes versées par le gouvernement à des organisations internationales ou à des Etats étrangers (aide au développement).

● *La balance des capitaux* regroupe...

– *les capitaux à court terme* (moins d'un an). Ce sont pour l'essentiel les capitaux flottants dont les mouvements dépendent des taux d'intérêt sur les différentes places et du degré de solidité des monnaies, ou plutôt de l'appréciation qu'en ont les opérateurs.

– *les capitaux à long terme* (plus d'un an) :

– investissements directs ou de portefeuille faits à l'étranger (sorties de devises) et, réciproquement, investissements faits par l'étranger dans le pays (entrées de devises)

– crédits commerciaux ou prêts bancaires accordés à l'étranger (sorties), emprunts commerciaux ou bancaires auprès de l'étranger (entrées).

● *Chaque balance partielle dégage un solde. On peut les regrouper.*

– *le solde de la balance des paiements courants* est la somme algébrique du solde commercial et du solde des invisibles. Un excédent signifie que les opérations réalisées au cours de l'année dégagent une entrée nette de devises permettant des sorties de capitaux à long terme, génératrices de profits futurs, donc de nouvelles rentrées de devises au titre des revenus du capital. C'est la situation « normale » d'un pays industrialisé. Par contre, un déficit signifie un besoin d'endettement auprès de l'étranger, ce qui correspond, par exemple, aux pays en développement.

– *le solde global de la balance des paiements* est la somme algébrique du solde courant et du solde de la balance des capitaux. Il donne lieu à règlement monétaire par les institutions financières, déterminant ainsi les variations de la position monétaire extérieur du pays :

– quand le solde global est *déficitaire,* le pays cède à l'étranger une partie de ses réserves de change ou emprunte les devises dont il a besoin. Sa position monétaire extérieure *augmente,* les créances détenues sur lui par l'étranger s'accroissant, ce qui est un symptôme de détérioration.

– quand le solde global est *excédentaire,* le pays accumule des réserves de change ou rembourse sa dette. Sa position monétaire extérieure *diminue,* les créances détenues sur lui par l'étranger se réduisant, la situation s'améliore.

Par construction donc, la balance des paiements est toujours équilibrée, les variations de la position monétaire extérieure compensant le solde global.

Année	Régimes	Majorités	Présidents de la République	Principaux Gouvernements	Ministres des Finances	POLITIQUE ÉCONOMIQUE ET SOCIALE
1944	GOUVERNEMENTS PROVISOIRES	TRIPARTISME		DE GAULLE	PLEVEN	Dévaluation du franc
1945						Echec du projet Mendès France – Nationalisations / Création de la Sécurité sociale / Rétablissement du rationnement – Dévaluation
1946						Nationalisations / Début de la guerre d'Indochine
1947	QUATRIÈME RÉPUBLIQUE	TROISIÈME FORCE	AURIOL	RAMADIER	SCHUMAN	Plan Monnet – Plan Marshall / Vague de grèves
1948				SCHUMAN	MAYER	Lutte contre l'inflation – Dévaluation / Changes multiples – Vague de grèves
1949				QUEUILLE	PETSCHE	Dévaluation – Fin du rationnement / Retour de la production industrielle à son niveau de 193...
1950					PETSCHE	Création du SMIG – Lancement de la CECA / Début de la guerre de Corée
1951						
1952		CENTRE DROIT		PINAY	PINAY	Lutte contre l'inflation
1953				LANIEL	FAURE	Vague de grèves dans le secteur public / Agitation poujadiste
1954				MENDÈS FRANCE	FAURE	Création de la TVA / Début de la guerre d'Algérie
1955		FRONT RÉPUBL.	COTY	FAURE	PFLIMLIN	Début de la décentralisation industrielle
1956				MOLLET	RAMADIER	Troisième semaine de congés payés
1957					GAILLARD	Dévaluation masquée – Lutte contre l'inflation / Signature du traité de Rome
1958				GAILLARD	PFLIMLIN	Dévaluation – Convertibilité externe du franc / Comité Rueff-Armand
				DE GAULLE	PINAY	
1959	CINQUIÈME RÉPUBLIQUE	GAULLISME	DE GAULLE	DEBRÉ	BAUMGARTNER	Débuts du Marché commun
1960						Lancement du nouveau franc
1961						
1962				POMPIDOU	GISCARD D'ESTAING	Fin de la guerre d'Algérie – Exode des Pieds noirs / Politique des structures agricoles
1963						Grève des mineurs / Plan de stabilisation conjoncturelle
1964						
1965						Fin du plan de stabilisation / Création de l'avoir fiscal
1966						
1967					DEBRÉ	Création de l'ANPE / Ordonnances sur la Sécurité sociale

Régimes	Majorités	Présidents de la République	Principaux Gouvernements	Ministres des Finances	POLITIQUE ÉCONOMIQUE ET SOCIALE
CINQUIÈME RÉPUBLIQUE	GAULLISME		COUVE DE MURVILLE	ORTOLI	**1968** — Accords de Grenelle Retour au contrôle des changes
		POMPIDOU	CHABAN-DELMAS	GISCARD D'ESTAING	**1969** — Quatrième semaine de congés payés Dévaluation
					1970 — Essai de politique salariale contractuelle
					1971 — Première dévaluation du dollar
					1972 — Premier élargissement de la CEE
			MESSMER		**1973** — Premier choc pétrolier Loi Royer sur la protection du petit commerce
	+ GAULLISTES / RÉPUBLICAINS INDÉPENDANTS	GISCARD D'ESTAING	CHIRAC	FOURCADE	**1974** — Plan de refroidissement conjoncturel Sortie du franc du serpent monétaire européen (18 mois)
					1975 — Plan de relance conjoncturelle Premier recul de la production industrielle depuis 1945
			BARRE	BARRE	**1976** — Nouvelle sortie du franc du serpent (3 ans) Blocage des prix pendant trois mois – un million de chômeurs
					1977
					1978 — Nationalisation de fait de la sidérurgie Libération progressive des prix – SICAV Monory Le dollar au plus bas : 3,90 F en nov.
				MONORY	**1979** — Second choc pétrolier Le franc participe à la création du SME
					1980
	UNION DE LA GAUCHE	MITTERRAND	MAUROY	DELORS	**1981** — Nationalisations – Relance conjoncturelle Dévaluation
					1982 — Semaine de 39 heures – Lois Auroux Dévaluation et blocage des prix et des salaires (juin)
					1983 — Dévaluation et plan de rigueur (mars) Première baisse des prix officiels du pétrole 2 millions de chômeurs
	PARTI SOCIALISTE		FABIUS	BÉRÉGOVOY	**1984** — Nouveau système d'assurance chômage Lancement des TUC
					1985 — Le dollar au plus haut : 10,60 F en fév. Premiers dégrèvements fiscaux Libération des prix des produits pétroliers
	RPR + UDF		CHIRAC	BALLADUR	**1986** — Entrée de l'Espagne et du Portugal dans la CEE Privatisations – Forte baisse des prix du pétrole
					1987 — Déficit des échanges industriels Krach boursier – Le dollar au plus bas : 5,34 F en déc.
			ROCARD		**1988** — Forte croissance de la production industrielle Création du RMI
	PARTI SOCIALISTE			BÉRÉGOVOY	**1989**
					1990 — Troisième choc pétrolier Nouvel affaiblissement de la croissance
			CRESSON		**1991** — 2 800 000 chômeurs Sommet européen de Maastricht

Sources et bibliographie sommaire

Les tableaux et renseignements chiffrés cités dans cet ouvrage proviennent tous des recueils statistiques suivants :
- *Le Mouvement économique en France 1949-1979*, INSEE, 1981.
- *Tableaux de l'économie française*, INSEE (annuel).
- « Bilan économique et social », supplément annuel au journal *Le Monde*.
- les numéros spéciaux de la revue *L'Expansion*, notamment le classement annuel des 1 000 premières entreprises françaises.
- *Images économiques du monde*, CDU-SEDES (annuel).
- « La France en chiffres », numéro spécial annuel de la revue *Sciences et Vie Économie*.

Pour la maîtrise nécessaire du vocabulaire économique, il convient de recourir à des dictionnaires ou lexiques comme :
- Régis Benichi et Marc Nouschi, *Histoire économique contemporaine*, Ellipses, 1987.

Pour la mise à jour et les compléments, on peut utiliser :

- Des ouvrages d'inspiration économique :
- *Profil économique de la France au seuil des années 1980*, sous la direction de Jean-Pierre Pagé, La Documentation française, 1981.
- Michel Pébereau, *La Politique économique de la France*, 2 tomes parus, 1985 et 1987, coll. U, Armand Colin.
- Janine Brémond, *L'Économie française face aux défis mondiaux*, Hatier, 1985.

- Des ouvrages de géographie :
- Marcel Baleste, *L'Économie française*, Masson, 9e édition, 1986.
- Daniel Noin, *L'Espace français*, coll. U2, Armand Colin, 1984.

- Des ouvrages d'histoire économique et sociale :
- *Histoire économique et sociale de la France*, sous la direction de Fernand Braudel et Charles-Ernest Labrousse, tome IV, 3e volume, PUF, 1982.
- *Histoire économique et sociale du monde*, sous la direction de Pierre Léon, tome 6, Armand Colin, 1977.
- Jean-Louis Monneron et Anthony Rowley, « Les vingt-cinq ans qui ont transformé la France », tome 6 de l'*Histoire du peuple français*, La Nouvelle Librairie de France, 1986.
- *Entre l'État et le marché : l'économie française des années 1880 à nos jours*, sous la direction de Maurice Lévy-Leboyer et Jean-Claude Casanova, Gallimard, 1991.

Bien entendu, il faut aussi consulter régulièrement les revues économiques, notamment celles publiées par La Documentation française : *Problèmes économiques* (hebdomadaire, articles sélectionnés de presse économique français et étrangers) ; *Les Cahiers français* (bimestriel, grands thèmes économiques et sociaux) ; *Notes et études documentaires*. Également fort utile : *Écoflash* (mensuel d'informations économiques et sociales, publié par le CNDP).

Table

Première partie : L'ÉVOLUTION

189

Deuxième partie : LES GRANDS SECTEURS

Troisième partie : LES PROBLÈMES

Armand Colin Éditeur
103, Bd St-Michel
75240 Paris cedex 05
N° d'éditeur : 10226
Dépôt légal : Mai 1992

ACHEVÉ D'IMPRIMER
SUR LES PRESSES DE
L'IMPRIMERIE CHIRAT
42540 ST-JUST-LA-PENDUE
EN MAI 1992
DÉPÔT LÉGAL 1992 N° 6831
N° D'ÉDITEUR 10226

IMPRIMÉ EN FRANCE